# 한국 고대의 토착신앙과 불교

인문사회과학총서 · 66

# 한국 고대의 토착신앙과 불교

최광식

고려대학교출판부
KOREA UNIVERSITY PRESS

이 책은 고려대학교출판부가 조성한
인문사회과학출판기금으로 만들어졌습니다.

# 책머리에

우리는 흔히 한국의 고유한 신앙으로 무속신앙을 그 대표적인 신앙이라고 한다. 이것은 서양의 선교사들이나 일제강점기의 식민사학자들이 우리나라에 와서 그들의 눈에 새롭게 비친 무속신앙을 한국의 대표적인 고유 신앙으로 오인한 것에서 비롯된 것으로 볼 수 있다. 그러나 엄밀하게 이야기하자면 무속신앙도 청동기시대에 전래된 외래신앙이라 할 수 있다. 또한 우리 고대의 토착신앙을 살펴보면 무속신앙보다는 오히려 천신신앙이나 산신신앙 등이 우리의 대표적인 신앙임을 알 수 있다. 가히 하늘, 땅, 산천, 태양, 달, 별, 동식물 등을 숭배하던 신앙을 우리의 토착신앙이라고 할 것이다.

그동안 이러한 토착신앙은 원시신앙이라는 굴레를 쓰고 크게 주목받지 못하였고, 민간신앙이라는 측면에서 역사적 조명을 제대로 받지 못한 것이 사실이다. 그러나 한국 고대의 신앙은 토착신앙이 주류였고, 특히 천신신앙은 우리 고대국가의 지배이념이었다고 할 수 있다. 그럼에도 불구하고 고대의 신앙을 논할 때 불교와 유교 등 외래적인 신앙만을 주요한 신앙으로 거론하고 토착신앙은 도외시한 바가 적지 않다. 이것은 우리의 역사와 문화가 보잘 것이 없으며, 외래의 문화적 영향을 강하게 받았다는 것을 강조하는 식민사학의 입장에서 비롯된 것이라 할 수 있다. 1980년대 이후 식민사학이 어느 정도 극복되고, 고대국가의 기준과 시기 설정이 새롭게 제기되면서 불교 전래 이전의 우리 고유의 토착신앙에 대한 관심이 고조되었다. 하지만 토착신앙에 대한 연구 자료가 많지 않아 고대 토착신앙의 실체를 밝히는 일은 간단한 작업이 아니다.

나는 우선 문헌자료와 민속자료를 연결시켜 불교와 토착신앙의 관계에서부터 천착하였다. 이어 비교적 자료가 풍부한 제사의례 관련 자료를 통하여 천신신앙과 산신신앙 등에 대해 고찰하였다. 왜냐하면 제의는 구체적인 행동을 통해 나타나는 실천적 행위이기 때문이다. 아울러 토착신앙의 신들에 대한 이야기인 건국신화와 시조신화를 통하여 토착신앙의 모습을 복원하는 작업을 진행하였다.

이러한 연구를 통해 토착신앙이 불교 전래 이후 수용과정에서 상호 어떠한 관계를 유지하였는가에 관심을 갖고 토착신앙의 자취를 재발견하고자 하였다. 흔히 불교가 전래된 이후 무불巫佛이 교대되었다고 하는 것이 학계의 통설이었다. 그러나 불교 전래와 수용과정에서 처음에는 토착신앙과 불교가 대립과 갈등의 양상을 보였으나, 차츰 융화해나간 현상을 볼 수 있어 무불이 교대되었다고 하는 기존의 통설은 재고의 여지가 있음을 확인하였다.

우리 고대의 토착신앙을 대표하는 신앙이 무속신앙이 아니고 천신신앙과 산신신앙이므로 '선도仙道'를 우리의 대표적인 토착신앙으로 볼 수 있다. 따라서 토착신앙과 불교의 관계를 통해 볼 때 우리 신앙의 흐름은 무불교대巫佛交代가 아니라 선불융화仙佛融和라고 할 수 있다. 이것은 신앙의 주체를 외래의 것에 두지 않고 주체적인 입장에서 토착신앙의 양상을 추적한 결과이다. 최근에는 '융합'이라는 용어를 많이 사용하고 있지만, '융합'은 하나와 다른 하나가 합쳐 또 다른 하나가 되는 것으로 우리 신앙을 표현하기에는 적당한 용어가 아닌 것으로 생각된다. 우리의 신앙은 하나와 다른 하나가 독자적인 것은 지키면서 필요한 부분에서 만나는 것으로, 이는 '융화'라는 개념으로 표현할 수 있는 것이다. 따라서 융합보다는 융화라고 표현하는 것이 적합하다고 판단된다.

이 책은 이러한 일련의 문제에 대해 그동안 발표해 온 논문들과 새로 집필한 논문들을 모아 엮은 것이다. 그동안 고려대학교 박물관장으로 재직하면서 박물관의 이전, 신축, 재개관과 중국의 고구려사 왜곡문제로 관련된 일에 매달려 바쁜 나날들을 보냈다. 이제 미루었던 것을 정리하여 세상에 내놓게 되었다. 그동안 많은 업무와 숱한 답사, 밀린 공부를 하느라 시간을 많이 못 가진 길벗과 아이들에게 미안하다는 말로 대신할 수밖에 없을 것 같다. 그리고 여러 논문들을 잘 정리하고 교정을 보아준 고려대 대학원생 박수정양에게 고마움을 전하고 싶다. 끝으로 이 책의 원고를 오랫동안 기다려 준 고려대학교 출판부 편집진에게도 감사의 뜻을 전한다.

2007년 봄<br>
안암의 언덕에서

지은이

# 차례

# 서언

토착신앙은 우리 고대 사회와 문화의 원천이라 할 수 있으며 불교 수용 이전 한국 고대사회의 지배적인 사상이었다. 종래 토착신앙은 원시신앙 또는 무속신앙 등으로 단순하게 이해되었지만 사실 天神, 始祖神, 地神 관념을 대표로 하는 고대의 토착신앙은 고대의 지배이데올로기로서 정치적 · 사상적 · 종교적으로 중요한 역할을 담당하고 있었던 것이다.

토착신앙에 대한 최초의 자료는 단군신화라 할 수 있다. 단군 신화는 하늘의 자손인 환웅이 세상에 내려와 웅녀와 결혼하여 단군을 낳았고, 단군이 나라를 세우는 내용을 담고 있는 천강신화이다. 이는 천신숭배집단이 곰토템 부족과 통합했던 역사적 사실을 반영하는 내용으로 일찍부터 천신에 대한 관념이 존재했음을 알게 해준다. 그러나 사실 토착신앙에 대해서는 자료가 많지 않고 또 남아 있는 자료도 훨씬 후대에 쓰여진 것이 대부분이기 때문에 토착신앙 연구에는 어려움이 많다. 따라서 이를 보완하기 위해 고대의 신화와 제의를 통해 신앙의 모습과 고대의 사회상을 조망하려 하는 것이다.

고대의 신화에는 다양한 토착신앙이 표현되어 있으며 이러한 신앙의 구체적인 실천이 바로 제사라 할 수 있다. 고대의 제사에 대해서는 최근 연구 업적의 양적 팽창과 질적 향상이 두드러지게 이루어졌다. 90년대부터는 그동안 심화된 연구들이 단행본으로 묶여 출판되었고 시조인식 · 국가제사와 관련된 박사학위논문도 여러 편 제출되면서 그 연구가 체계화되었다. 또한 부안 죽막동에서 제사유적이 발굴된 이래 다양한 제사 관련 유적 · 유물의 발굴이 이루어짐으로써 그에 대한 관심이 높아지고 연구도 심화되고 있다. 이를 통해 신라뿐만 아니라 고구려와 백제의 제사에 대해서도 다양한 연구가 이루어져 고대의 토착신앙과 지배이데올로기에 대해 보다 깊이 이해할 수 있게 되었다.

한편 4세기 이후 불교가 왕실과 민간에 전래 · 수용되어 새로운 지배이념으로 떠오르게 된다. 그러나 불교가 전래 초기부터 삼국에 확산된 것은 아니었으며 그 수용의 양상에도 차이가 있었다. 이는 토착신앙의 존재와 밀접한 관계가 있다. 토착신앙은 초기에 불교와 갈등하는 양상을 보이지만 일부는 불교와 융화되어 독특한 모습으로 현재까지 이어져 오고 있는 것이다.

이러한 관점에서 이 책에서는 고대 토착신앙의 특징과 불교와의 관계에 대해 살펴보려고 한다. 우선 1부에서는 고구려 · 백제 · 신라와 대가야의 신화와 제의에 대해 살펴보도록 하겠다. 각국의 건국신화는 시조의 정통성을 부각시킨다는 공통점을 지니고 있지만 나라마다 다른 특징을 지니고 있다. 그리고 고구려와 백제, 가야의 제의에 대해서는 그 기록이 부족하긴 하지만 이제까지의 연구 성과와 발굴 자료를 통해 대체적인 윤곽을 알 수 있게 되었다. 따라서 그 내용을 새롭게 정리하고 각 나라의 특징에 주목해 보고자 한다. 신라의 경우 시조묘와 신궁에 대해서는 이미 다룬 바 있으므로 여기에서는 신라신화의 복합적 양상에 대해서만 언급하고자 한다.

2부에서는 먼저 신화와 제의에서 나타나는 대표적인 토착신앙인 천신신앙에 대해 초기국가부터 남북국시대까지 통시적으로 살펴보겠다. 이를 통해 천신신앙의 원류와 변화 모습, 역할과 정치 · 사상적 의미를 고찰할 수 있을 것이다. 그리고 토착신앙에 대한 자료가 상대적으로 많이 남아 있는 신라에 대해 보다 자세히 살펴볼 것이다. 토착신앙이 지배이데올로기로 여겨지던 신라 상대 토착신 제사의 제장을 유추해 보고, 신라가 당의 제사체계를 받아들이면서도 토착신앙의 기반 위에 신라만의 독특한 사전체계를 구축하는 모습도 자세히 살펴보고자 한다. 그리고 마지막으로 삼국의 국가제사 체계를 살펴보면서 토착신앙이 어떻게 제사로 체계화되고 구체화되는지를 알아보도록 하겠다.

3부에서는 불교가 삼국에 들어오는 과정을 살펴보고 토착신앙과 불교가 갈등 · 융화하는 과정에 대해 고찰하려고 한다. 종래 불교의 전파과정에서 '전래', '수용', '공인' 등의 용어가 무분별하게 사용되었음을 비판하고 그 개념을 분명히 하고자 하며 민간에 전래 · 수용된 불교와 왕실에 전래 · 수용된 불교를 구분해서 이해하도록 하겠다. 신라는 특히 신궁을 설치하여 천지신을 중심으로 사상적 체계를 일원화한 뒤 불교를 받아들였으므로 그 갈등양상이 두드러지게 나타난다. 이를 보여 주는 것이 이차돈의 순교설화이다. 이 설화는 얼핏 단순해 보이지만, 다양한 계통의 사료가 전하고 있으므로 이를 종합해 보면 불교가 수용될 당시 신라가 겪은 갈등과 진통을 알 수 있을 것이다. 한편 불교 공인 이후 신라에서 불교가 널리 퍼지게 되자 토착신앙과 불교는 서로 융화하는 모습을 보이게 되는데, 이를 잘 보여 주는 것이 산신각과 장승이다. 이를 통해 고대의 토착신앙이 현재까지도 다양한 모습으로 꾸준히 이어져 오고 있음을 살펴볼 수 있을 것이다. 이러한 토착신앙의 지속성은 노구와 노옹의 기록에서도 확인된다. 노구와 노옹은 종래 나이 많은 할머니, 노파 등으로 단순히 해석되었으나 그와 관련된 사료는 노구와 노옹이 정치적 · 사상적으로 중요한 역할을 담당하고 있었음을 말해 주고 있다. 따라서 고대의 노구와 노옹에 대해 살펴보면서 고대 토착신앙과 그 변화 양상을 파악해 보고자 한다.

# I. 고대의 신화와 제의

해부루가 죽자 금와는
뒤를 이어 즉위하였다. 이때 太白山
남쪽 優渤水에서 한 여자를 발견하고 물으니
대답하였다. 나는 河伯의 딸이며 이름이 柳花입니다.
여러 동생과 나가 노는데 그때에 한 남자가 스스로 천제의
[illegible] 으로 꾀어서
사통하고 곧바로 가서는 돌아오지 않았습니다. 부모는 내가 중매 없이
남을 좇았다고 책망하여 마침내 우발수에서 귀양살이 하게 하였
습니다." 금와는 이상하게 여겨서 방 안에 가두어 두었는데, 햇빛
에 비쳐 몸을 당겨 피하였으나 햇빛이 또 좇아와 비쳤다. 그래서
임신을 하여 알 하나를 낳았는데 크기가 다섯 되쯤 되었다.
왕은 알을 버려 개, 돼지에게 주었으나 모두 먹지
않았다. 또 길 가운데에 버렸으나 소나 말이
피하였다. 후에 들판에

# 제1장 고구려의 신화와 제의

고구려의 건국신화는 〈광개토왕비〉, 〈모두루묘지〉 등의 당대 금석문과 《삼국사기》, 《삼국유사》, 《동국이상국집》 동명왕편 등의 국내 사서, 중국의 《위서》, 《양서》, 《수서》 등에 실려 있다. 고구려의 신화는 백제나 신라에 비해 내용이 풍부하고 또 당대의 기록이 전하고 있기 때문에 일찍부터 주목을 받았다. 신화에 대한 여러 계통의 기록은 주몽이 부여에서 남하하여 고구려를 건국한다는 내용의 큰 틀이 서로 비슷하다. 그러나 주몽의 출자나 이름, 주몽의 어머니 유화 등에 대한 기록에 차이가 있고 서로 출입도 있어서 이에 대한 연구가 비교적 풍부하게 이루어졌다. 그리고 그동안의 연구를 통해 부여 동명신화와 고구려 주몽신화의 관계, 주몽신화의 변개 과정, 건국신화의 정립 시기, 신화에 반영된 고구려의 형성과정 등이 다양하게 논의되었다.[1)]

---

1) 김두진, 1995, 〈고구려 개국신화의 영웅전승적 성격〉, 《국사관논총》 62(1999, 《韓國

건국신화를 통해 시조에 대한 관념이 일원화 · 체계화되는 것은 곧 고구려의 국가제사인 시조묘 제사, 천지신 제사와도 밀접하게 관련이 있다. 신라나 백제와 마찬가지로 고구려도 시조묘 제사를 통해 왕권의 정당성과 왕족의 우월성을 표출하였을 것이다. 그리고 시조가 하늘의 자손임을 강조하기 위해 천지신에 대한 제사도 꾸준히 행해지고 국토의 안위와 나라의 안녕을 비는 산천 제사 역시 지속적으로 이루어졌을 것으로 추측된다. 특히 고구려에서는 토지신을 모시는 國社의 존재가 확인되는데 이는 건국신화에서 유화의 존재로 대표되는 지모신 신앙과 연관되어 있다.

여기서는 당대의 기록인 금석문, 중국정사, 후대의 국내 기록인 《삼국사기》에 실린 고구려 건국신화를 대략적으로 살펴보고 거기에 반영된 역사적 사실을 파악할 것이다. 그리고 제천의례인 동맹, 시조묘와 국사, 산천 제사 등 고구려의 제의에 대해서도 살펴볼 것이다. 마지막으로 이를 통해 고구려 건국신화와 제의의 특성을 정리하고자 한다.

---

古代의 建國神話와 祭儀》, 一潮閣 재수록). 김화경, 1998, 〈고구려 건국신화의 연구〉, 《震檀學報》 86. 박찬규, 1999, 〈광개토왕비문의 신화기사의 분석〉, 《광개토왕비문의 신연구》, 서라벌군사연구소. 이복규, 1998, 《부여 고구려 건국신화 연구》, 집문당. 김기흥, 2001, 〈고구려 건국신화의 검토〉, 《韓國史硏究》 113. 서대석, 2004, 〈고구려 신화의 성립과 민족신화적 성격〉, 《역사민속학》 18. 이종욱, 2004, 《한국사의 1막1장 건국신화》, 휴머니스트. 윤성용, 2005, 〈고구려 건국신화와 제의〉, 《韓國古代史硏究》 39.

## 1. 고구려의 신화

고구려의 건국신화는 〈廣開土王碑〉, 〈牟豆婁墓誌〉 등 금석문과 《魏書》, 《梁書》를 비롯한 중국정사 고구려전, 《三國史記》, 《三國遺事》 등의 국내 사서 등에 전하고 있다. 이 중 〈광개토왕비〉와 《위서》 그리고 《삼국사기》의 건국신화를 서로 비교해 고구려 건국신화의 내용을 살펴보도록 하겠다.

먼저 〈광개토왕비〉나 〈모두루묘지〉의 금석문은 5세기의 자료로 고구려 당시에 형성되어 있던 건국신화와 시조 전승을 전해 주는 1차적 사료다. 〈광개토왕비〉는 내용상 시조의 건국과정과 광개토왕의 생애, 광개토왕의 업적, 수묘인 연호 등 3부분으로 나뉘는데 그중 시조의 건국신화 내용은 다음과 같다.

> 惟昔始祖鄒牟王之創基也 出自北夫餘 天帝之子 母河伯女郎 剖卵降世 生而有聖□□□□□□命 駕巡幸南下 路由夫餘奄利大水 王臨津言曰 我是皇天之子 母河伯女郎 鄒牟王 爲我連葭浮龜 應聲卽爲連葭浮龜 然後造渡 於沸流谷忽本西城山上而建都焉 不樂世位 因遣黃龍 來下迎王 王於忽本東 履龍頁昇天 顧命世子儒留王 以道輿治 大朱留王 紹承基業 遝至十七世孫國罡上廣開土境平安好太王[2)]

시조 추모왕은 북부여 출신으로 천제의 아들이면서 하백의 외손이다. 卵生으로 날 때부터 신성성이 있었으며 남쪽으로 순행하여 비류곡 홀본서성에 이르러 새로 나라를 세웠다. 도중에 奄利大水를 건널 때는 하백의 외손임을 내세워 물(갈대와 거북이)의 도움을 받았고, 죽은 후에도 황룡을 타고 하늘로

---

2) 〈廣開土王碑〉(414년).

돌아가는 신이성을 보였다.

전체적으로 광개토왕비문의 서술은 조상의 신이성을 부각하려는 의도로 서술되어 있다. 〈모두루묘지〉에도 "河泊之孫 日月之子 鄒牟聖王 元出北夫餘 天下四方 知此國郡最聖…"이라 하여 추모왕의 출자를 하백의 손자이며 일월의 자손으로 원래는 북부여에서 나왔다고 기록하였는데 이는 〈광개토왕비〉와 동일한 내용이다. 따라서 이 전승은 5세기 당시 고구려에 일반적으로 알려져 있었으며 고구려 왕계는 이미 추모왕을 정점으로 일원화되어 있었음을 알 수 있다.

다음으로 《魏書》, 《梁書》, 《周書》, 《隋書》, 《北史》, 《通典》 등의 중국 정사에 실려 있는 고구려의 시조 전승을 살펴보겠다. 그중 가장 최초의 기록이면서 풍부한 내용을 담고 있는 것은 北齊 文宣帝 天保 연간에 편찬된 《위서》 고구려전의 기록이다. 《위서》 고구려전의 맨 앞에 실려 있는 신화의 내용은 다음과 같다.

> 高句麗者 出於夫餘 自言先祖朱蒙 朱蒙母河伯女 爲夫餘王閉於室中 爲日所照 引身避之 日影又逐 旣而有孕 生一卵 大如五升 夫餘王棄之與犬 犬不食 棄之與豕 豕又不食 棄之於路 牛馬避之 後棄之野 衆鳥以毛茹之 夫餘王割剖之不能破 遂還其母 其母以物裹之 置於暖處 有一男破殼而出 及其長也 字之曰朱蒙 其俗言朱蒙者 善射也 夫餘人以朱蒙非人所生 將有異志 請除之 王不聽 命之養馬 朱蒙每私試 知有善惡 駿者減食令瘦 駑者善養令肥 夫餘王以肥者自乘 以瘦者給朱蒙 後狩于田 以朱蒙善射 限之一矢 朱蒙雖矢少 殪獸甚多 夫餘之臣又謀殺之 朱蒙母陰知 告朱蒙曰 國將害汝 以汝才略 宜遠適四方 朱蒙乃與烏引烏違等二人 棄夫餘東南走 中道遇一大水 欲濟無梁 夫餘人追之甚急 朱蒙告水曰 我是日子 河伯外孫 今日逃走 追兵垂及 如何得濟 於是魚鼈並浮 爲之成橋 朱蒙得渡 魚鼈乃解 追騎不得渡 朱蒙遂至普述水 遇見三人 其

一人著麻衣 一人著納衣 一人著水藻衣 與朱蒙至紇升骨城 遂居焉 號曰高句麗 因以爲氏焉[3)]

고구려는 부여에서 갈라져 나왔는데 선조는 주몽이며 어머니는 하백의 딸로서 햇빛이 비쳐 잉태하였다. 알을 낳았는데 가축에게 주어도 먹지 않고 들판에 버려도 소나 말이 피해 다녔으며 새가 깃털로 감싸 보호하였다. 결국 어미에게 돌려주자 어미는 알을 따뜻한 곳에 두었는데 얼마 후 사내아이가 태어났다. 아이의 이름은 주몽으로 이는 활을 잘 쏜다는 뜻이다. 부여 사람들이 주몽을 죽이려 하자 어머니의 권유로 烏引 · 烏違 등과 함께 남하했다. 도중에 큰 강을 만나 건널 수 없게 되자 자신이 태양의 아들이고 하백의 외손임을 밝혀 물고기와 자라의 도움으로 무사히 건널 수 있었다. 마침내 普述水에 이르러 우연히 세 사람을 만나 이들과 함께 紇升骨城에 이르러 마침내 정착하고 살면서 나라 이름을 高句麗라 하고 인하여 성을 高氏라 하였다.

《위서》의 고구려 시조 전승은 문헌기록 중에서 가장 오래된 것으로 후대의 국내 사서 내용과 큰 차이가 없으며 중국 정사에 기록된 것 중에는 가장 완벽하고 풍부한 내용을 담고 있다. 이는 《위서》의 기록이 5세기 전반 고구려를 방문했던 사신이 수집한 내용을 바탕으로 기록되었기 때문이다. 따라서 〈광개토왕비〉의 기록과 《위서》의 기록은 모두 5세기 전반 고구려 당대의 전승을 전하는 것이라 하겠다. 두 기록은 주몽이 부여에서 남하하여 고구려를 건국하였다는 기본 내용이 같다.

3) 《魏書》 100, 列傳 88, 高句麗.

다만 《위서》에는 유화의 주몽 잉태와 출산, 부여에서 겪었던 고난, 주몽이 남하할 때 그를 따랐던 세력과 통합 등 〈광개토왕비〉에는 전하지 않는 내용이 추가되어 있다. 또 〈광개토왕비〉에는 시조의 이름이 '鄒牟王'으로 되어 있는데 《위서》에는 '朱蒙'으로 되어 있다. 《삼국사기》 고구려본기에도 朱蒙으로 기록되어 있다.[4] 그리고 《위서》에는 '天帝之子'라는 표현 대신 '爲日所照'라 하여 햇빛이 비춰 주몽이 잉태되었다고 기록했는데 시조가 햇빛에 감응되어 태어났다는 전승은 당시 동북 지방에 널리 퍼져 있던 것이다. 다만 北魏는 주몽을 天子로 인식하지 않았기 때문에 《위서》에서는 天帝라는 표현을 의도적으로 피했을 것으로 보기도 한다.[5] 그러나 한편으로는 《위서》에서의 '日'과 '天'이 같은 의미일 것으로 이해하는 견해도 있다.

마지막으로 《삼국사기》 고구려본기 시조 동명성왕조에 실린 건국신화를 살펴보겠다. 《삼국사기》의 내용은 주몽의 남하와 건국과정을 기술한 주요 구조가 《위서》와 같다. 그러나 《삼국사기》의 내용은 〈東明王篇〉에 실린 《구삼국사》의 내용을 요약한 것으로, 《위서》보다 훨씬 많은 내용을 담고 있다. 내용이 복잡하므로 해석문을 싣고 원문은 주로 첨부하였다.

1) 시조 東明聖王은 성이 高氏이고 이름이 朱蒙〔鄒牟 또는 衆解라고도 하였다〕이다. 앞서 扶餘의 왕 解夫婁가 늙도록 아들이 없어 산천에 제사를 드려 대를 이을

---

4) 고구려의 시조에 대한 호칭은 여러 가지로 나타나는데 〈모두루묘지〉에는 〈광개토왕비〉와 마찬가지로 鄒牟로 되어 있으나 〈高慈墓誌〉, 〈泉男産墓誌〉 등의 후대 금석문에는 朱蒙으로 되어 있다. 또 《삼국사기》 신라본기 문무왕 10년조에는 中牟로, 《삼국유사》 왕력에는 鄒蒙으로 나타난다.

5) 윤성용, 2005, 앞의 논문.

자식을 구하였는데 그가 탄 말이 鯤淵에 이르러 큰 돌을 보고 서로 마주하여 눈물을 흘렸다. 왕은 이상히 여겨 사람을 시켜서 그 돌을 옮기니 어린 아이가 있었는데 금색의 개구리〔蛙, 또는 달팽이(蝸)라고도 한다〕 모양이었다. 왕은 기뻐하며 말하기를 "이것은 바로 하늘이 나에게 자식을 준 것이다" 하고는 거두어 길렀는데, 이름을 金蛙라 하였다. 그가 장성하자 태자로 삼았다.

2) 후에 재상 阿蘭弗이 말하였다. "일전에 하느님이 내게 내려와 '장차 내 자손으로 하여금 이곳에 나라를 세우게 할 것이니 너희는 피하거라. 동쪽 바닷가에 迦葉原이라는 땅이 있는데, 토양이 비옥하여 五穀이 잘 자라니 도읍할 만하다' 고 하였습니다." 아란불이 마침내 왕에게 권하여 그곳으로 도읍을 옮겨 나라 이름을 東扶餘라고 하였다. 옛 도읍지에는 어디로부터 왔는지는 알 수 없으나 天帝의 아들 解慕漱라고 자칭하는 사람이 와서 도읍하였다.

3) 해부루가 죽자 금와는 뒤를 이어 즉위하였다. 이때 太白山 남쪽 優渤水에서 한 여자를 발견하고 물으니 대답하였다. "나는 河伯의 딸이며 이름이 柳花입니다. 여러 동생과 나가 노는데 그때에 한 남자가 스스로 천제의 아들 해모수라 하고 나를 熊心山 아래 鴨淥水 가의 집으로 꾀어서 사통하고 곧바로 가서는 돌아오지 않았습니다. 부모는 내가 중매 없이 남을 좇았다고 책망하여 마침내 우발수에서 귀양살이 하게 하였습니다." 금와는 이상하게 여겨서 방 안에 가두어 두었는데, 햇빛에 비쳐 몸을 당겨 피하였으나 햇빛이 또 좇아와 비쳤다. 그래서 임신을 하여 알 하나를 낳았는데 크기가 다섯 되쯤 되었다. 왕은 알을 버려 개, 돼지에게 주었으나 모두 먹지 않았다. 또 길 가운데에 버렸으나 소나 말이 피하였다. 후에 들판에 버렸더니 새가 날개로 덮어 주었다. 왕은 쪼개려고 하였으나 깨뜨리지 못하고 마침내 그 어머니에게 돌려주었다. 그 어머니가 물건으로 싸서 따뜻한 곳에 두었더니, 한 사내아이가 껍질을 깨고 나왔는데 골격과 외모가 빼어나고 기이하였다. 나이가 겨우 일곱 살이었을 때에 남달리 뛰어나 스스로 활과 화살을 만들어 쏘면 백발백중이었다. 부여의 속어에 활 잘 쏘는 것을 朱蒙이라고 하였으므로 이것으로 이름을 삼았다.

4) 금와에게는 일곱 아들이 있어서 항상 주몽과 더불어 놀았는데 그 기예와 능력이 모두 주몽에게 미치지 못하였다. 그 맏아들 帶素가 왕에게 말하였다. "주몽은

사람이 낳은 자가 아니어서 사람됨이 용맹스럽습니다. 만약 일찍 일을 도모하지 않으면 후환이 있을까 두렵습니다. 청컨대 없애버리십시오!" 왕은 듣지 않고 그를 시켜 말을 기르게 하였다. 주몽은 날랜 말을 알아내어 먹이를 적게 주어 마르게 하고, 둔한 말은 잘 먹여 살찌게 하였다. 왕은 살찐 말을 자신이 타고, 마른 말을 주몽에게 주었다. 후에 들판에서 사냥할 때 주몽이 활을 잘 쏘기 때문에 화살을 적게 주었으나, 주몽은 짐승을 매우 많이 잡았다. 왕자와 여러 신하가 또 죽이려고 꾀하자, 주몽의 어머니가 이것을 눈치 채고 일렀다. "나라 사람들이 장차 너를 죽일 것이다. 너의 재주와 지략으로 어디를 간들 안 되겠느냐? 지체하여 머물다가 욕을 당하느니보다는 멀리 가서 뜻을 이루는 것이 나을 것이다." 그래서 주몽은 烏伊·摩離·陜父 등 세 사람을 벗으로 삼아 함께 갔다. 淹淲水〔또는 蓋斯水라고도 한다. 지금(고려)의 鴨淥江 동북쪽에 있다〕에 다다라 건너려 하였으나 다리가 없어 추격병에게 잡히게 될 것이 두려워 물에게 고하기를 "나는 天帝의 아들이요, 하백의 외손이다. 오늘 도망가는데 추격자들이 다가오니 어찌하면 좋은가?" 하자 물고기와 자라가 떠올라 다리를 만들었으므로 주몽은 건널 수 있었다. 물고기와 자라가 곧 흩어지니 추격하는 기마병이 건널 수 없었다.

5) 주몽은 毛屯谷에 이르러〔《魏書》에는 "普述水에 이르렀다"고 하였다〕 세 사람을 만났다. 그중 한 사람은 麻衣를 입었고, 한 사람은 衲衣를 입었으며, 한 사람은 水藻衣를 입고 있었다. 주몽은 "자네들은 어디에서 온 사람들인가? 성은 무엇이고 이름은 무엇인가?" 하고 물었다. 삼베옷 입은 사람은 "이름은 再思입니다"라고 하였고, 중 옷 입은 사람은 "이름은 武骨입니다"라고 하였고, 마름옷 입은 사람은 "이름은 默居입니다"라고 대답하였으나, 성들은 말하지 않았다. 주몽은 재사에게 克氏, 무골에게 仲室氏, 묵거에게 少室氏의 성을 주었다. 그리고 무리에게 일러 말하였다. "내가 이제 하늘의 큰 명령을 받아 나라의 기틀을 열려고 하는데 마침 이 세 어진 사람들을 만났으니 어찌 하늘이 주신 것이 아니겠는가?" 마침내 그 능력을 살펴 각각 일을 맡기고 그들과 함께 卒本川〔《위서》에서는 "紇升骨城에 이르렀다"고 하였다〕에 이르렀다. 그 토양이 기름지고 아름다우며, 산하가 험하고 견고한 것을 보고 마침내 도읍하려고 하였으나, 궁실을 지을 겨를이 없

었으므로 다만 沸流水가에 초막을 짓고 살았다. 나라 이름을 高句麗라 하고 그로 말미암아 高로써 성을 삼았다. 〔다른 기록에는 이렇게 쓰여 있다. "주몽은 졸본부여에 이르렀다. 그 왕에게 아들이 없었는데 주몽을 보고는 범상치 않은 사람인 것을 알고 그 딸을 아내로 삼게 하였다. 왕이 죽자 주몽은 왕위를 이었다."〕 이때 주몽의 나이가 22세였다. 이해는 漢 孝元帝 建昭 2년(서기전 37), 신라 시조 赫居世 21년 갑신년이었다. 사방에서 듣고 와서 따르는 자가 많았다. 그 땅이 靺鞨 부락에 붙어 있어 침략과 도적질의 해를 당할 것을 염려해서 마침내 그들을 물리치니, 말갈이 두려워 굴복하고 감히 침범하지 못하였다.

6) 왕은 비류수 가운데로 채소 잎이 떠내려 오는 것을 보고 상류에 사람이 있는 것을 알게 되자, 사냥하며 찾아가서 沸流國에 이르렀다. 그 나라 왕 松讓이 나와 보고는 말하였다. "寡人이 바다의 구석에 치우쳐 있어서 일찍이 군자를 보지 못하였는데 오늘 서로 만나니 다행이 아닌가? 그러나 그대가 어디서 왔는지 알지 못하겠다." 대답하기를 "나는 천제의 아들로서 모처에 와서 도읍하였다"고 하였다. 송양이 말하였다. "우리는 여러 대에 걸쳐서 왕노릇하였다. 땅이 좁아서 두 왕을 용납하기에 부족하다. 그대는 도읍한 지 얼마 되지 않으니 나의 부하가 되는 것이 어떠한가?" 왕은 그 말을 듣고 분하게 여겨, 그와 더불어 말다툼하고 또 서로 활을 쏘아 재능을 겨루었는데, 송양이 당해내지 못하였다.[6)]

---

6) 始祖 東明聖王 姓高氏 諱朱蒙 一云鄒牟 一云衆解 先是 扶餘王解夫婁老無子 祭山川求嗣 其所御馬至鯤淵 見大石 相對流淚 王怪之 使人轉其石 有小兒 金色蛙形 蛙一作蝸 王喜曰 此乃天賚我令胤乎 乃收而養之 名曰金蛙 及其長 立爲太子 後其相阿蘭弗曰 日者天降我曰 將使吾子孫立國於此 汝其避之 東海之濱有地 號曰迦葉原 土壤膏腴宜五穀 可都也 阿蘭弗遂勸王 移都於彼 國號東扶餘 其舊都有人 不知所從來 自稱天帝子解慕漱 來都焉 及解夫婁薨 金蛙嗣位 於是時 得女子於太白山南優渤水問之 曰我是河伯之女 名柳花 與諸弟出遊 時有一男子 自言天帝子解慕漱 誘我於熊心山下鴨淥邊室中私之 卽往不返 父母責我無媒而從人 遂謫居優渤水 金蛙異之 幽閉於室中 爲日所炤 引身避之 日影又逐而炤之 因而有孕 生一卵 大如五升許 王棄之與犬豕 皆不食 又棄之路中 牛馬避之 後棄之野 鳥覆翼之 王欲剖之 不能破 遂還其母 其母以物裹之 置於暖處 有一男兒 破殼而出 骨表英奇 年甫七歲 嶷然異常 自作弓矢射之 百發百中 扶餘俗語 善射爲朱蒙 故以名云 金蛙有七子

이 내용은 《삼국유사》 기이 고구려조에도 실려 있는데 그 내용이 《삼국사기》와 거의 유사하다. 《삼국사기》에는 주몽 탄생 이전의 금와 탄생과 해모수의 등장, 해모수와 유화의 만남 그리고 주몽의 건국 후 비류국 병합 설화가 추가되어 있다. 먼저 1)은 금와의 탄생설화로 부여왕 해부루가 산천에 빌어 아들 금와를 얻는 내용이고, 2)는 해부루가 하늘의 명에 따라 동쪽으로 이주하여 동부여를 세우고, 원래의 부여땅에는 해모수가 건국하였다는 내용이다. 이 내용은 《위서》에는 없는 것이다. 해모수의 건국설화는 주몽신화에 포함

常與朱蒙遊戲 其伎能皆不及朱蒙 其長子帶素言於王曰 朱蒙非人所生 其爲人也勇 若不早圖 恐有後患 請除之 王不聽 使之養馬 朱蒙知其駿者 而減食令瘦 駑者善養令肥 王以肥者自乘 瘦者給朱蒙 後獵于野 以朱蒙善射 與其矢少 而朱蒙殪獸甚多 王子及諸臣又謀殺之 朱蒙母陰知之 告曰 國人將害汝 以汝才略 何往而不可 與其遲留而受辱 不若遠適以有爲 朱蒙乃與烏伊摩離陜父等三人爲友 行至淹淲水一名盖斯水 在今鴨淥東北 欲渡無梁 恐爲追兵所迫 告水曰 我是天帝子 河伯外孫今日逃走 追者垂及如何 於是 魚鼈浮出成橋 朱蒙得渡 魚鼈乃解 追騎不得渡 朱蒙行至毛屯谷 魏書云 至普述水 遇三人 其一人着麻衣 一人着衲衣 一人着水藻衣 朱蒙問曰 子等何許人也 何姓何名乎 麻衣者曰名再思 衲衣者曰名武骨 水藻衣者曰名黙居 而不言姓 朱蒙賜再思姓克氏 武骨仲室氏 黙居少室氏 乃告於衆曰 我方承景命 欲啓元基 而適遇此三賢 豈非天賜乎 遂揆其能 各任以事 與之俱至卒本川 魏書云 至紇升骨城 觀其土壤肥美 山河險固 遂欲都焉 而未遑作宮室 但結廬於沸流水上居之 國號高句麗 因以高爲氏 一云 朱蒙至卒本扶餘 王無子 見朱蒙知非常人以其女妻之 王薨 朱蒙嗣位 時朱蒙年二十二歲 是漢孝元帝建昭二年 新羅始祖赫居世二十一年甲申歲也 四方聞之 來附者衆 其地連靺鞨部落 恐侵盜爲害 遂攘斥之 靺鞨畏服 不敢犯焉 王見沸流水中 有菜葉逐流下 知有人在上流者 因以獵往尋至沸流國 其國王松讓出見曰 寡人僻在海隅 未嘗得見君子 今日邂逅相遇 不亦幸乎 然不識吾子自何而來 答曰 我是天帝子 來都於某所 松讓曰 我累世爲王 地小不足容兩主 君立都日淺 爲我附庸可乎 王忿其言 因與之鬪辯 亦相射以校藝 松讓不能抗. (《三國史記》 13, 高句麗本紀 1, 始祖 東明聖王 卽位年)

되어 있지만 본래는 독립된 시조 전승을 가졌을 수도 있다.[7] 1)과 2)는 고구려를 건국한 주몽이 부여의 계승자임을 강조하기 위해 덧붙여진 것이며, 특히 2)에서는 해모수가 '天의 자손'이라고 기록되어 있음이 주목된다.

3)은 주몽이 알에서 태어나는 내용으로 《위서》의 내용과 대략 같지만, 유화가 해모수와 만나 사통하여 아이를 가지게 되었다는 내용이 첨가되어 있다. 3)에서는 해모수가 '天帝의 아들'로 나오는데 〈광개토왕비〉에서는 주몽이 '천제의 아들'로 표현되어 있다. 즉 《삼국사기》에는 주몽이 천제의 아들인 해모수의 아들, 즉 천제의 손자로 기록되어 있는 것이다. 그러나 이 두 기록은 모두 주몽이 하늘과 연관되어 있음을 강조한다는 점에서 공통된다.

그런데 〈광개토왕비〉에는 주몽이 북부여 출신인 것으로 기록되어 있는데 《삼국사기》에는 주몽의 출자가 조금 복잡하게 기록되어 있다. 때문에 주몽의 출자에 관해서도 여러 논의가 있어 왔다. 사료에 따르면 주몽의 아버지인 해모수는 금와를 몰아내고 옛 부여 땅에 나라를 세웠는데 그 나라명은 기록되어 있지 않다. 그런데 《삼국유사》 기이 북부여조에 따르면 해모수가 내려와 세운 나라를 북부여라고 지칭하고 있다. 한편 주몽의 어머니 유화는 하늘의 명에 따라 옛 근거지를 버리고 동쪽으로 이주한 동부여의 금와에게 보호를 받았으며 주몽도 그곳에서 태어난 것처럼 되어 있다. 따라서 부계를 따르면 주몽은 북부여 출자라 할 수 있지만 출생지를 따르면 주몽은 동부여 출신이 된다.[8]

---

7) 김두진, 1995, 앞의 논문.

8) 동부여 출자설은 5세기 이후 고구려의 중앙에 진출한 동부여 출신자들의 영향 때문에 후대에 부회된 것으로 이해하기도 한다. (노태돈, 1999, 《고구려사연구》, 사계절)

특이한 것은 어머니에 대해서는 하백의 딸인 하백녀로 일치하고 있다는 점이다. 하백은 본래 중국 황하의 水神으로 용을 부린다고 한다. 즉 하백은 물을 다스리는 신으로 농경과 밀접하게 관련되어 있다. 하백의 딸 유화 역시 농업신의 성격을 보여 주고 있는데 이는 〈동명왕편〉에 인용된 《구삼국사》에서 유화가 남쪽으로 내려가는 주몽에게 오곡의 종자를 주었다는 내용[9]에서 확인되는 바이다.

주몽은 유화가 천제의 아들인 해모수와 사통한 뒤 햇빛이 비추어 태어났다. 유화의 몸에서 알로 태어났으므로 난생신화의 측면을 가지고 있으나 햇빛이 비추어 태어났으므로 천강신화라 할 수도 있다. 한편으로는 아버지가 천제의 아들인 해모수이므로 직접적인 천강신화는 아니라고도 할 수 있다. 주몽신화에는 이렇듯 여러 신화적 요소가 섞여 있다. 그러나 앞서 말했듯이 주몽이 하늘의 자손인 천손임에는 분명하며, 어머니 유화는 강을 다스리는 하백의 딸이므로 주몽은 물을 다스리는 신의 외손이 된다.

주몽은 태어날 때부터 그 신이성이 남달라서 금와의 명으로 버려진 후에도 오히려 새와 짐승들의 보호를 받았다. 이때 등장하는 말, 소, 돼지, 개 등은 부여의 관명인 마가, 우가, 저가, 구가와 일치하고 있다. 따라서 당시 부여의 귀족들인 구가, 저가, 우가, 마가가 동명을 해치지 않았다는 것을 뜻하는 듯하다. 이렇게 되자 금와왕도 할 수 없이 알을 다시 유화에게 돌려주었으며, 유화

9) 朱蒙臨別 不忍違 其母曰 汝勿以一母爲念 乃裹五穀種以送之 朱蒙自切生別之心 忘其麥子 朱蒙息大樹之下 有雙鳩來集 朱蒙曰 應是神母使送麥子 乃引弓射之 一矢俱擧 開喉得麥子 以水噴鳩 更蘇而飛去. (《東國李相國集》東明王篇)

가 알을 잘 감싸서 따뜻한 곳에 두었더니 얼마 후 부화하여 사내아이가 태어났다. 태어난 아이는 골상이 남달리 특이하고, 특히 활을 잘 쏘아서 사람들이 주몽이라 불렀다. 활을 잘 쏘았다는 것은 주몽의 실제적인 능력을 나타내는 것으로 그가 신성성과 더불어 왕이 될 만한 개인적인 능력도 갖추었다는 것을 의미하고 있다.

4)는 주몽이 장성하여 부여의 금와와 대소를 능가하는 능력을 보이자 왕과 신하가 그를 시기하여 죽이려 하였고, 이에 주몽이 오이, 마리, 협부 등과 부여를 떠나는 내용이다. 여기서 오이, 마리, 협부 등은 주몽의 추종 세력이라고 하겠는데, 이들은 무사단으로 보기도 하고 종교전문가로 보기도 한다. 엄사수에서는 수신의 도움을 받아 쫓아오는 기병을 물리쳤다. 그리고 5)에서는 모둔곡에 이르러 새로운 세력인 재사, 무골, 묵거를 만났다고 했는데 이들은 주몽이 고구려를 건국할 때 도움을 준 사람들로 후대에 지배계층으로 편입되었을 것이다. 세 사람이 모두 다른 옷을 입고 있었다는 것은 그들이 서로 다른 세력 기반을 가지고 있었다는 것을 의미하는 것으로 추측된다. 이들이 함께 이른 졸본천은 《위서》에서 흘승골성이라 하였는데, 이 둘은 같은 곳으로 지금의 환인 지방에 비정된다.

주몽은 고구려를 건국한 후 선주 세력이었던 비류국의 송양과 대립하게 되는데 그 내용이 6)에 해당한다. 송양이 주몽을 이기지 못해 복속되어 多勿都의 우두머리로 봉해졌다는 것은 비류국 세력이 고구려 내로 편입된 것을 말한다. 대무신왕 15년조의 沸流部나 태조왕 80년조의 沸流那 등은 고구려에 편제된 이들 집단을 가리키는 것이다.

한편 《삼국지》 부여전에 인용된 《魏略》이나 《論衡》, 《後漢書》 등에는 부여의 건국신화인 동명신화가 전한다. 그 내용은 고구려의 건국신화인 주몽신화와 매우 유사하다. 그러나 두 신화는 서로 별개의 것으로 이해된다. 주몽신화는 부여의 동명신화를 차용한 것이기는 하지만 앞서 살펴본 대로 고구려의 독자적인 역사성을 반영하고 있다.

## 2. 고구려의 국가제사

### 1) 천지신 제사

앞서 살펴본 건국신화는 그 자체로 왕과 왕족의 신성성을 충분히 드러내고 있지만 천지신 제사나 시조묘 제사 등의 국가제사로 재현되면서 즉위의 정통성과 통치행위의 정당성이 더욱 확인되었을 것이다. 《삼국지》 위지 동이전에는 고구려의 제천의례인 東盟에서 신화의 내용이 재현되는 모습이 전해지고 있다.

> 以十月祭天 國中大會 名曰東盟 其公會 衣服皆錦繡金銀以自飾 大加主簿頭著幘 如幘而無餘 其小加著折風 形如弁 其國東有大穴 名隧穴 十月國中大會 迎隧神 還于國東上祭之 置木隧于神坐 無牢獄 有罪諸加評議 便殺之 沒入妻子爲奴婢[10)]

10월에 제천의례를 행하는데 그 제의는 거국적인 대회이며 그 제의의 이름은 동맹이라 하였다. 동맹은 기본적으로 수확제의 성격을 지녔을 것이나 동맹

---

10) 《三國志》 30, 魏書 30, 烏丸鮮卑東夷傳, 高句麗.

이란 제의명은 고구려의 건국자 주몽의 시호인 동명과 관련이 있다. 따라서 이 제의는 제천의례이면서 또한 國祖神에 대한 제의로서 양면성을 지닌 것이라 할 수 있다.[11] 즉 하늘의 자손인 동명에 대한 제사의례로 파악할 수 있는 것이다. 그리고 이 제천대회는 공회로서 국가의 공식적인 의례이며 그 공회에 참석할 때 의복을 모두 비단과 금은으로 장식하여 대단히 화려하게 의례를 거행하였다. 또 복장에서 대가와 소가가 차별성을 보이고 있는데 이는 바로 고구려 지배층 내부의 계층성이 매우 확연함을 보여 주는 것이다. 이러한 의미에서 국왕이 제의를 주관함으로써 왕권의 위엄을 보여 수직적인 지배구조를 과시하는 것이다.

국중대회 때에는 나라 동쪽 수혈에서 수신을 맞아 國東上에서 제사를 지냈는데 神木을 만들어 신좌에 모셨다. 이때 수신은 기존에 男神으로 보기도 했지만[12] 최근에는 주몽의 어머니인 유화를 신격화한 地母神으로 보는 견해가 많다.[13] 수신이 동굴에 모셔졌다가 장소를 이동하여 제사되는 것은 건국신화에서 유화가 유폐되었다가 빛을 받아 주몽을 잉태하던 모습을 상징한다고

---

11) 최광식, 1994, 《고대 한국의 국가와 제사》, 한길사. 서영대도 제천의례인 동맹에서 시조와 천신과의 관계가 강조되었을 것이며 시조에 대한 제사가 곧 제천과 동일시되었을 것임을 지적한 바 있다. (서영대, 2003, 〈고구려의 국가제사—동맹을 중심으로〉, 《韓國史硏究》 120)

12) 양주동, 1965, 《古歌硏究》, 一潮閣.

13) 이만열, 1971, 〈高句麗 思想政策에 대한 몇 가지 檢討〉, 《柳洪烈博士華甲記念論叢》. 三品彰英, 1973, 《古代祭政と穀靈信仰》, 平凡社. 김무조, 1988, 《한국신화의 원형》, 정음문화사. 한영화, 2001, 〈高句麗 地母神信仰과 母處制〉, 《韓國古代史의 諸照明》, 신서원. 이를 隧穴神으로 보고 몽골이나 탁발족에서 확인되는 동굴신앙과 비교한 연구도 있다. (박승범, 2001, 〈고구려의 국가제사〉, 《史學志》 34)

한다. 또한 동굴은 부활을 상징하며 이는 땅이 가진 재생의 이미지와도 상통한다. 수혈의 유적은 지금 집안시 하해방촌 산중턱에 通天洞과 國東大穴의 이름으로 남아 있다.[14] 또 《한원》에는 제사를 지낸 장소가 '國東水上'으로 되어 있는데, 물가에서 제사를 지낸 것도 유화의 아버지 하백이 수신인 것과 연관이 있다고 하겠다.

이처럼 동맹에서는 시조와 연결된 하늘뿐만 아니라 국모와 연결된 땅에 대해서도 함께 제사가 이루어졌다.[15] 동맹은 산 위의 통천동과 국동대혈에서 왕과 귀족들의 제례로 시작하여 산 아래에 일반민들이 모여 가무를 즐기는 데까지 이르렀을 것이다.[16] 제사의례 중에 재판과 형벌이 집행된 경우는 《삼국지》의 부여전과 신라 금석문에서도 확인할 수 있다. 종교적인 축제에 범죄자를 재판하는 것은 재판이 신에 의해 행해진다는 신앙에 뿌리를 두는 것이다. 이는 인류학의 지식에 비추어 알 수 있다.[17] 이것은 제의가 규범으로서의 기능을 갖고 있는 것이다.[18] 이처럼 제천의례는 종교적인 행사일 뿐만 아니라 지배 이데올로기적 성격을 갖고 있었다.

한편 《삼국사기》 제사지에서는 〈고기〉를 인용하여 제천의례에 대해 기

14) 정영호, 1994, 〈고구려의 동맹과 그 유적〉, 《于江權兌遠教授停年紀念論叢》, 동논총간행위원회.

15) 이와 달리 동맹과 수신제사가 각각 다른 주체에 의해 진행되었을 것으로 추측하기도 한다. 〔김두진, 1995, 〈고구려 초기 동맹제의의 소도신앙적 요소〉, 《韓國學論叢》 18 (1999, 《韓國古代의 建國神話와 祭儀》, 一潮閣 재수록)〕

16) 신형식, 1996, 《집안 고구려유적의 조사연구》, 국사편찬위원회.

17) 이기백, 1997, 〈한국 고대의 축제와 재판〉, 《역사학보》 154.

18) 최광식, 1994, 《고대 한국의 국가와 제사》, 한길사.

술하고 있다.

古記云 〔…〕 高句麗 常以三月三日 會獵樂浪之丘 獲猪鹿 祭天及山川[19)]

이 기록은 《삼국사기》 열전 온달조에도 전하는데, 온달전에는 왕이 나가 사냥하고 여러 신하와 5부의 병사들이 모두 따랐다는 내용이 첨가되어 있다.[20)] 《삼국지》 동이전에서는 10월에 제천대회를 하였다고 했는데 《삼국사기》 제사지에서는 3월 3일에 제천의례를 행했다고 하였다. 그 제사 지내는 날을 볼 때 중국문화의 영향이 엿보이는데 돼지와 사슴을 잡는 희생의례가 있었음을 알 수 있다. 한편 고구려의 벽화고분인 장천 1호분에는 그림의 내용에 제천의례의 모습이 나타나 있다. 사냥하는 모습은 제사에 필요한 희생제물을 잡기 위한 것이며, 나무를 중심으로 사람들이 모여 있는 것이나 춤추는 모습도 제의과정을 나타내는 것이다.

《삼국사기》 고구려본기에는 천지신 제사에 대한 기록이 나타나지 않지만, 토지신을 모시는 國社에 대한 기록이 남아 있다.

二十一年 春二月 王以丸都城經亂 不可復都 築平壤城 移民及廟社[21)]

동천왕 21년(247) 관구검의 침입으로 환도성이 어지러워지자 평양성을 쌓

---

19) 《三國史記》 32, 雜志 1, 祭祀.

20) 高句麗常以春三月三日 會獵樂浪之丘 以所獲猪鹿 祭天及山川神 至其日 王出獵 羣臣及五部兵士皆從.(《三國史記》 45, 列傳 5, 溫達)

21) 《三國史記》 17, 高句麗本紀 5, 東川王 21年.

고 백성과 廟社를 옮겼다. 이 기록을 통해 고구려에 國社가 있었음을 알 수 있다. 고구려에 언제 중국의 社稷이 수용되었는지는 알 수 없으나 《삼국지》 동이전 고구려조에도 靈星과 社稷에 제사를 지냈다는 기록이 남아 있다. 동천왕대에 조상신을 모시는 종묘와 함께 토지신을 모시는 사를 옮기는 것을 볼 때 토지신을 중요하게 여겼음을 알 수 있다. 또 고국양왕 9년(391)에는 왕이 불교를 공인하면서 국사를 세우고 종묘를 수리하였는데[22] 여기서도 조상신을 모시는 종묘와 토지신을 모시는 국사가 함께 중요한 의미를 지니는 것을 알 수 있다.

### 2) 시조묘 제사

고구려의 시조묘 제사에 대한 최초의 기록은 '본래의 國主였던 涓奴部의 適統大人이 古雛加의 칭호를 얻고 자체의 宗廟를 세웠으며 靈星과 社稷에게 따로 제사 지낸다'[23]고 한 《삼국지》 고구려전의 기록이다. 연노부가 자체 종묘를 세우고 영성과 사직에 '따로' 제사 지냈다고 하므로 당시 왕족인 桂婁部 역시 종묘를 세우고 영성과 사직에 제사를 올렸을 것으로 추측된다. 《삼국사기》 제사지를 보면 고구려의 시조묘 제사에 대해 좀더 구체적인 기록을 찾을 수 있다.

> 古記云 東明王十四年秋八月 王母柳花薨於東扶餘 其王金蛙以太后禮葬之 遂立神廟 太祖王六十九年冬十月 幸扶餘 祀太后廟 新大王四年秋九月 如卒本 祀始祖廟 故

---

22) 八年 三月 下教 崇信佛法求福 命有司 立國社 修宗廟. (《三國史記》18, 高句麗本紀 6, 故國壤王 8年)

23) 涓奴部本國主 今雖不爲王 適統代人 得稱古雛加 亦得立宗廟 祠靈星社稷. (《三國志》30, 列傳 30, 烏丸鮮卑東夷傳, 高句麗)

國川王元年秋九月 東川王二年春二月 中川王十三年秋九月 故國原王二年春二月 安臧王三年夏四月 平原王二年春二月 建武王二年夏四月 並如上行[24)]

먼저 태후묘 제사에 대해 살펴보면 동명왕 14년(기원전 24) 8월에 왕의 어머니인 유화가 동부여에서 죽자 금와왕이 태후의 예로서 장례를 지내고 신묘를 세웠다. 그리고 태조왕 69년(121) 10월에 부여에 순행하여 직접 태후묘에 제사를 지냈다고 되어 있다. 태조왕 69년 봄에는 漢 유주자사 馮煥, 현도태수 姚光, 요동태수 蔡諷 등이 침략하였고, 여름 4월에는 선비와 전쟁이 있었다. 따라서 태조왕은 대외의 여러 전쟁 후 태후묘에 제사하고 백성을 위무하면서 내적인 결집력을 제고시키려는 의도를 가지고 있었을 것이다.

제사지에서 신묘는 태후묘를 말한다. 《삼국사기》에는 태후묘에 대한 제사가 태조왕 69년에 단 한번 행해진 것으로 나오지만 《周書》에는 태후묘가 시조 동명묘와 함께 지속적으로 관리되었다는 내용이 기록되어 있다.

又有神廟二所 一日夫餘神 刻木作婦人之象 一日登高神 云是其始祖夫餘神之子 竝置官司 遣人守護 蓋河伯女與朱蒙云[25)]

《주서》에 따르면 고구려에는 신묘가 두 곳에 있었다. 하나는 夫餘神으로 나무를 깎아 부인의 형상을 만들었다고 되어 있고, 또 다른 하나는 登高神으로 시조 부여신의 아들이라고 하였다. 《북사》에도 같은 내용이 실려 있는데 《북사》에는 登高神이 아니라 高登神으로 되어 있다. 시조 부여신은 하백녀를 말

24) 《三國史記》 32, 雜志 1, 祭祀.
25) 《周書》 49, 列傳 41, 異域上, 高句麗.

하며, 부여신의 아들은 주몽을 말하는 것이다. 이 기록은 앞서 살펴본 동맹에서 하늘과 國祖神에 대한 제천의례와 地神인 隧神에 대한 제의가 동시에 이루어진 점과 상통하는 내용이다. 여기서 주목되는 것은 부여신인 하백녀를 '시조'라고 지칭하고 있는 점이다. 즉 주몽의 어머니를 시조로 모셨다는 것이다. 이는 아마도 동명왕대에 부여에 두고 온 어머니를 신격화하여 시조신으로 받들다가 후대에 동명을 시조신으로 받들었던 것이 시조가 둘인 것처럼 기록된 것이 아닌가 한다. 어쨌든 이 기록은 고구려에서 태후묘(신묘)의 존재가 부각되고 있음을 보여 준다.

제사지에서 시조묘 제사는 신대왕 4년(168) 가을 9월에 卒本에 가서 始祖廟에 제사 지내고, 고국천왕 원년(179) 가을 9월, 동천왕 2년(228) 봄 2월, 중천왕 13년(260) 가을 9월, 고국원왕 2년(332) 봄 2월, 안장왕 3년(521) 여름 4월, 평원왕 2년(560) 봄 2월, 建武王 2년(619) 여름 4월에도 모두 위와 같이 행하였다고 하였다. 시조묘 제사에 대한 기록은 《삼국사기》 고구려본기에 보다 자세히 나온다.

> 大武神王 三年 春三月 立東明王廟[26)]
>
> 新大王 三年 秋九月 王如卒本 祀始祖廟 冬十月 王至自卒本[27)]
>
> 故國川王 二年 秋九月 王如卒本 祀始祖廟[28)]
>
> 東川王 二年 春二月 王如卒本 祀始祖廟 大赦 三月 封于氏爲王太后[29)]

---

26) 《三國史記》 14, 高句麗本紀 2, 大武神王 3年.
27) 《三國史記》 16, 高句麗本紀 4, 新大王 3年.
28) 《三國史記》 16, 高句麗本紀 4, 故國川王 2年.
29) 《三國史記》 17, 高句麗本紀 5, 東川王 2年.

中川王 十三年 秋九月 王如卒本 祀始祖廟[30)]

故國原王 二年 春二月 王如卒本 祀始祖廟 巡問百姓老病賑給 三月 至自卒本[31)]

安臧王 三年 夏四月 王幸卒本 祀始祖廟 五月 王至自卒本 所經州邑貧乏者 賜穀人三斛[32)]

平原王 二年 春二月 王幸卒本 祀始祖廟 三月 王至自卒本 所經州郡獄囚 除二死 皆原之[33)]

榮留王 二年 夏四月 王幸卒本 祀始祖廟 五月 王至自卒本[34)]

위의 고구려본기 내용 중 신대왕과 고국천왕의 기록은 제사지의 연대와 각각 1년씩 차이가 있다. 또 제사지에는 언제 시조묘를 세웠는지 나타나지 않으나 본기에 따르면 대무신왕 3년에 동명왕묘를 세웠다는 것을 알 수 있다. 이때 동명왕묘를 어디에 세웠는지는 기록되어 있지 않지만 시조묘가 졸본에 있었으니 졸본에 세워졌다고 보아야 할 것이다. 그리고 동천왕 21년(247) 종묘와 사직을 평양성으로 옮긴 후에도 왕이 졸본에 가서 시조묘에 제사를 지내므로 시조묘는 줄곧 졸본에 있었던 것을 알 수 있다.

중천왕대를 제외하고는 모두 즉위 후 1~2년 내에 시조묘 제사가 행해졌으므로 이는 즉위의례의 성격이 있는 것이다. 왕은 즉위 후 시조묘에 제사하면서 시조의 적통으로 인정받고 통치 권력의 정당성을 확보할 수 있었다. 동천왕대에는 시조묘 제사 후 大赦가 이루어졌고, 고국원왕, 안장왕, 평원왕 때에는 시조묘 제사 후 돌아오는 길에 巡問이 있었다. 이는 시조묘 제사가 巡幸의 일환으로 이루어진 것이며[35)] 시조묘 제사에 정치적 의미가 내포되어 있음을 단적

30) 《三國史記》 17, 高句麗本紀 5, 中川王 13年.

31) 《三國史記》 18, 高句麗本紀 6, 故國原王 2年.

32) 《三國史記》 19, 高句麗本紀 7, 安臧王 3年.

33) 《三國史記》 19, 高句麗本紀 7, 平原王 2年.

34) 《三國史記》 20, 高句麗本紀 8, 榮留王 2年.

으로 보여 주는 예이다.[36)]

여기서 시조묘와 종묘에 대해 분명한 이해를 하고 넘어가야 하겠다. 始祖廟는 시조 동명성왕이 묻힌 졸본의 始祖墓 주변 사당을 의미한다. 중국 길림성 집안시의 장군총과 태왕릉의 상부에는 건물이 있던 흔적이 남아 있는데 이는 당시 사당이 무덤 위에 위치했다는 것을 의미하는 듯하다. 그러다가 차츰 무덤 옆으로 위치가 옮겨진 것이다. 한편 종묘는 시조뿐만 아니라 그 이후의 왕들을 함께 모신 사당으로, 고국양왕 때 종묘를 수리하는 기사가 보인다.[37)] 따라서 四時로 행하는 제사는 종묘에서 행하고 왕의 즉위의례 등 특별한 경우에 시조묘에 가서 제사를 지냈을 것이다.

고구려의 마지막 임금인 보장왕 5년(646)에는 동명왕묘 塑像이 3일이나 피를 흘렸다는 기록이 있는데 이는 고구려의 멸망을 예고하는 것이다. 고구려의 멸망은 제사를 통해 분명히 알 수 있다. 보장왕 25년에 왕이 태자 福男을 당에 보내 태산에 제사를 지내는데 시위하게 하였다. 27년(668)에는 당 高宗이 李積으로 하여금 보장왕을 召陵에 바치고 軍容으로 하여금 鼓歌를 연주하게 하고 京師에 들어가 太廟에 바치게 하였다. 이것은 고구려의 종묘와 사직이 끝난 것을 단적으로 보여 주는 장면이다. 이와 같이 한 국가의 멸망은 결국 제사권을 빼앗기고 다른 나라의 제사체계 속에 편성되는 것을 의미하는 것이며 제사의례가 갖는 정치적 의미가 바로 여기에 있다.

---

35) 김영하, 1979, 〈신라시대 순수의 성격〉, 《민족문화연구》 14.

36) 한영화, 2001, 앞의 논문.

37) 이것은 사상정책에 있어 불교를 공인하면서 그에 대한 일종의 무마책으로 행했던 것 같다.

### 3) 산천 제사

고구려에서의 산천 제사 기록은 앞서 살펴본 《삼국사기》 고구려본기의 금와 신화에서 처음으로 확인된다. 부여왕 해부루가 태자인 금와를 얻게 되는 과정에서 금와를 얻기 위해 산천에 제사를 지내는 모습이 나온다. 산천에 제사를 지내고 나서 말이 해부루를 곤연으로 이끌고 간 것이다. 해부루는 거기서 신이한 장면을 목격하였고 금와를 얻게 되었다. 즉 산천에 대한 제사가 하늘에 닿아 돌에서 아이를 얻었고 그 아이는 마침내 후사를 잇게 된 것이다. 물론 이것은 고구려의 것은 아니고 부여의 경우이기는 하지만 고구려의 경우도 마찬가지이다. 고구려의 산상왕도 자식이 없어 산천에 제사하여 아들을 얻은 기록이 있다.

> 七年 春三月 王以無子 禱於山川 是月十五夜 夢天謂曰 吾令汝少后生男勿憂 王覺語臣曰 夢天語我 諄諄如此 而無少后奈何 巴素對曰 天命不可測 王其待之[38)]

산상왕 7년 춘3월 왕이 자식이 없어 산천에 기도하였다. 이달 15일 밤에 꿈을 꾸었는데 하늘이 말하기를 "내가 너의 小后로 하여금 아들을 낳게 하려고 하니 걱정하지 말라"고 하였다. 왕이 꿈에서 깨어나 군신들에게 말하기를 "하늘이 나에게 이와 같이 순순히 이야기하였으나 소후가 없으니 어찌하느냐?"고 하니 을파소가 "천명은 가히 헤아리기 어려우니 기다리십시오"라고 하였다.

산상왕 7년(203) 3월에 왕이 자식이 없어 산천에 기도한 것은 부여의 경우와 같다. 기도의 효험으로 꿈에 하늘이 소후로 하여금 아들을 낳게 되도록 하겠다고 하였다. 산천에 제사를 지내고 하늘이 도와주는 구조도 부여의 그것과 마찬

38) 《三國史記》 16, 高句麗本紀 4, 山上王 7年.

가지이다.

그런데 아들을 찾게 되는 과정에 부여의 경우는 말이 길잡이가 되는데 고구려에서는 돼지가 길잡이가 된다. 산상왕 12년 제사에 쓸 돼지가 달아나자 담당자가 이를 잡으러 酒桶村에 이르렀다가 예쁜 여자의 도움으로 돼지를 다시 잡을 수 있었는데, 이 이야기를 들은 왕이 밤에 그녀의 집에 행차하게 된다.[39) ] 그녀가 임신하여 다음 해에 아들을 낳았는데 이것은 5년 전에 산천에 기도하여 하늘이 꿈에서 이야기한 그대로 된 것이다. 더구나 소후의 몸에서 아들을 낳는다고 하였는데 그것도 꿈의 내용과 같다. 또한 그의 어미의 탄생에 있어서도 무당이 왕후가 될 것이라는 것을 예언하였다.[40)] 왕은 이 아이를 하늘이 내려주신 것으로 이해하고 마침내 왕태자로 삼았다.[41)] 산천에 대한 제사가 꿈에서 앞일을 예언받게 하였고 제사에 쓰는 돼지가 여자를 만나게 하였으며 마침내 아들을 낳으니 그가 왕태자가 되었다. 해부루가 태자 금와를 얻고, 산상왕이

---

39) 十二年 冬十一月 郊豕逸 掌者追之 至酒桶村 躑躅不能捉 有一女子 年二十許 色美而艶 笑而前執之 然後追者得之 王聞而異之 欲見其女 微行夜至女家 使侍人說之 其家知王來不敢拒 王入室 召其女 欲御之 女告曰 大王之命 不敢避 若幸而有子 願不見遺 王諾之 至丙夜 王起還宮. (《三國史記》 16, 高句麗本紀 4, 山上王 12年)

40) 十三年 春三月 王后知王幸酒桶村女 妬之 陰遣兵士殺之 其女聞知 衣男服逃走 追及欲害之 其女問曰 爾等今來殺我 王命乎 王后命乎 今妾腹有子 實王之遺體也 殺妾身可也 亦殺王子乎 兵士不敢害 來以女所言告之 王后怒 必欲殺之而未果 王聞之 乃復幸女家 問曰 汝今有娠 是誰之子 對曰 妾平生不與兄弟同席 敢近異姓男子乎 今在腹之子 實大王之遺體也 王慰藉贈與甚厚 乃還告王后 竟不敢害 秋九月 酒桶女生男 王喜曰 此天賚予嗣胤也 始自郊豕之事 得以幸其母 乃名其子曰郊彘 立其母爲小后 初小后母孕未產 巫卜之曰 必生王后 母喜 及生名曰后女. (《三國史記》 16, 高句麗本紀 4, 山上王 13年)

41) 十七年 春正月 立郊彘王太子. (《三國史記》 16, 高句麗本紀 4, 山上王 17年)

태자 교체를 얻었다는 이 기록들은 산천 제사의 중요성을 잘 보여 주는 것이다.

또 가뭄 등의 천재지변이 있을 때에도 산천에 기도하였다. 평원왕 5년의 기사에서 이를 확인할 수 있다.

五年 夏 大旱 王減常膳 祈禱山川[42)]

평원왕 5년(563) 여름에 가뭄이 크게 들자 임금이 평상시보다 반찬의 가짓수를 줄이고 산천에 기도하였다. 가뭄이 들거나 홍수가 나는 천재지변이 있으면 산천에 제사 지냈다는 것을 알 수 있다. 이는 백제의 경우와 같은데, 백제에서도 아신왕 11년 가뭄이 들자 왕이 친히 横岳에서 기우제를 지냈다는 기록이 있다. 따라서 고구려에서도 산천 제사가 중요하게 여겨졌을 것이며 백제나 신라와 마찬가지로 산천 제사가 국가제사 체계에 편성되어 있었을 것으로 생각된다. 앞서 살펴본 제사지와 온달전의 "항상 봄철 3월 3일이면 낙랑의 언덕에 모여 사냥을 하고, 그날 잡은 산돼지 · 사슴으로 하늘과 산천의 신에게 제사를 지낸다"는 기록을 통해 고구려에서 매년 하늘과 산천에 제사를 지냈음을 알 수 있다. 3월 3일에 매년 행해졌던 전렵과 천지 및 산천 제사는 왕과 신하가 모두 참여하는 것으로 보아 중요한 국가제사로 여겨졌음이 분명하다.

---

42) 《三國史記》 19, 高句麗本紀 7, 平原王 5年.

## 3. 고구려 건국신화와 국가제사의 성격

앞서 살펴본 대로 고구려의 건국신화에서 주몽의 출자는 〈광개토왕비〉, 〈모두루묘지〉 등의 금석문과 《위서》를 비롯한 중국 정사, 그리고 《삼국사기》, 《삼국유사》 등에서 '天帝之子', '爲日所照', '天帝子解慕漱의 아들' 등으로 조금씩 다르게 나타난다. 그러나 주몽의 계보가 하늘 혹은 태양과 연결된다는 점에서 공통된다. 또 주몽의 어머니가 하백녀이고 남쪽으로 내려오는 길에 물의 도움을 받는 것 역시 한결같은 내용인데, 이는 주몽이 수신의 보호를 받는다는 점을 강조한 것이다. 따라서 주몽은 천손이자 수신의 외손자로서 그 신성성이 돋보인다. 그의 죽음에서도 이러한 신성성이 나타나는데, 〈광개토왕비〉에서는 황룡의 머리를 밟고 승천하였다고 하였고, 〈동명왕편〉에서는 주몽이 하늘로 올라가 다시 내려오지 않으니 그때 나이가 사십이었으며, 태자는 왕이 남긴 玉鞭으로써 龍山에 장사지냈다고 한다.

한편 주몽은 활을 쏘면 백발백중하는 실제적 능력도 겸비하고 있었다. 남하할 당시 오이, 마리 등의 추종 세력을 거느리고 있었으며 남하하는 과정에서도 재사, 무골 등의 세력을 휘하에 복속시켰다. 그리고 고구려를 건국한 후에는 선주 세력인 비류국의 송양을 항복시키게 된다. 주몽신화는 이렇듯 신화적 요소가 실제적 요소가 고루 섞여 있는데 이것은 고구려 신화의 한 특징으로 지적할 만하다.

주몽은 햇빛이 비춰 태어났으므로 주몽신화는 천강신화라 할 수도 있다. 한편으로는 아버지가 천제의 아들인 해모수이므로 하늘에서 내려온 천강신화는 아니라고 할 수도 있지만 주몽이 하늘의 자손인 천손임에는 분명하다. 그런데 주몽은 유화의 몸에서 '알'로 태어났다. 이것은 주몽신화가 난생신화의 측면을 가지고 있음을 보여 준다. 즉 동명신화에는 천강신화와 난생신화의 성격이 혼합되어 있는데 이러한 신화의 복합성은 우리 고대문화의 다양성과 융합성을 잘 보여 주는 것이다. 이러한 퓨전문화적 요소 역시 고구려 건국신화의 한 특징으로 들 수 있다.

주몽신화는 원래 부여의 동명신화와 모티브가 같아 그것을 차용한 것으로 여겨지는데, 《삼국사기》의 건국신화는 여기에 해부루, 금와, 해모수의 신화가 더해졌다. 또 유리가 아버지를 찾는 과정이나 온조 · 비류가 남하하여 백제를 건국하는 과정도 주몽신화와 연계되어 있다. 주몽이 남하하여 새로운 국가를 건설하는 것은 영웅전승이라 할 수 있다. 부여의 동명신화나 고구려의 주몽신화 그리고 주몽의 아들 유리의 신화가 모두 그러한 영웅전승의 내용을 가지고 있다. 특히 주몽신화는 부여의 신화에 비해 무사단이나 선주 세력의 병합 기사를 분명하게 나타내는데,[43] 이것 역시 주몽신화의 한 특징으로 지적할 수 있다.

이러한 건국신화는 국가제사를 통해 구체화되었다고 할 수 있다. 고구려의 제천의례는 하늘에 대한 제의라 할 수 있지만 동시에 국조인 동명(주몽)에 대한 제사이기도 했다. 즉 주몽은 나라의 시조이기도 하지만 동시에 하늘의 자손이므로 천신의 성격을 가지고 있었다. 제천의례에서 함께 행해진 수신제 역시 시조의 어머니이면서 동시에 地神의 성격을 갖는 유화에 대한 제의였다. 이렇

43) 김두진, 1995, 앞의 논문.

듯 고구려에서는 건국신화의 주인공인 주몽과 그 어머니인 유화가 천신과 지모신의 성격을 가지면서 제천의례의 대상이 되었다. 이는 건국신화에서 주몽이 천손이면서 수신의 외손임을 강조하는 점과 긴밀히 연결되는 것으로 건국신화의 내용이 제의를 통해 구체적으로 표현되는 모습이다.

고구려의 제천의례인 동맹은 공회로서 국가의 공식적인 의례였다. 그 공회에 참석할 때에는 의복을 대단히 화려하게 하였고 그 지위에 따라 복장에 차별을 두었다. 이는 바로 고구려 지배층 내부의 계층성이 매우 확연함을 보여 주는 것이다. 이러한 의미에서 국왕이 제의를 주관함으로써 왕권의 위엄을 보여 수직적인 지배구조를 과시하는 것이다. 또 제사의례 중에 재판과 형벌이 집행되었는데 종교적인 축제에서 범죄자를 재판하는 것은 재판이 신에 의해 행해진다는 신앙에 뿌리를 두는 것으로 제의가 규범으로서의 기능을 갖고 있음을 잘 보여 준다. 이처럼 동맹은 종교적인 행사일 뿐만 아니라 지배이데올로기적 성격을 갖고 있었다. 이는 고구려 제사의 특징인 동시에 고대의 국가제사가 갖는 공통적인 특징이라고 할 수 있겠다.

주몽의 어머니인 유화의 역할이 강조되는 것은 고구려 신화와 제의의 특징으로 주목할 만하다. 《삼국사기》에서는 주몽이 부여에서 핍박받자 유화가 남쪽으로 떠날 것을 재촉하며, 〈동명왕편〉에서는 유화가 떠나는 주몽에게 오곡의 종자를 주어 보내고 있다. 이는 유화가 고구려 건국의 계기와 기반 마련에 일정 부분 기여하는 모습을 보이는 것이다. 그리고 유화에 대한 제사에 있어서도 태후묘를 세워 제사 지내고 《주서》나 《북사》에서처럼 유화를 '始祖夫餘神'으로 표현하면서 동명왕묘와 더불어 2개의 神廟를 세워 모셨던 것이다.

유리설화는 주몽이 고구려를 건국하기 전 부여에서 낳았던 자식 유리가 아버지의 나라 고구려를 찾아오는 내용이다. 유리가 찾아오자 고구려에서 낳은 자식인 온조와 비류는 남하하여 백제를 건국하게 된다. 이 설화는 고구려에 일찍부터 부계적 질서가 세워져 있었음을 반영하는 것인데, 그럼에도 불구하고 지모신의 지위는 여전히 유지되었다. 백제에서도 온조왕대 國母廟를 세워 제사하는데, 백제 건국설화에서 나타나는 고구려와 백제의 친연성을 볼 때 이 역시 고구려의 영향을 받은 것이라 하겠다.

고구려의 시조 동명에 관한 전승은 여러 갈래로 전해오지만 〈광개토왕비〉와 〈모두루묘지〉같은 5세기 당대의 기록이 남아 있어 당시 이미 건국신화의 기본적인 틀이 완성되어 있음을 알 수 있다. 문헌 기록에서 고구려의 신화가 가장 먼저 나타나는 것은 《위서》인데, 시조의 이름은 약간의 차이가 있지만 역시 부여 출신의 주몽이 남하하여 새로운 나라를 세운다는 기본 모티브가 유사하다. 《위서》 역시 5세기의 기록으로 당시 고구려에 왔던 북위의 사신 李敖가 수집한 자료를 바탕으로 한 것으로 이해되고 있다. 《위서》에는 〈광개토왕비〉에는 전하지 않는, 유화의 주몽 잉태와 출산, 부여에서 겪었던 고난, 주몽이 남하할 때 그를 따랐던 세력과 통합 등의 내용이 추가되어 있다. 그리고 주몽을 천제의 아들이라 표현한 〈광개토왕비〉에 비해 《위서》는 햇빛에 감응해 잉태되었다고 기록하고 있어 약간의 차이를 보인다.

《삼국사기》의 주몽신화는 〈동명왕편〉에 인용된 《구삼국사》를 축약하여 서술한 것이지만 〈광개토왕비〉나 《위서》에 비해 훨씬 자세한 내용을 담고 있다. 《삼국사기》에는 주몽 탄생 이전의 금와 탄생과 해모수의 등장, 해모수와 유화의 만남 그리고 주몽의 건국 후 비류국 병합 설화가 추가되어 있다. 해부루가 금와를 얻는 과정은 주몽의 출생지인 부여의 신화를 기록한 것이며, 해모수신화는 주몽이 천손임을 강조하기 위해 덧붙여졌을 것이다.

이처럼 고구려의 시조 주몽은 천손이면서 수신의 외손으로 신화에는 그 신성성이 강조되어 있다. 그러나 주몽은 한편으로 활을 잘 쏘는 능력을 겸비하고 있었고 무사단을 거느리고 있다. 그리고 신화에는 남하하는 과정에서 주변 세력을 복속시키는 과정과 고구려를 건국한 후 토착 세력인 비류국을 병합하는 내용도 포함되어 있다. 이는 고구려 건국과정의 역사적 사실을 반영하는 것으로, 고구려 건국신화에는 이처럼 신성성과 실제성이 혼합되어 있다.

이러한 건국신화는 국가제사를 통해 구체화되었는데 그 대표적인 것이 제천의례인 동맹이다. 동맹은 《삼국지》 위지 동이전에 기록되어 있는데 하늘에 드리는 제의와 더불어 지신에 드리는 수신제도 함께 행해졌다. 그리고 그 명칭으로 보아 국조신에 대한 제의의 성격도 함께 지니고 있었으며, 수신 역시 주몽의 어머니 유화를 신격화한 것이었다. 따라서 고구려의 제천의례에는 천지제사의 성격뿐만 아니라 시조제사의 성격도 포함되어 있었다.

고구려의 시조묘인 동명왕묘는 대무신왕 3년에 졸본에 세워졌다. 대부분 즉위 2년 또는 3년에 졸본에 행차하여 시조묘에 제사한 것으로 보아 시조묘 제사는 즉위의례의 성격을 지녔음을 알 수 있으며 大赦 또는 巡問이 함께 이루어졌으므로 종교적 의미 외에 정치적 의미도 있었음을 알 수 있다. 新王은 즉위 후 시조묘 제사를 통해 신성한 시조와의 혈연관계를 재확인하고 왕권의 정당성을 부여받았다.

고구려의 산천 제사는 그 체계를 알 수 없으나 자식을 얻기 위해 산천에 제사를 드리고 또 매년 3월 3일 수렵 후 정기적으로 하늘과 더불어 산천에 제사를 드렸다는 점을 통해 고구려에서도 산천 제사가 중요하게 여겨졌고 또 정기적으로 제의를 올렸음을 알 수 있다.

고구려 건국신화와 제의의 가장 큰 특징은 신화와 제의가 긴밀하게 연결되어 있었으며 동맹을 통해 그 구체적인 양상을 확인할 수 있다는 점이다. 제천의례인 동맹은 천신과 지신에 대한 제사이면서 동시에 동명(주몽)과 유화에 대한 제사였다. 특히 건국신화와 제의에서 유화의 지위가 부각되어 있다는 특징을 보인다.

동맹은 산 위의 통천동과 국동대혈에서 왕과 귀족들의 제례로 시작하여 산 아래에 일반민들이 모여 가무를 즐기는 데까지 이르렀을 것이며 國中大會로써 거국적으로 치러졌다. 그리고 제의 중에 범죄자에 대한 재판도 실시되었는데 이는 제의가 규범으로서의 기능을 갖고 있는 것이다. 이처럼 고구려의 제천의례는 종교적인 행사일 뿐만 아니라 지배이데올로기적 성격을 갖고 있었다.

# 제2장 백제의 신화와 제의

백제의 건국신화는 《三國史記》 溫祚王條와 《三國遺事》 등에 실려 있다. 《삼국사기》 온조왕조에는 온조 시조 전승 외에 비류 시조 전승이 注로 덧붙어 있고, 《삼국사기》 제사지에는 동명과 우태, 구태시조 전승에 대한 언급이 있으며, 중국사료에서는 구태가, 일본사료에서는 도모가 각각 나온다. 백제의 신화에 대해서는 그동안 백제의 시조 전승과 건국신화의 형성과정, 성격 등에 대해 다양한 연구가 진행되어 왔다.

백제의 제의에 대해서는 비록 단편적이기는 하지만 문헌에 시조묘 제사, 천지신 제사, 산천 제사의 기록이 전하고 있다. 이 기록을 통해 백제의 제사에 대한 대체적인 흐름을 파악하고, 그것이 가지는 신앙적, 정치적 의미를 짚어 볼 수 있다. 게다가 최근의 적극적인 발굴로 인해 부안 죽막동, 공주 정지산 등 여러 제사유적이 알려졌으며 백제금동대향로와 같은 제사 관련 유물도 속속 출토되고 있다. 이들 제사유적과 유물은 문헌의 부족한 점을 채워 주면서 백제의 제사를 파악하는 데 많은 도움을 주고 있다.

여기서는 이들 문헌과 유적을 통해 백제의 신화와 제의에 대해 개관해 보고자 한다. 먼저 백제의 여러 시조 전승을 살펴보고 백제 건국신화의 특징을 논한 뒤, 백제의 시조묘 제사, 천지신 제사, 산천 제사를 정리하고 그 구체적 현장을 찾아보도록 하겠다.

## 1. 백제의 신화

### 1) 《삼국사기》의 시조 전승

백제의 건국시조에 대한 전승은 《삼국사기》 백제본기의 온조왕 즉위년조와 제사지, 《삼국유사》 기이 남부여조, 그리고 《周書》와 《隋書》·《北史》 등 중국정사의 열전 백제조, 《續日本記》 桓武天皇 9年 秋7月條 등에 전하고 있다. 이들 기록은 백제의 시조에 대해서 온조설, 비류설, 동명설, 구태설, 도모설 등 각기 다른 전승을 보여 준다.

그중 가장 자세하면서도 흥미를 끄는 기록은 온조와 비류에 관한 기록을 담고 있는 《삼국사기》 온조왕 즉위년조의 기사다. 그 내용은 다음과 같다.

> 百濟始祖溫祚王 其父鄒牟 或云朱蒙 自北扶餘逃難 至卒本扶餘 扶餘王無子 只有三女子 見朱蒙 知非常人 以第二女妻之 未幾扶餘王薨 朱蒙嗣位生二子 長曰沸流 次曰溫祚 或云 朱蒙到卒本 娶越郡女生二子 及朱蒙在北扶餘所生子來爲太子 沸流溫祚恐爲太子所不容 遂與烏干馬黎等十臣南行 百姓從之者多 遂至漢山 登負兒嶽 望可居之地 沸流欲居於海濱 十臣諫曰 惟此河南之地 北帶漢水 東據高岳 南望沃澤 西阻

大海 其天險地利 難得之勢 作都於斯 不亦宜乎 沸流不聽 分其民歸弥鄒忽以居之 溫祚都河南慰禮城 以十臣爲輔翼 國號十濟 是前漢成帝鴻嘉三年也 沸流以弥鄒土濕水鹹 不得安居 歸見慰禮都邑鼎定 人民安泰 遂慙悔而死 其臣民皆歸於慰禮 後以來時百姓樂從 改號百濟 其世系與高句麗同出扶餘 故以扶餘爲氏1)

온조를 시조로 삼는 이 기록은 온조가 중심이 되어 十濟가 성립되는 과정을 묘사하고 있다. 온조의 아버지는 북부여에서 온 주몽이고, 어머니는 졸본부여 왕의 딸이다. 비류와 온조는 주몽이 졸본부여의 왕위를 이은 후 북부여에 있을 때 낳은 아들이 태자가 되었기 때문에 남하하게 되었다. 비류는 적극적으로 海濱을 근거지로 하여 건국을 시도하였으나 실패하고, 온조가 十臣의 보익을 받아 십제를 성립한 후 비류 세력은 온조 세력에 흡수되어 국호가 백제로 바뀌었다.

온조 시조 전승에 보이는 대부분의 요소들은 역사적인 사실을 반영하고 있다. 특히 다른 건국신화에 비해 온조와 관련된 신화는 더더욱 역사적 색채를 강하게 띠고 있는 것이 특징이다. 온조의 출자와 그의 추종 세력인 십신의 존재, 비류의 미추홀 건국과 십제의 미추홀 병합 등의 내용에서 당시의 역사적 상황을 읽을 수 있다.

졸본부여(고구려)에서 남하하여 백제를 건국한 집단의 계통은, 온조 시조 전승에서의 부여 출자 강조의식과 석촌동 고분군의 적석총 전 단계인 토광묘 조영 세력을 연관시켜 부여계 이주 세력으로 보는 견해와 석촌동 혹은 경기 북부 지역에 분포하는 여러 적석총과 관련하여 고구려계 세력으로 보는 견해가 있다. 그러나 설화에서는 분명히 주몽이 왕위를 이은 뒤 온조가 남하한 것으

---

1) 《三國史記》 23, 百濟本紀 1, 始祖溫祚王 卽位年.

로 되어 있고 한강유역에 분포된 여러 적석총과 석촌동 고분군 모두 고구려와의 관련성을 입증해 준다 볼 수 있다. 따라서 백제와 고구려의 관련성을 부인할 수는 없다. 사실 고구려를 세운 주몽 역시 부여에서 남하하였고 비류와 온조의 어머니는 졸본부여왕의 딸이라 하므로 부여출자와 고구려출자가 서로 분리되어 있는 것이라 할 수도 없다.

온조가 남하할 때 함께 내려와 온조의 건국을 도운 십신에 대해서는 온조의 家臣으로 보거나 혹은 온조를 따라온 10개의 친족집단으로 보아 왔다. 그런데 이를 十濟를 형성한 10개의 선주토착집단으로 파악하고 신라의 6촌장이나 가야의 9간과 비교하기도 한다.[2] 그러나 온조 전승의 내용상 십신은 온조와 함께 졸본부여에서 남하한 것으로 되어 있어 6촌장 혹은 9간과는 차이가 있으므로, 이들을 토착집단으로 보기에는 무리가 있다. 오히려 부여에서 유리를 지지하는 집단과 비류나 온조를 지지하는 집단이 서로 대립하다가, 유리가 왕위를 계승하게 되자 비류 · 온조 세력이 남하하였고, 이때 비류나 온조를 지지하던 졸본부여의 토착 세력이 함께 남하하였을 것이라고 원사료의 기록대로 받아들이는 것이 좋을 것이다.

《삼국유사》 기이 남부여조는 "史本紀云"하고 온조 시조 전승의 내용을 그대로 옮겨 놓았는데,[3] 글자를 더하거나 빼기도 하고 다른 글자로 쓴 대목도 있다.

---

2) 노중국, 1988, 《百濟政治史研究》, 一潮閣.

3) 史本記云 百濟始祖溫祚 其父雛牟王 或云朱蒙 自北扶餘逃難 至卒本扶餘 州之王無子 只有三女 見朱蒙知非常人 以第二女妻之 未幾扶餘州王薨 朱蒙嗣位生二子 長曰沸流 次曰溫祚 恐後太子所不容 遂與烏干馬黎等臣南行 百姓從之者多 遂至漢山 登負兒岳 望可居之地 沸流欲居於海濱 十臣諫曰 惟此河南之地 北帶漢水 東據高岳 南望沃澤 西阻大

《삼국유사》의 내용에서 중요한 것은 "그 세계가 고구려와 같이 부여에서 나왔기 때문에 解로써 성씨를 삼았다"고 한 부분이다. 이는 백제왕실의 세계에 혼란을 일으키는 원인이 되었으며, 이 기록을 바탕으로 해씨는 비류집단이 칭한 성씨이고 부여씨는 온조집단이 칭한 성씨로, 이 두 집단이 연맹장을 배출하였기 때문에 해씨와 부여씨가 王性으로 되었다고 이해하기도 한다.[4)]

그러나 《삼국사기》에는 백제왕실의 성이 부여씨로 되어 있으며, 《삼국유사》 남부여조의 백제 건국설화 앞부분에도 "量田帳籍에 의하면 所夫里郡田丁의 柱貼이라 하였으니 지금 扶餘郡이란 것은 상고의 이름을 회복한 것이다. 백제왕의 성이 扶氏이므로 그렇게 일컬었다"고 하여 백제왕의 성씨가 부씨였다는 기록을 남기고 있다. 물론 이 기록의 부씨는 부여씨의 잘못이다. 아마도 《삼국유사》의 이 기록은 북부여조에 나오는 '천제가 〔…〕 국호를 北扶餘라 하고 자칭 解慕漱라 이름하였으며 아들을 낳아 扶婁라 하고 解로 씨를 삼았다'는 내용을 졸본부여계 출자로 기록되어 있는 《삼국사기》의 온조 전승과 연결시켜, 후대에 부여의 후예인 백제왕의 성씨를 해씨로 바꾼 것인 듯하다.

한편 이 설화의 바로 다음에 주기되어 있는 비류 시조 전승은 온조 시조 전승과는 상당히 다른 내용을 전하고 있어 흥미롭다.

---

海 其天險地利 難得之勢 作都於斯 不亦宜乎 沸流不聽 分其民 歸弥雛忽居之 溫祚都河南慰禮城 以十臣爲輔翼 國號十濟 是漢成帝鴻嘉三年也 沸流以弥雛忽土濕水鹹 不得安居 歸見慰禮都邑鼎定 人民安泰 遂慙悔而死 其臣民皆歸於慰礼城 後以來時 百姓樂悅 改號百濟 其世系與高句麗同出扶餘 故以解爲氏 〔…〕 按古典記云 東明王第三子溫祚以前漢鴻嘉三年癸卯 自卒本扶餘至慰礼城 立都稱王 〔…〕 又始祖溫祚乃東明第三子 體洪大 性孝友 善騎射. (《三國遺事》 2, 紀異 2, 南扶餘前百濟)

4) 노중국, 1988, 앞의 책.

一云 始祖沸流王 其父優台 北扶餘王解扶婁庶孫 母召西奴 卒本人延陁勃之女 始歸于優台 生子二人 長曰沸流 次曰溫祚 優台死 寡居于卒本 後朱蒙不容於扶餘 以前漢建昭二年 春二月 南奔至卒本 立都號高句麗 娶召西奴爲妃 其於開基創業 頗有內助 故朱蒙寵接之特厚 待沸流等如己子 及朱蒙在扶餘所生禮氏子孺留來 立之爲太子 以至嗣位焉 於是 沸流謂弟溫祚曰 始大王避扶餘之難 逃歸至此 我母氏傾家財 助成邦業 其勤勞多矣 及大王厭世 國家屬於孺留 吾等徒在此 鬱鬱如疣贅 不如奉母氏 南遊卜地 別立國都 遂與弟率黨類 渡浿帶二水 至彌鄒忽以居之[5]

이에 따르면 시조 비류왕의 어머니 소서노는 처음에 북부여왕 해부루의 서손인 우태와 결혼하여 비류와 온조를 낳았다. 그리고 우태가 죽은 후 졸본에 혼자 살다가 후에 주몽이 부여에서 용납되지 못하고 남쪽으로 내려와 졸본에 고구려를 세우자 주몽과 결혼하였다. 주몽은 비류를 후대하였지만 결국 부여에 있을 때 낳은 아들을 태자로 삼았다. 때문에 비류와 온조는 남하하여 미추홀에서 거주하게 되었다. 비류 시조 전승에서는 비류와 온조의 아버지 우태가 북부여왕 해부루의 서손임을 밝혀 비류의 부계를 해부루-우태로 설정하고, 어머니 소서노를 비중 있게 다루고 있으며 주몽의 아들 이름을 유류라 적어 놓았다. 또 남하하는 과정에서 비류의 주동적인 역할을 강조하고, 그 이동경로를 구체적으로 명시하였다.

비류가 온조와 함께 이동하면서 건넜다는 浿水와 帶水 중 패수는 《高麗史》와 《新增東國輿地勝覽》에 보이는 '猪淺' 또는 '猪灘'으로 현재의 예성강을 말하며, 대수는 임진강으로 볼 수 있다.[6] 비류집단이 패수와 대수를 건너 미추

---

5) 《三國史記》 23, 百濟本紀 1, 始祖溫祚王 卽位年.

6) 이병도, 1977, 《譯註三國史記》, 을유문화사.

홀에 이르렀다는 내용은 이들이 해로를 통해 남하했음을 반영하는 것이다. 또 비류가 정착한 미추홀은 서해를 통해 들어오는 해상 세력과 연관되는 지역이다. 때문에 비류 집단은 해안 지역 거주민으로 어로에 종사했으며 해안선 또는 강을 따라 해상활동을 했다고 보기도 한다.[7]

비류와 온조 전승 사이에는 몇 가지 공통되는 부분이 보인다. 내용상으로 둘 사이가 형제지간이고 비류가 장자, 온조가 차자인 점, 형제가 주몽과 일정한 관계를 유지하고 있는 점, 그들의 생모와 주몽이 부부관계라는 점, 부여계 출자임을 명시하고 있는 점 등이 공통된다.

그러나 각각 온조와 비류를 건국의 시조로 표방하고 있는 두 전승은 몇몇 차이점도 보이고 있다. 그 아버지가 주몽과 우태로 각기 달리 나타나며, 비류 전승에서는 온조 전승과 달리 비류와 온조의 갈등구조가 보이지 않는다. 또한 비류 전승은 그 출자나 남하과정을 기술한 반면, 온조 전승은 남하 이후의 건국과정과 국호 부분에 대한 비중이 크다. 비류 전승에는 백제의 건국연대나 국호가 빠져 있고 그 최종 정착지 역시 미추홀로 나타나기 때문에, 이를 미추홀 소국의 국가형성을 반영하는 이야기로 보기도 한다.[8] 또 비류 전승에는 禮氏와 孺留 등 주몽 전승에 보이는 구체적인 인명이 나타나고 있어, 고구려의 전승 내용이 많이 침투되어 있음을 엿볼 수 있다.[9]

특히 비류설화의 경우 온조 시조 전승보다 원초적인 신앙이나 습속을 더

---

7) 천관우, 1979, 〈目支國攷〉, 《韓國史研究》 24(1989, 《古朝鮮史 · 三韓史研究》, 一潮閣 재수록).

8) 이종욱, 2004, 《한국사의 1막1장 건국신화》, 휴머니스트.

9) 임기환, 1998, 〈百濟 始祖傳承의 형성과 변천에 관한 고찰〉, 《百濟研究》 28.

많이 포함하고 있다고 여겨지기도 한다. 온조 시조 전승에서는 對偶婚신앙을 배제하면서 부계 중심의 가계가 성립된 반면 비류 시조 전승에는 소서노의 대우혼이 드러나 있고,[10] 반대로 온조 시조 전승에는 십신의 무사단적 성격이 추가되어 있어[11] 후대 요소가 가미되었다고 본 것이다. 그러나 비류 시조 전승에도 주몽의 가부장적 성격이나 예씨의 아들인 유류의 지위를 격상시키는 등 후대적 관념이 포함되고 있으며,[12] 때문에 비류 전승의 일부 내용이 후대 고구려의 주몽 전승과 관련하여 변개되었을 가능성을 지적하기도 한다.[13]

근래에는 정치사적 시각에서 온조 전승과 비류 전승을 각각 건국 당시에 존재했던 독자적 세력의 건국 전승으로 보고, 이를 백제 왕계가 온조계통과 비류계통이 서로 교대하면서 이루어졌다는 백제왕실 교대론[14]과 연결하는 시도가 주목을 받고 있다. 혹은 연맹체론의 입장에서, 둘 사이가 형제 사이로 기술되어 있는 점은 초기 건국단계에 각각 존재하였던 비류계와 온조계의 건국집단이 연맹을 형성하게 되자 이를 합리화하고 연맹의 결속력을 상징하기 위해 시조를 의제적 혈연관계로 표현한 것이라고 한다.[15] 건국 설화에 보이

---

10) 김두진, 1990, 〈백제 건국신화의 복원시론〉, 《國史館論叢》 13(1999, 《韓國古代의 建國神話와 祭儀》, 一潮閣 재수록).

11) 박현숙, 2005, 〈백제 建國神話의 형성과정과 그 의미〉, 《韓國古代史研究》 39.

12) 김두진, 1990, 앞의 논문.

13) 임기환, 1998, 앞의 논문.

14) 천관우, 1976, 〈三韓의 國家形成(下)〉, 《韓國學報》 3(1989, 《古朝鮮史 · 三韓史研究》, 一潮閣 재수록). 이기동, 1981, 〈百濟王室交代論〉, 《百濟研究》 12(1996, 《百濟史研究》, 一潮閣 재수록). 김기섭, 1993, 〈漢城時代 百濟의 王系에 대하여〉, 《韓國史研究》 83.

15) 노중국, 1988, 앞의 책.

는 시조형제설화는 혈연상의 형제라기보다는 두 집단이 연맹을 형성하였을 때 그 관계를 합리화하는 이데올로기로서 나타난다는 것이다.[16]

이와는 달리 미추홀의 비류집단이 백제에 통합된 후, 미추홀에 나라를 세운 비류가 참회하여 죽었다는 기록을 근거로 당시에 비류 세력이 소멸되어 버렸다고 보기도 한다.[17] 일단 설화에 따르면 미추홀 집단은 온조 세력에게 통합된 것으로 보는 것이 타당할 것 같다. 다만 비류설화가 후대에까지 존속된 점은 통합 이후의 미추홀 집단이 철저히 격하되지는 않았다는 점을 보여 준다는 견해[18]는 참고할 만하다.

《삼국사기》 백제본기에 백제의 건국신화가 온조 설화와 비류 설화로 나뉘어 전해 오기 때문에 그에 대한 이해도 여러 방향으로 갈리고 있다. 그러나 《삼국사기》 백제본기에는 십신의 보익을 받은 온조가 하남위례성에 백제를 건국하였다는 온조 시조 전승이 본문에 실렸다는 점을 상기할 필요가 있다. 온조 전승이 본문으로 실리고 비류 전승이 주로 들어갔다는 것은 《삼국사기》 백제본기 편찬자들이 온조 전승에 더욱 비중을 두었다는 것을 의미한다. 이는 백제 당시는 물론 《삼국사기》 편찬 때까지도 온조 전승을 가장 중요하게 여겼기 때문일 것이다.[19]

---

16) 김철준, 1952, 〈신라 上代 Dual Organization〉, 《歷史學報》 1(1975, 《韓國古代社會研究》, 서울대학교출판부 재수록).

17) 이종욱, 2004, 앞의 책.

18) 노명호, 1981, 〈百濟의 東明神話와 東明廟－東明神話의 再生成 現象과 관련하여〉, 《歷史學研究》 X.

19) 한편 《해동고승전》에도 백제본기의 그것과 비슷한 시조 전승이 전해지고 있다. "耆老記云 高句麗始祖朱蒙 取高麗女 生二子避流恩祖 二人同志 南走至漢山開國 今廣

다음으로 《삼국사기》 제사지의 기록을 살펴보자. 제사지의 시조 전승에는 온조와 비류에 관한 언급이 빠져 있다.

> 按海東古記 或云 始祖東明 或云 始祖優台 北史及隋書皆云 東明之後有仇台 立國於帶方 此云始祖仇台 然東明爲始祖 事迹明白 其餘不可信也[20]

《삼국사기》 편찬자들이 제사지를 편찬할 때, 그들이 접했던 자료에는 세 가지 계통의 시조 전승이 있었다. 동명과 우태, 구태 시조 전승이 그것이다. 《삼국사기》 백제본기에는 시조묘 제사로 '동명묘'와 '구태묘'의 제사 기록이 보이고 있다. 이는 앞서 살펴본 온조 시조 전승, 비류 시조 전승과 상충되는 것으로 보이기도 한다.

그러나 《삼국사기》의 찬자들은 백제본기의 온조, 비류 시조 전승과 제사지의 시조 기사를 서로 동일한 것으로 판단하고 있었다. 즉 우태-비류의 혈연적 관계를 통해 비류 시조 전승과 우태 시조설을 동일한 시조 전승으로 파악하고 있었던 것이다. 온조 전승의 경우, 온조의 아버지는 주몽으로 나타나고 있지만 《삼국사기》의 찬자들은 주몽과 동명을 동일인으로 보았다. 주몽을 동명과 동일인으로 인식한 태도는 다음 자료에서도 볼 수 있다.

---

州是也 本以百家渡河 故名百濟"(《海東高僧傳》 1, 摩羅難陀) 여기에 나오는 피류와 은조는 비류와 온조의 다른 이름이다. 나라를 세운 주체가 비류인지 온조인지는 구체적으로 명시되어 있지 않지만 주몽의 아들인 두 사람이 한산에 이르러 나라를 세우고 백제라 이름하였다는 내용은 온조 시조 전승의 그것과 같다.

20) 《三國史記》 32, 雜志 1, 祭祀.

按古典記 東明王第三子溫祚 以前漢鴻嘉三年癸卯 自卒本扶餘 至慰禮城 立都稱王[21]

이 내용은 기본적으로 백제본기의 온조 시조 전승의 내용과 일치하므로 같은 계통의 자료라 볼 수 있다. 여기서 그 아버지가 동명으로 나타나는 것은 주몽과 동명을 동일인으로 인식한 결과이다. 때문에 《삼국사기》의 찬자들은 본기와 제사지의 자료 차이를 의심하지 않았던 것이다.

이상으로 《삼국사기》에 보이는 백제의 건국신화를 살펴보았는데, 여기서 백제 신화가 고구려나 신라의 건국 · 시조신화와는 차이가 있음을 알 수 있다. 《삼국사기》에 전하는 온조와 비류 전승의 경우 시조의 신이한 탄생이나 신성한 행적을 보여 주는 영웅전승적 성격도 미약하고, 천계와의 직접적인 관련성도 보이지 않은 채 비교적 합리적인 부분만 정리되어 있다. 이것이 시조에 대한 신화화가 덜 된 상태에서 문자기록으로 정착되었기 때문인지, 아니면 오랜 전승 기간 동안 신화로서의 모습이 오히려 퇴색되었기 때문인지는 정확히 알 수 없다. 다만 백제건국신화가 소략하게 전해진 이유는 워낙 사료가 부족한 탓에 연대기 편찬 시에 이를 분산해서 기록했기 때문일 것이라는 추측[22]이 있을 뿐이다. 물론 삼국 중 유독 백제만이 건국신화가 없다는 것은 쉽게 납득하기 어려우므로, 이를 신화로서 연구하는 연구자들도 있다.

그러나 백제본기의 온조와 비류 설화에는 신화적 요소가 전혀 드러나지 않을 뿐 아니라 사후에도 시조로서 제사의 대상이 되지 못하였다. 《삼국사

21) 《三國史記》 37, 雜志 6, 地理 4.

22) 김철준, 1982, 〈百濟建國考〉, 《百濟研究》 13(1990, 《韓國古代社會研究》, 서울대학교출판부 재수록).

기》 찬자가 여러 전승 중에서 그들의 설화를 시조 전승으로 채택한 것은 그들이 동명의 계승자였다고 인식했기 때문이다. 그 과정에서 동명에 관한 부분은 고구려의 그것과 겹쳐져 생략되고, 그 시조의 신성성을 담보하는 내용도 약화되었던 듯하다. 백제의 시조묘는 동명묘나 구태묘로 지칭될지언정 온조묘나 비류묘로 언급되지는 않는다. 이는 백제인들이 실제 시조로 추앙한 인물이 동명이나 구태였음을 나타내는 것이며, 이 점은 신성성이 배제된 온조나 비류 설화의 특성과도 연관되는 부분이라 하겠다.

### 2) 중국·일본사서의 시조 전승

《周書》와 《隋書》, 《北史》 등의 중국사서에는 구태 시조설이 전하고 있다. 중국사서에서 구태 기록이 가장 먼저 보이는 것은 구태가 대방고지에 나라를 세웠다는 《주서》 기록이다. 그러나 이는 너무 간략하기 때문에 《수서》와 《북사》의 기록을 살펴볼 필요가 있다.

> 百濟之先 出自高麗國 其國王有一侍婢 忽懷孕 王欲殺之 婢云 有物狀如雞子 來感於我 故有娠也王捨之 後遂生一男 棄之廁溷 久而不死 以爲神 命養之 名曰東明 及長 高麗王忌之 東明懼 逃至淹水 夫餘人共奉之 東明之後 有仇台者 篤於仁信 始立其國于帶方故地 漢遼東太守公孫度以女妻之漸以昌盛, 爲東夷强國 初以百家濟海 因號百濟[23)]

두 사서는 모두 구태를 백제의 건국시조로 보고 있다. 실제 《주서》와 거의 같은 시기에 편찬된 《括地志》에는 '백제성에 그 시조 구태묘를 세우고 매년

---

23) 《隋書》 81, 列傳 46, 東夷, 百濟.

네 번씩 제사한다'는 내용이 기록되어 있어 구태가 실제 시조로 추앙되었음을 보여 주고 있다. 또한 백제를 세운 구태가 부여를 세운 동명의 후예임을 밝히고 있다. 부여를 선조로 삼는 인식은 '백제국은 그 선조가 부여로부터 나왔다'는 《魏書》의 기록에서도 확인되는 바이다.[24)]

이제까지 구태는 정치사, 음운학, 신화학 등 여러 관점에서 온조, 비류, 비류의 아버지 우태, 고이왕, 근초고왕 등 다양한 인물로 비정되어 왔다. 그중 仇台의 台를 '이'로 읽으면 고이와 서로 음이 비슷하다는 점과 고이왕대에 왕계나 관제가 일단 정리되었을 것이라는 점에서 고이왕설이 가장 타당한 것으로 생각된다.

한편 일본 쪽 기록에는 都慕 시조설이 나타나고 있다.

> 夫百濟太祖都慕大王者 日神降靈 奄扶餘而開國 天帝授籙 摠諸韓而稱王[25)]

도모 시조 전승은 일본으로 이주한 백제 왕족에 의해 한결같이 주장되었으며 그들은 스스로를 도모의 후손으로 칭하였다. 도모의 일본어 발음이 주몽과 비슷하기 때문에, 동일 인물을 가리키는 것으로 생각되기도 한다. 그러나 《新撰姓氏錄》에 따르면 백제의 도모와 고구려의 추모(주몽)는 명확히 구분되어 있었다. 따라서 백제는 독자적인 동명시조 전승을 지니고 있었음을 알 수 있다.[26)] 이는 앞서 언급한 동명묘 제사와 연결되는 문제이다. 백제는 건국 초부

---

24) 百濟國 其先出自夫餘. (《魏書》 100, 列傳 88, 百濟國)

25) 《續日本記》 40, 桓武天皇 9年 7月.

26) 이종태, 1998, 〈百濟 始祖 仇台廟의 成立과 繼承〉, 《韓國古代史硏究》 13.

터 동명에 대한 제의를 거행했는데, 이는 백제의 제사 부분에서 자세히 다루기로 한다.

## 2. 백제의 제의

### 1) 시조묘 제사

백제의 시조묘는 동명묘와 구태묘 두 계통으로 전한다. 중국 측 자료에서는 구태묘로, 한국 측 자료에서는 동명묘로 기록되어 있다. 《삼국사기》에는 중국 측 기록인 《册府元龜》를 인용하여

> 册府元龜云 百濟每以四仲之月 王祭天及五帝之神 立其始祖仇台廟於國城 歲四祠之[27]

라고 백제가 하늘 및 오제의 신, 구태묘에게 제사 지낸 내용을 기록하였다. 여기서 오제지신은 오방(동 · 서 · 남 · 북 · 중)의 방위신을 말하는데 후술하겠지만 이는 지신을 의미한다. 결국 백제는 天神, 地神, 始祖廟에 제사를 지냈으며, 그 시조가 구태이므로 구태묘를 세워 제사를 지낸 것으로 되어 있다.

이와 유사한 기록이 《수서》 백제전에도 나타나 있다. 《수서》 기록의 뒷부분은 《책부원귀》의 그것과 일치하는데 앞부분에서는 구태가 동명의 후손임을 밝히고 있다. 이와 같은 기록은 《북사》 백제전에도 마찬가지다.[28]

---

27) 《三國史記》 32, 雜志 1, 祭祀.

28) 其王每以四仲月 王祭天及五帝之神 立其始祖仇台之廟於國城 歲四祠之. (《北史》 94, 列傳 82, 百濟)

그런데 《삼국사기》 제사지에는 여러 사서를 인용, 비판하여 시조묘를 동명묘로 판단하였다. 시조로 동명 이외에 우태, 구태를 말하기도 하지만 동명이 시조인 것이 명백하다는 말이다. 《삼국사기》 제사지에는 〈고기〉를 인용하여 천지신에 제사한 기록과 함께 시조 동명묘에 대한 제사기사를 수록하였다. 시조 동명묘에 대한 기록은 다음과 같다.

> 古記云 〔…〕 多婁王二年春正月 謁始祖東明廟 責稽王二年春正月 汾西王二年春正月 契王二年夏四月 阿莘王二年春正月 腆支王二年春正月 如上行[29]

다루왕 2년(29) 정월에 시조 동명묘에 배알하고, 책계왕 2년(287) 정월, 분서왕 2년(299), 계왕 2년(345), 아신왕 2년(393), 전지왕 2년(406) 정월에도 이와 같이 하였다고 되어 있다. 이상 여섯 번의 제사가 모두 즉위 다음 해에 이루어졌으므로 이는 즉위의례의 성격이 분명하다 하겠다. 또한 제사의례를 행한 달도 계왕 2년 4월의 경우를 제외하고는 모두 정월에 이루어져 기풍제적 성격을 지녔다고 할 수 있다.

백제본기를 보면 제사의례에 대해 보다 상세한 모습을 엿볼 수 있다. 그런데 동명묘 제사 기사에서 백제본기와 제사지 사이에는 약간의 출입이 있다. 백제본기의 온조왕 원년과 구수왕 14년, 비류왕 9년의 동명묘 제사 기사가 제사지에는 누락되어 있고, 반대로 제사지의 계왕 2년 제사 기록이 백제본기에는 빠져 있다. 이러한 차이는 《삼국사기》 본기와 제사지의 편자의 착오일 수도 있으나 본기가 제사지 이외의 고기 자료를 포함하고 있기 때문일 수도 있다.[30]

---

29) 《三國史記》 32, 雜志 1, 祭祀.

그러면 《삼국사기》 백제본기의 동명묘 제사 기록을 순서대로 살펴보겠다.

始祖 溫祚王 元年 夏五月 立東明王廟[31)]

시조 온조왕 원년 5월에 동명묘를 세웠다. 신라의 경우는 남해왕대, 고구려의 경우는 대무신왕대 시조묘를 세웠는데 백제는 시조 온조왕대 시조묘를 세웠다. 온조왕 17년(기원후 3)에는 國母에 대한 廟를 세워 제사를 지냈다.

始祖 溫祚王 十七年 春 樂浪來侵 焚慰禮城 夏四月 立廟以祀國母[32)]

봄에 낙랑이 침략해 위례성을 불태우고, 4월에 묘를 세워 국모에 제사를 지냈다는 것은 외적의 침입에 대한 대내적 결집력을 강화하기 위해서였다고 생각된다. 고구려에서도 태조왕대 여러 대외 전쟁 후 태후묘에 제사하고 백성을 위무한 바가 있다. 한편 온조왕 20년과 38년에는 천지제사를 행한 기사가 있어 시조 온조왕대 동명묘 제사와 국모묘 제사, 천지제사가 따로따로 이루어진 것을 알 수 있다.

그런데 그 다음 왕인 다루왕대에 오면 동명묘 제사와 천지제사가 같은 해에 이루어졌다. 즉 즉위 다음 해 정월 시조 동명묘를 배알하고, 2월에 천지에 제사를 지냈다. 이것은 즉위 다음 해 정월에 시조인 동명묘에 신왕의 즉위를 고유한 다음에 남단에서 백관을 대동하고 천지에 제사함으로써 왕권의 위엄을 보인

30) 이강래, 1996, 〈삼국사기와 고기〉, 《三國史記典據論》, 민족사.

31) 《三國史記》 23, 百濟本紀 1, 始祖溫祚王 元年.

32) 《三國史記》 23, 百濟本紀 1, 始祖溫祚王 17年.

것으로 해석할 수 있다. 그런데 기루왕, 개루왕, 초고왕 등의 약 200여 년간 시조 동명묘와 천지에 대한 제사기록이 보이지 않는다.

그러다가 구수왕 15년(227)에 동명왕묘에 제사를 지낸 기록이 보인다.

> 仇首王 十四年 春三月 雨雹 夏四月 大旱 王祈東明廟 乃雨[33)]

이해 3월에 우박이 내리고, 4월에 큰 가뭄이 들어 왕이 동명묘에 기우하니 비가 내렸다. 시조 동명묘에 대한 제사는 이와 같이 농경생산과 깊은 관련을 맺고 있는 것을 알 수 있다. 책계왕 2년과 분서왕 2년(299)에도 동명묘에 배알한 기사가 있다.[34)]

이후 비류왕 9년에는 동명묘 배알기사가 보이는데, 이해 4월에 동명묘에 배알하고 해구를 병관좌평으로 삼았다. 이것은 신라에서 시조묘 제사나 신궁 제사 때 중신을 임명한 기사와 성격이 같다. 그런데 아신왕 2년(393)에는 다루왕대와 같이 동명묘 제사와 천지신 제사가 함께 이루어지고 있다.

> 阿莘王 二年 春正月 謁東明廟 又祭天地於南壇 拜眞武爲左將 委以兵馬事 武王之親舅 沈毅有大略 時人服之[35)]

아신왕대에는 동명묘 배알, 천지제사와 더불어 진무를 좌장으로 삼아 兵馬의 일을 맡기는 중신임명이 뒤따랐다. 전지왕대 역시 동명묘 제사와 천지제사

---

33) 《三國史記》 24, 百濟本紀 2, 仇首王 14年.

34) 責稽王 二年 春正月 謁東明廟, 汾西王 二年春正月 謁東明廟. (《三國史記》 24, 百濟本紀 2, 責稽王 2年)

35) 《三國史記》 25, 百濟本紀 3, 阿辛王 2年.

가 함께 이루어졌다. 여기서 주목되는 것은 大赦 기록인데 대사 기록이 동명묘 제사와 함께 나타나는 것은 이것이 처음이다. 신라의 시조묘 제사나 신궁제사에서도 사면기사가 함께 나타나는 경우가 많다.

이후에는 백제 멸망 때까지 시조묘에 대한 제사기록이 보이지 않는다. 동명묘보다 현실적 시조로서 구태(고이왕)묘 제사가 강조되었기 때문일 것이다.[36] 즉 왕실의 부여계승의식을 강조하는 동시에 자존의식을 높이기 위해 구태묘에 제사하게 된 것이다.

다만 백제의 멸망 당시 백제의 멸망을 직접적으로 보여 주는 제사기록이 보인다.

> 時龍朔元年三月也 〔…〕 尋而福信殺道琛 幷其衆 豊不能制 但主祭而已 〔…〕 麟德二年 與新羅王會熊津城 刑白馬以盟 仁軌爲盟辭 乃作金書鐵契 藏新羅廟中 盟辭見新羅紀中[37]

복신이 도침을 죽였는데, 부여풍이 능히 제어하지 못하고 다만 제사만을 주관할 뿐이었다는 기사는 군사적, 정치적 능력을 상실하고 다만 제사권만 가지고 있는 모습을 보여 준다. 그러나 결국 그 제사권마저 빼앗김으로써 백제는 멸망을 고하게 된다. 즉 부여융이 신라 문무왕과 웅진성에서 만나 白馬를 죽여 맹서할 때 유인궤가 맹사를 지었는데 이를 金書鐵契로 만들어 신라의 종묘 안에 간직하게 된 것이다. 이것으로 백제는 그 모습을 완전히 감추게 된다.

36) 이종태, 1996, 《삼국시대의 〈始祖〉인식과 그 변천》, 국민대학교 박사학위논문.
37) 《三國史記》 28, 百濟本紀 6, 義慈王 20年.

### 2) 천지신 제사

백제본기에는 고구려나 신라와 달리 본기에 天과 地에 대해 제사를 지낸다는 표현이 분명히 나타나고 있다. 백제에서는 천지신에 대한 숭배가 초기부터 이루어졌는데, 앞서 시조묘 제사에서 살펴본 《삼국사기》 인용 《책부원귀》 기사에 보면 왕이 하늘과 오제지신, 구태묘에 제사를 지낸 것으로 되어 있다. 이 기록을 통해 백제에서는 왕이 하늘에 해마다 네 번 제사를 지낸 것을 알 수 있으며 제천의례가 가장 중요했다는 것도 알 수 있다. 왜냐하면 오제지신과 구태묘 제사보다도 가장 먼저 기록되어 있기 때문이다. 또 고구려와 신라의 경우 본기에는 제천의 기록이 없음에도 백제의 경우만 '제천사지'가 11회 기록되어 있다는 점 역시 백제에서 제천사지가 그만큼 중대한 것으로 인식되고 존속되었음을 보여 준다.[38] 오제지신과 함께 제의가 이루어진 것을 볼 때 중국문화의 영향이 깊이 침투되었다고 할 수 있으나 이는 중국 측 기록이기 때문에 기록한 사람의 중국적 개념화의 영향일 수도 있다. 오제지신에 대해서는 크게 천신으로 보는 경우와 지신으로 보는 의견이 있으나, 오제는 지상의 신격으로 백제의 토착신이며 오방(동 · 서 · 남 · 북 · 중)의 방위신이라 할 수 있다.

《삼국사기》 제사지에는 〈고기〉를 인용하여 천지신에 대한 제사일시를 기록하였다.

> 古記云 溫祚王二十年春二月 設壇祠天地 三十八年冬十月 多婁王二年春二月 古王五年春正月 十年春正月 十四年春正月 近肖古王二年春正月 阿莘王二年春正月 腆

38) 성주탁 · 차용걸, 1981, 〈百濟儀式考—祭儀 · 田獵 · 閱兵 · 習射 · 儀式에 關한 檢討〉, 《百濟研究》 12.

支王二年春正月 牟大王十一年冬十月 如上行[39)]

온조왕 20년(기원후 2) 2월에 단을 설치하여 천지신에 제사를 지내고, 동왕 38년(20)에도 제사를 지냈다. 그 뒤 다루왕 2년(29)에도 제사를 지냈다. 고이왕 때에는 5년(238) 정월, 10년 정월, 14년 정월 등 3회에 걸쳐 제사를 지냈다. 그리고 근초고왕 2년(347) 정월, 아신왕 2년(393) 정월, 전지왕 2년(406) 정월, 모대왕 11년(489) 10월에도 위와 같이 제사를 지냈다. 다루왕, 근초고왕, 아신왕, 전지왕 대에는 제사를 지낸 해가 신왕 즉위 다음 해이므로 즉위의례적 성격이 강한 것으로 이해할 수 있다. 그러나 온조왕 때의 제사와 고이왕 때의 제사, 모대왕 때의 제사는 즉위의례로 볼 수가 없다.

이에 대해 제천사지를 행하는 왕들 중 온조왕과 다루왕을 제외한 고이왕, 비류왕, 근초고왕, 아신왕, 전지왕 등이 모두 방계로서 왕위에 오른 사람들이라는 것을 지적하고 그들이 정통성을 확보하기 위한 즉위의례로서 천지에 제사를 지낸 것이라는 견해가 있다.[40)] 천지에 대한 제사가 왕위 계승 후 그 지위를 확고히 하는 정통성 확보의 기능을 가진다는 것은 당연한 이해이다. 그러나 방계 왕위 계승자에게만 그 의미를 한정할 수는 없다. 온조왕이나 기루왕, 동성왕 등 방계가 아닌 왕도 천지제사를 지내고 있기 때문이다.

제사의례가 행해진 달을 보면 대부분이 정월이나 2월이다. 이것은 천지신 제사가 그해의 풍년을 기원하는 기풍제적 성격을 가지고 있음을 보여 주는

---

39) 《三國史記》 32, 雜志 1, 祭祀.

40) 吉岡完佑, 1983, 〈中國郊祀の周邊國家への傳播-郊祀の發生から鄕春新羅神の渡來まで〉, 《朝鮮學報》 108.

것이다. 그 외 온조왕 38년이나 모대왕 11년에는 10월에 제사의례가 행해졌는데 이것은 삼한의 10월제와 같은 시기로 농경을 마친 후 수확의례적인 성격이 강하다고 볼 수 있겠다.

《삼국사기》의 백제본기를 보면 제의에 대해 더욱 상세한 모습을 엿볼 수 있다.

> 始祖 溫祚王 二十年 春二月 王設大壇 親祠天地 異鳥五來翔[41)]

온조왕 20년에는 대단을 설치하여 천지에 제사 지냈는데, 신이한 새 다섯 마리가 날아왔다고 한다. 천신과 새가 깊은 관련이 있는 것을 이 기록으로 알 수 있다. 새의 비상이 신의 뜻과 관계있다는 사상은 신화에 많이 나타난다. 이후 온조왕 38년에도 천지에 대한 제사가 이루어졌다.

그런데 다음 왕인 다루왕대에는 앞서 살펴보았듯이 동명묘와 천지에 대한 제사가 같은 해에 이루어졌다. 또 고이왕대에는 3회에 걸친 천지제사가 이루어졌다. 고이왕 5년의 천지제사에는 북과 나발을 사용했다고 했는데 이는 《삼국지》 한전에서 5월과 10월의 제천대회 때 소도에서 큰 나무를 세우고 방울과 북을 달았다고 하는 것과 유사한 모습이다. 또 《翰苑》에 인용된 《괄지지》에도 "백제가 4계절의 가운데 달에 하늘과 오제지신에게 제사를 지내는데, 겨울과 여름에 북과 나발을 이용해 노래하고 춤추지만 봄과 가을에는 노래만 할 따름이다"[42)]는 기록이 있어 참고가 된다. 고이왕 10년 정월에는 대단을

---

41) 《三國史記》 23, 百濟本紀 1, 始祖 溫祚王 2年.

42) 百濟四仲之月 祭天及五帝之神 冬夏用鼓吹奏歌舞 春秋奏歌而已. (《翰苑》所引

설하여 천지산천에 제사를 지냈으며, 14년에는 정월에 남단에서 천지에 제사를 지냈다고 되어 있다.

비류왕 10년(313) 정월에도 천지에 대한 제사가 남교에서 행해졌다는 기록이 있어 중국의 교사가 이루어졌음을 알 수 있다. 또 이 기록을 통해서 왕이 친히 희생의례를 지낸 것을 알 수 있는데 〈울진봉평신라비〉나 〈영일냉수리신라비〉에서도 희생의례가 확인된다. 어떤 짐승을 희생으로 사용했는지는 확실하지 않으나 왕이 神鹿을 사냥하는 기사가 여러 차례 보이는 것으로 보아 사슴을 희생으로 사용한 듯도 하다. 고구려에서도 사슴과 돼지를 희생으로 사용했다.[43]

근초고왕대에는 천지신에 대한 제사와 함께 중신임명기사가 보인다. 근초고왕 즉위 다음 해 정월에 천신지기에 제사하고 진정을 조정좌평으로 임명하였다. 근초고왕은 즉위 다음 해 제사체계의 변화를 꾀함으로써 활발한 팽창계획을 위한 정지작업을 행한 것으로 이해할 수 있겠다. 비류왕 9년에는 동명묘에 배알하고 중신을 임명하였는데, 여기서는 천지신에 제사하고 중신을 임명하고 있다. 이것은 근초고왕대부터 시조묘인 동명묘보다 천지신 제사가 더 중요한 제사가 되었다는 것을 의미하며, 이는 백제의 제사체계에 새로운 변화가 이루어졌다는 것을 뜻하는 것이다.

아신왕 2년(393)에는 동명묘 제사와 천지신 제사가 같이 이루어지고 있다.

---

《括地志》)

43) 신종원, 1984, 〈三國史記 祭祀志 硏究－신라 祀典의 沿革 · 內容 · 意義를 중심으로〉, 《史學硏究》 38.

아신왕 즉위 다음 해 정월에 동명묘에 배알하고 남단에서 천지에 제사를 지냈으며, 진무를 좌장으로 삼아 군사업무를 맡겼다. 동명묘 제사와 천지신 제사가 동시에 이루어졌으며 중신에 대한 임명이 뒤따랐다.

그런데 아신왕 11년(402)에는 横岳에 대한 제사가 기록되어 있다. 이해 여름에 큰 가뭄이 들어 벼의 모가 마르므로 왕이 친히 횡악에 기우제를 지냈다는 것이다. 구수왕대에는 가뭄이 들자 동명묘에 기우하였는데, 여기서는 횡악에 기우하였다. 이후 전지왕대에도 동명묘 제사와 천지제사가 함께 이루어졌는데 이때 중신임명과 大赦가 이루어졌음은 앞서 시조묘 제사에서 살펴본 바와 같다. 이는 하늘과 땅, 시조로부터 왕권의 정통성을 부여받고 인사권을 행하거나 은사권을 행하는 모습이다.

동성왕 11년(489) 천지에 대한 제사기사는 웅진시대의 유일한 제사기록으로 농경생산과 정치와의 일정한 관련성을 보여 주고 있다.

> 東城王 十一年 秋 大有年 國南海村人 獻合穎禾 冬十月 王設壇祭天地 十一月 宴羣臣於南堂44)

풍년이 들어 천지신에 제사를 지내고, 다음 해 군신들에게 연회를 베풀었는데, 이때의 천지에 대한 제사는 풍년에 대한 추수감사제적 의례이다. 농경사회에서는 풍흉이 사회의 생산력을 가늠하는 것이므로 가뭄과 홍수 때는 물론 풍년이 들었을 때도 제의를 행하였다. 이어 행해진 군신에 대한 연회는 왕권의 권위를 과시하기 위한 의례라고 할 수 있다.

---

44) 《三國史記》 26, 百濟本紀 4, 東城王 11年.

이들 천지제사를 거행하던 제장은 壇, 大壇, 南壇, 南郊 등으로 나타나는데, 設壇, 設大壇, 築大壇 등의 표현에서 보듯이 제사를 지낼 때 새롭게 단을 설치한 경우가 많았다. 중국의 경우 단을 高臺의 위에 쌓는데 이렇게 높은 곳 위에 다시 높은 단을 쌓는 것은 사람과 하늘 사이의 거리를 단축시키고 제사를 주관하는 사람과 하늘과의 소통을 원활하게 하기 위해서였다고 한다.[45] 그리고 다루왕, 고이왕, 비류왕, 아신왕, 전지왕 등의 기사에 보이는 남단 혹은 남교는 제장의 위치가 왕성의 남쪽 방향이었음을 시사한다.

이후 백제에서 천지에 대한 제사는 보이지 않는다. 다만 무령왕(501~523) 사후 그의 장례를 치를 때에 토지신에 대한 의례가 있었던 것 같다. 무령왕의 誌石 買地券을 통하여 당시 백제인들의 토지관을 엿볼 수 있다. 무령왕릉에서 출토된 왕비의 지석 뒷면에 매지권이 있는데 그 내용은 백제 사마왕이 土王, 土伯, 土父母, 上下衆官에게 申地 즉 서쪽의 땅을 사서 묘를 만들었으므로 이를 증서로 만든다는 것이다. 왕과 왕비의 묘지를 쓸 때 토지신에게 땅을 샀다는 점은 토지신 신앙에 대한 일면을 보여 준다.

한편 법왕 2년의 기우제 기사는 제의와 불교와의 관계를 잘 보여 주고 있다.

> 法王 二年 春正月 創王興寺 度僧三十人 大旱 王幸漆岳寺祈雨 夏五月薨 上謚曰法[46]

종래에는 즉위 다음 해 정월에 동명묘나 천지에 제사를 지냈는데 이해에는 동명묘나 산악에 순행하지 않고 사찰에서 기우하였다. 앞서 구수왕대 동명묘

---

45) 井中偉, 2002, 〈我國史前祭祀遺迹初探〉, 《北方文物》 2002年 第2期.
46) 《三國史記》 27, 百濟本紀 5, 法王 2年.

에서의 기우제나 아신왕 11년 가뭄이 들어 횡악에서 기우하였던 것과는 달리 여기서는 칠악사에 가서 비가 오기를 빌었던 것이다. 이는 침류왕 원년(384) 불교가 수용된 후 공인되고 백제의 지배이데올로기가 되면서 토착신앙보다 중요한 위치를 차지하게 된 양상을 반영하는 것이다. 또 이는 시조묘 제사나 천지신 제사보다 불교의례가 중요시되었다는 것을 보여 주고 있다. 이러한 점은 왕명이 불, 법, 승 삼보 중의 하나인 '법'이라는 점에서 더욱 분명해진다.

불교가 수용된 것은 침류왕 원년(384)이지만 불교가 국가의 공식적 의례로서 나타난 것은 법왕 2년(600)이니 그동안 토착신앙과 불교가 갈등, 융화되는 과정을 짐작할 수 있다. 법왕은 절에 가서 비가 오기를 빌었지만, 漆岳寺라는 이름을 통해 그 절이 산에 있음을 알 수 있으며, 이는 토착신앙인 산신신앙과 불교가 융화된 모습의 일단을 보여 주고 있다.

### 3) 산천 제사

백제의 산천 제사에 대한 기록은 고이왕대에 보인다.

> 古尒王 十年 春正月 設大壇 祀天地山川47)

그런데 《삼국유사》에는 백제에도 三山이 있었다는 기록이 있다.

> 又郡中有三山 日山吳山浮山 國家全盛之時 各有神人居其上 飛相往來 朝夕不絶48)

---

47) 《三國史記》 24, 百濟本紀 2, 古尒王 10年.
48) 《三國遺事》 1, 紀異 1, 南夫餘前百濟.

이를 통해 백제에도 신라의 산천 제사에 보이는 대사의 삼산과 같은 산천 제사 체계가 있었음을 확인할 수 있다. 신라가 당의 제사체계를 받아들이면서도 독자적인 제사체계를 유지하였듯이, 백제도 중국의 제사체계를 받아들였겠지만 백제의 토착신앙에 의한 제의가 포함되어 중국과는 다른 사전체계가 성립되어 있었을 것이다.

신라의 대사인 삼산은 《삼국사기》 제사지에 一奈歷(習比部), 二骨火(切也火郡), 三穴禮(大城郡)로 되어 있는데 그 위치는 경주의 명활산과 영천의 골화산, 안강의 혈례산이다. 이들은 모두 경주를 둘러싼 지역에 위치하여 경주를 방호하는 역할을 하고 있다. 백제의 경우 사비시대에는 日山, 吳山, 浮山이 삼산이었는데 이들 또한 도읍인 부여를 둘러싸고 있는 요충지였다. 《신증동국여지승람》 부여현 산천조와 1871년에 편찬된 《호서읍지》에 따르면 오산, 부산이 모두 백마강을 끼고 부여를 방호하는 위치에 자리 잡고 있음을 알 수 있다. 일산에 대한 기록은 보이지 않지만 대체로 현재 부여의 금성산에 비정되고 있으며, 오산은 부여 염창리의 오석산, 부산은 백마강 맞은편의 무산으로 각각 추정한다.[49] 따라서 백제의 삼산 역시 실제적, 신앙적 위치에서 왕성과 국가를 수호하는 역할을 하였음을 알 수 있다.

신라의 중사는 五岳, 四鎭, 四海, 四瀆, 이외 6곳의 제장으로 구성되어 있는데 오악은 통일 전의 오악과 통일 후의 오악으로 나누어 볼 수 있다.[50] 그런데

---

49) 이도학, 1989, 〈사비시대 백제의 사방계산과 호국사찰의 성립〉, 《百濟研究》 20. 노중국, 2003, 〈사비도읍기 백제의 산천제의와 백제금동대향로〉, 《啓明史學》 14.
50) 이기백, 1972, 〈신라 오악의 성립과 그 의의〉, 《震檀學報》 33(1974, 《新羅政治社會史研究》, 一潮閣 재수록).

통일 전의 오악은 경주를 둘러 싼 요충지인 반면에 통일 후의 것은 상징적 의미가 큰 것 같다. 오히려 사진이나 사해, 사독이 변방에 위치하여 방어적 기능과 관련이 있다. 백제에도 오악이 있었음은 다음의 《삼국사기》 백제본기의 기사에서 확인할 수 있다.

> 義慈王 十五年 春二月 修太子宮極侈麗 立望海亭於王宮南 夏五月 騂馬入北岳烏含寺 鳴匝佛宇 數日死[51]

오함사가 있었다는 북악의 존재는 동 · 서 · 남악과 중악의 존재를 상정하게 한다. 이러한 추측을 바탕으로 《한원》에 인용된 《괄지지》에 보이는 백제의 산들을 연결시켜 백제의 오악을 추정하기도 한다. 즉 《괄지지》에는

> 括地志曰 烏山在國北界大山也 草木鳥獸與中夏同 又國東有鷄藍山 山南又有租粗山 又國南界有霧五山 其山草木冬夏常榮 又有旦那山在國西界 又有山旦山 禮母山 並石在國南之地[52]

라 하여 북계에는 오산, 동계에는 계람산, 계람산 남쪽에는 조조산, 남계에는 무오산, 서계에는 단나산 그 밖에 산단산, 예모산 등이 있다는 기록이 있다. 이들 기록을 통해 오산은 홍성의 오서악(오서산), 계람산은 계룡산, 무오산은 지리산, 단나산은 영암의 월출산 또는 태안의 나산으로 비정하고 있다.[53]

---

51) 《三國史記》 28, 百濟本紀 6, 義慈王 15年.

52) 《翰苑》 所引 《括地志》.

53) 이도학, 1989, 앞의 논문. 유원재, 1994, 〈사비시대의 삼산숭배〉, 《백제의 종교와 사상》, 충청남도. 노중국, 2003, 앞의 논문.

신라 小祀의 위치는 내륙과 해안에 아주 다양하게 분포하여 어떤 원칙이 없이 정해진 것 같기도 하다. 그러나 《신증동국여지승람》을 보면 소사에 해당하는 산은 거의 모두 그 지역의 鎭山으로 되어 있다. 소사의 제장이 진산이라는 것은 그 지역을 수호하는 산이라는 의미이며 그 지역 방어의 의미를 갖고 있다고 할 수 있다.

백제와 관련해서는 앞서 《괄지지》에 보이는 조조산, 산단산, 예모산 등과 신라 소사에 편입된 산 중 백제 지역에 위치했던 부여의 가림성, 영암의 월나악, 광주의 무진악, 장수의 서다산 등, 그리고 웅진 및 사비기에 전렵지가 되었던 호산, 생초, 웅천북, 우명곡, 우두성 등을 백제의 '제산'으로 보고 산천 제사의 대상지로 추측한 견해[54]가 참고된다.

이와 같이 살펴보면, 대사의 제장은 왕실을, 중사의 제장은 국토방위를, 소사의 제장은 지역방호를 위한 목적으로 배치한 것을 알 수 있다. 당이나 일본과 달리 신라나 백제는 대 · 중 · 소사를 전략적 요충지에 설치하였다. 또 고구려 요동성에 있는 주몽사당에 무기가 보관되어 있었다는 점을 통해 고구려에서도 외적의 침입을 대비한 곳에 祭場을 두고 제사를 드렸다는 것을 알 수 있다.

## 3. 백제의 제장

백제는 사서에 제장에 대한 직접적 언급이 거의 없으므로 제장을 파악하는데 어려움이 있다. 그러나 백제에도 삼산이 있어 신성한 장소로 경외시되고

54) 노중국, 2003, 앞의 논문.

있었음은 앞서 산천 제사에서 살펴본 바 있다. 최근에는 백제 국가제사에 대해 그 치제의 대상이나 국가제사에 담긴 정치체제의 성격을 논하는 데 그치지 않고, 제사의 현장을 구체적으로 추측해 보려는 노력이 늘고 있다.[55)]

문헌상으로는 우선 백제에서 신성한 장소로 생각했던 곳을 제장의 하나로 추측할 수 있다. 백제 시조 온조왕이 도읍을 정하기 위해 올라 擇地했다는 漢山 부아악이나 왕의 전렵지이면서 동시에 기우제를 지내던 장소이기도 했던 횡악, 도성과 관련해 중요하게 여겨졌던 崇山, 國事를 의논하던 政事巖, 祥瑞나 災異의 기미를 보이는 한강 또는 백마강(사비하) 등이 그곳이다.

한편 문헌에는 나타나지 않지만 발굴을 통해 새롭게 백제의 제장으로 알려진 지역도 있다. 백제 제사유적의 대표적인 곳으로는 풍납토성의 경당지구 제사유구와 공주의 정지산 유적, 부안 죽막동 유적 등을 들 수 있으며 이외 천안 위례산성, 부여 궁남지, 공주 송산리 방단형 계단, 능산리사지 등도 백제의 제사유적에 포함된다.

풍납토성 경당지구에서는 '大夫'명, '井'자명 토기와 특이한 건물지, 동물뼈 등 제사와 관련된 유물 · 유적이 다수 확인되었다. 특히 대부명 토기가 발견된 9호 유구에서는 고배, 삼족기, 뚜껑, 단경호 등 다양한 토기가 나왔는데, 그중 고배와 삼족기는 고의적인 훼손의 흔적을 담고 있어 제사와 관련된 토기들로 추정된다. 또 말의 상악골과 하악골, 어류, 조류, 소, 돼지, 사슴뼈 등이 다양하

---

55) 이도학, 1989, 앞의 논문. 노중국, 2003, 앞의 논문. 박승범, 2003, 〈한성시대 백제의 국가제사〉, 《先史와 古代》 19. 여호규, 2004, 〈국가제사를 통해 본 백제 도성제의 전개과정〉, 《고대 도시와 왕권》(제12회 백제연구 국제학술회의 발표집), 충남대 백제연구소.

게 출토되었는데 이 역시 9호 유구가 제의와 관련되어 있음을 알게 해 준다.[56)]

풍납토성에서 보이는 제사 유구는 이곳이 백제 왕성 내 국가제사의 중요한 장소였음을 보여 준다. 더 나아가 경당지구 44호 건물지를 낙랑 토성의 孝文廟 추정 유구와 비교해 백제의 동명묘로 추정하고, 9호 유구가 이를 파괴하고 들어선다는 점에서 5세기 중·후반 백제의 국가 제사체계가 변화한 것이라 보기도 한다.[57)]

공주 정지산 유적은 무령왕릉이 있는 송산리고분군의 북쪽 금강변의 구릉 상에 위치한다. 정지산의 백제의 유적은 크게 3시기로 나뉘는데, 그중 가장 중심이 되는 것은 6세기 전반기의 국가시설물이다. 국가시설물은 앞 시기의 수혈주거지, 지상가옥을 인위적으로 모두 철거하고 조영되었는데, 능선 정상부를 깎아 내어 넓고 평탄한 대지를 만든 후 사면의 굴곡진 곳을 메웠다. 그리고 壕와 木柵을 시설하여 사방에서 격리된 공간을 만들었다.[58)]

그 중심부에는 지상식 건물 1동이 배치되었다. 이 건물지는 능선 평탄부의 정중앙에 위치하고 있으며 가까운 주변에는 다른 시설물이 없고 동쪽과 북쪽에 비교적 넓은 광장이 있다. 또 정지산 유적에서 발견된 여러 건물지 중 유일하게 기와를 사용하고 있으며 내부에는 4개의 기둥구멍이 중앙에 있고 그 한가운

56) 권오영, 2001, 〈풍납토성 경당지구 발굴조사의 성과〉, 《풍납토성의 발굴과 그 성과》(한밭대학교 개교 74주년 기념 학술발표대회 논문집).

57) 김창석, 2004, 〈한성기 백제의 국가제사체계와 변화 양상—풍납토성 경당지구 44호, 9호 유구의 성격 검토를 중심으로〉, 《서울학연구》 22, 서울학연구소.

58) 국립공주박물관, 1998, 《백제의 왕실제사유적 공주 정지산 학술발표회》. 국립공주박물관, 1999, 《艇止山》(국립공주박물관 학술조사총서 제7책).

데에 구덩이를 팠다. 따라서 이 건물은 무령왕릉의 지석과 간지도, 무령왕릉과 정지산 유적 · 공산성과의 위치 관계 등을 통해 볼 때 무령왕 또는 왕비의 殯殿(殯宮)이었을 것으로 추정되고 있다.[59] 또 능선의 정상부와 남사면의 윗부분에는 末角方形 또는 타원형의 깊은 수혈이 배치되어 있는데, 최근의 연구에 의하면 이들 수혈은 얼음을 저장한 氷庫일 가능성이 크며, 이는 빈전과 유기적인 관련을 이루고 있던 것으로 추정된다.[60]

유적 내에서는 화려한 장식이 가미된 장구형 器臺, 三足土器, 蓋杯, 사격자문의 전돌편이 출토되었다. 이는 빈전의 제사와 관련된 유물인 것으로 추정되며, 이곳에서는 왕의 죽음 후 국가 차원의 제사가 이루어졌던 것으로 생각된다. 또한 이곳에서는 왜와 가야, 영산강 유역의 유물도 일부 출토되었는데 이는 장례 과정에서 국제적인 조문관계가 이루어졌음을 반영하는 것이다.

부안 죽막동 유적은 우리나라의 대표적인 제사유적으로 서해안에 돌출된 변산반도의 서쪽 끝에 위치하고 있다. 이곳에는 格浦 일대의 주민들이 堂祭를 지내던 水聖堂이 유적의 일부를 파괴한 상태로 서해를 바라보고 있고, 북으로는 해식동굴의 하나인 堂窟(용굴 또는 여울굴이라고도 함)을 끼고 있다.[61]

유적에서는 토기, 금속유물, 석제모조품, 토제모조품, 중국도자기편 등 다

---

59) 국립공주박물관, 1999, 앞의 책.

60) 김길식, 2001, 〈氷庫를 통해 본 공주 정지산유적의 성격〉, 《考古學誌》 12.

61) 죽막동 제사유적의 발굴 상황과 출토유물에 대한 설명은 다음의 책 참고. 국립전주박물관, 1994, 《부안 죽막동 제사유적》. 국립전주박물관, 1995, 《바다와 제사—부안 죽막동 제사유적》. 국립전주박물관, 1998, 《부안 죽막동 제사유적 연구》(개관5주년기념 학술심포지움 논문집).

량의 유물이 출토되었다. 토기를 비롯한 각종 유물들은 절벽 위의 평탄면, 즉 수성당 뒤편의 8×13m 범위에 20~30cm 두께로 쌓여 있었다. 유물은 삼국시대부터 조선시대에 이르기까지 다양하지만, 원래의 상태를 유지하고 있던 것은 삼국시대의 일부 유물에 한정되어 있고 나머지는 교란된 상태였다. 가장 많은 것은 토기이며, 금속유물은 大甕에 넣어져 있는 상태로 출토되었고 석제모조품은 좁은 범위에서 두껍게 퇴적되어 있었다. 그 외의 유물들은 개체별로 좁은 범위 내에서 모인 채로 출토되었으나 土製馬, 中國陶磁, 小玉, 曲玉 등은 여기저기 흩어져 있었다.

토기는 출토유물의 대부분을 차지하는데 시기적으로는 4세기 중반부터 7세기 전반까지 망라되어 있다. 그중 일부 단경호나 廣口長頸壺, 把手附盞 등 기형이 독특하고 장식성이 강하며, 유사한 출토 사례가 없는 것들은 제사용기로 특수 제작한 것이 아닐까 추측된다. 금속유물은 대부분 높이 60cm 이상의 대옹에 넣어진 채로 출토되었으며, 일부는 대옹 주변에서 출토되었다. 연대는 대략 5세기 후반 내지 6세기 전반으로 추정된다. 또 석제모조품은 紡錘車, 斧, 短甲, 曲玉, 鐸, 刀子, 鏡 등을 돌로 간단하게 축소 · 모조한 것이다. 몸체의 중앙이나 끝 부분에 소형 구멍이 1~2개씩 뚫려 있고 모두 직경 3m의 범위 내에 모여서 출토되었기 때문에, 원래는 신에게 바치려는 목적으로 나무에 매달았던 것이 아닐까 추측된다. 즉 神木에 공헌의 의미로 달아 두었던 것이 후대에 떨어져 쌓인 것으로 보인다. 죽막동에서 출토된 석제모조품은 일본의 그것과 형태, 크기, 재질, 제작수법에서 거의 일치하기 때문에, 석제모조품을 공헌물로 사용한 제사의 주체를 倭와 관련된 세력으로 추정하고 있다.

土製馬는 몸체가 있는 것에는 모두 안장을 갖춘 흔적이 있으며 사지가 절단되어 있고, 일부에는 X자형의 표시가 되어 있다. 토제마는 대표적인 제사 관련 유물로, 삼국시대부터 고려, 조선시대까지 폭넓게 등장한다. 죽막동뿐만 아니라 하남 二聖山城, 천안 慰禮山城, 영암 월출산, 대구 시지동, 김해 부원동, 익산 미륵사지 등에서도 출토되었다. 이들 유적에서 출토된 토제마는 대부분 인위적으로 깨거나 부러뜨렸고 정형성 없이 흩어져 있었다. 토제마는 신승물 또는 공헌물, 제액의 의미로 해석되고 있다.

죽막동 유적은 서해 항로의 주요 기점에 위치하여 바다제사의 중요한 제장으로 이용되었다. 출토된 토기가 영산강 유역의 지역색이 강하다는 이유로 제사의 주체를 토착 세력으로 보기도 한다. 그러나 유물의 양이 방대하면서도 종류가 다양하고, 특히 투조안교, 통형기대, 중국청자 등 왕릉급에서만 출토되는 유물은 그들 유물이 중앙 세력과 관련 있음을 보여 준다. 따라서 죽막동은 어떤 형태로든 중앙과 관련된 세력이 제사를 지낸 곳임을 알 수 있다.

아마도 죽막동은 근초고왕대 영토확장이 본격화되면서 국가제사의 제장으로 편입되었을 것으로 추측된다. 죽막동은 지리적 위치로 볼 때 이전부터 해상안전을 비는 신성 지역으로 여겨졌을 것이다. 또한 이곳은 주변보다 고도가 높은 지대이기 때문에 바다뿐만 아니라 해안 일대를 조망하기에 상당히 유리한 지점으로, 주변을 살필 수 있는 군사적 요충지에 해당한다. 따라서 근초고왕은 정복한 지역 중 군사적 요충지에 해당하는 이곳에 제장을 설치하여 정복이데올로기로 활용하고자 하였을 것이다. 일본 오키노시마에 대한 연구 중에는 암음제사에서 노천제사로 바뀌면서 호족제사에서 왕권제사로 그 성격이 변한다고 보는 견해가 있다. 마찬가지로 죽막동에서도 자료는 없지만 초기 당굴제사에서 4세기 노천제사로 바뀌면서 국가제사로 변하는 것이 아닐까 추측된다. 죽막동의 국가제사적 성격은 백제가 멸망하는 7세기 후반부터 이곳의 제사도 중단된다는 점에서 더욱 분명히 드러난다. 이것은 신라가 이곳을 정복한 후 이곳의 제사를 단절시켰기 때문이다.

그러다가 8~9세기에 다시 신라의 유물이 나타난다. 죽막동에서 출토된 신라의 토기는 기형과 외면의 문양으로 보아 모두 8~9세기의 늦은 것으로 보이며, 전체적으로 출토 수량이 적은 편이다. 이는 이 시기 제사양상에 변화가 있었기 때문이다. 즉 백제의 국가제사로 편성되었던 이곳은 통일전쟁 직후 신라에 의해 제사가 단절되었다가, 신라 중앙정부의 통제력이 약화된 신라 하대부터 토착 세력에 의해 지역제사로서 제사가 이루어진 것이다. 그러나 출토유물의 내용으로 보아 토착 세력이라고 해서 평범한 지위에 속하던 사람은 아니고 스스로 해양교섭 능력을 가졌거나 당시 사회에서 상당한 사회경제적 지위를 가졌던 신분계층으로 보인다. 이 지역에 거주하던 토착 세력 즉 지방호족 세력은 이곳에 제장을 설치하여 제사를 행함으로써 지역민들의 단합을 유도하고 자기 세력의 정신적 중심지로 하여, 지역사회에 속한 민중들의 의식을 하나로 하기 위한 통합이데올로기로 활용한 것이라 하겠다.

# 제3장 신라의 건국신화와 시조신화

신라의 신화는 박혁거세 신화, 석탈해 신화, 김알지 신화 등이 《三國史記》와 《三國遺事》 등에 실려 있다. 박혁거세 신화는 시조신화이면서 건국신화이기도 하며, 석탈해 신화와 김알지 신화는 시조신화의 의미만 갖고 있다.

신화는 신들의 이야기이지만 인간들이 자기들의 필요성에 의해 만들어 낸 이야기이며, 역사적 사실과 관련된 신화는 역사적 의미를 갖고 있다. 따라서 신라의 신화는 신라의 역사적 발전과정을 잘 나타내고 있다. 특히 건국신화는 역사성이 농후하며 동시에 사회반영이 높은 상징적 측면과 역사적 측면을 강하게 가지고 있으므로 신화해석과 함께 사회생활 연구가 기반이 되어야 하고 상호 보완되어야 한다.[1)]

---

1) 김정숙, 1992, 〈건국신화 연구와 외국이론의 도입〉, 《新羅文化祭學術論文集》 13, 348쪽.

종래 신라의 신화를 식민사학의 영향으로 단지 허황된 이야기거나 원시적인 신앙과 관련시켜 이해하였다. 또한 천강신화와 난생신화를 가지고 북방문화와 남방문화를 나누는 도식적인 이해를 위한 자료로 이용하기도 하였다.[2] 또는 일률적으로 천신족과 지신족의 결합으로 이해하기도 하였다.[3]

그러나 70년대 이후 고고학적 발굴성과와 인류학의 도입으로 고대사에 대한 이해가 새롭게 되면서 건국신화를 국가형성과 관련시켜 보게 되었다.[4] 물론 신화의 내용 모두를 긍정하고 신빙하자는 것이 아니라 역사적 반영으로서 이해하자는 것이다. 필자는 신화의 구조와 내용을 역사적 사실과 관련시켜 신라의 형성과 발전과정을 이해하고자 하며 이를 통하여 신라문화의 특성을 살펴보고자 한다.

## 1. 박혁거세 신화

박혁거세 신화는 《삼국사기》, 《삼국유사》, 《帝王韻紀》 등에 실려 있는데 그 내용은 대동소이하다. 먼저 《삼국사기》 시조 혁거세거서간조의 내용을 살펴보면 다음과 같다.

> 高墟村長蘇伐公 望楊山麓 蘿井傍林間 有馬而嘶 則往觀之 忽不見馬 只有大卵 剖之有嬰兒出焉 則收而養之 及年十餘歲 岐嶷然夙成 六部人 以其生神異 推尊之 至是立爲君焉 辰人謂瓠爲朴 以初大卵如瓠 故以朴爲姓 居西干 辰言王 或云呼貴人之稱[5]

2) 三品彰英, 1971, 《三品彰英全集》 제3권, 平凡社, 531쪽.
3) 김철준, 1952, 〈新羅上代社會의 Dual Organization (下)〉, 《歷史學報》 2, 95쪽.
4) 김영하, 1994, 〈삼국 및 남북국시기의 사회적 성격〉, 《한국사》 3, 한길사, 62쪽.

고허촌장 소벌공이 바라본 양산은 지금의 남산인데 남산은 일찍부터 신라인들의 성스러운 장소였다. 불교가 수용된 후 특히 통일기 이후 많은 불교 미술이 이곳에서 이루어진 것은 본래부터 이곳이 신라인에게 성스러운 곳이었기 때문이다. 불교가 대중화되면서 토착신앙의 성소였던 이곳에 불교적 조형물이 들어서게 된 것이다. 마치 이것은 天鏡林이나 神遊林에 興輪寺와 四天王寺가 들어선 것과 마찬가지 현상이라 하겠다.[6)]

이 신화의 현장에는 우물이 있는데 이는 알영의 등장에도 나타나며 우리 고대사회의 井泉信仰을 알 수 있다.[7)] 또한 우물 옆의 수풀은 신라의 樹木信仰의 기원이다. 前佛七處伽藍의 천경림, 신유림, 《삼국사기》 제사지에 나오는 文熱林 등에서 보는 바와 같이 신라의 수목신앙은 매우 보편적이었다. 이는 김알지 신화에서도 볼 수 있는데 김알지가 태어난 곳이 바로 鷄林이다. 그리고 신라 金冠에 보이는 나뭇가지 모양 장식을 통해서도 알 수 있다.[8)] 신라 금관의 조형이 시베리아 샤먼의 관이라는 견해도 있다.[9)]

여기서 신화의 현장이 된 산, 우물, 수풀은 모두 신라인들의 현실적 생활에 필요한 요소들이다. 그러나 더 중요한 것은 천신이 강림할 때 산의 나무를 통해 내려오는 샤머니즘적 세계관을 보여 주는 것이다.[10)] 환웅이 내려온 太白山頂

---

5) 《三國史記》 1, 新羅本紀 1, 始祖赫居世居西干 卽位年.
6) 최광식, 1995, 〈신라 상대 왕경의 제장〉, 《新羅文化祭學術論文集》 16, 71~73쪽.
7) 이병도, 1976, 〈한국 고대사회의 井泉信仰〉, 《韓國古代史硏究》, 박영사, 782쪽.
8) 박보현, 1989, 〈수지형 입화식관 형식분류〉, 《大丘史學》 32, 1쪽.
9) 장주근, 1969, 〈신화학에서 본 한국문화의 기원〉, 《문화인류학》 2, 16쪽.
10) 이필영, 1988, 《샤머니즘의 종교사상》, 한남대학교출판부, 89쪽.

神檀樹와 김수로왕이 내려온 龜旨峰도 마찬가지다.[11] 혁거세의 등장을 알리는 말은 천상과 지상을 연결하는 메신저의 역할을 하였으며 말에 대한 이러한 사상은 신라의 마문토기, 마형토기와 함께 신라지배층의 문화적 성격의 일면을 나타내 준다.[12] 예전에는 天馬塚의 天馬圖도 혁거세 신화와 관련시켜 보았으나 최근 그림의 동물이 말이 아니라 麒麟이라는 새로운 견해가 발표된 바 있다.[13]

여기서 말을 박씨 토템으로 보는 견해[14]가 있으나 말은 그야말로 메신저의 역할이지 그 자체가 신화의 주인공이 아님을 인식해야 할 것이다. 이러한 견해는 신라의 발전과정을 원시적인 단계로 보아 부족사회에 나타나는 토템을 박씨족의 말, 김씨족의 닭으로 인식한 데 기인한 것이다. 박혁거세 신화의 주인공은 하늘과 관계를 가진 존재였다.[15] 김알지 설화에서도 닭은 신화의 주인공이 아니라 주인공의 등장을 알리는 메신저 역할에 불과했음을 잊어서는 안 된다. 이것은 오히려 부족사회의 단계를 극복한 모습을 보여 주고 있다.

신화의 주인공은 큰 알로서, 이를 흔히 난생신화로서 이해하여 남방문화의 신화로 보기도 했다. 천강신화는 북방형 신화이며 난생신화는 남방형 신화라

---

11) 龜旨峰은 굿을 하는 봉우리인 굿峰을 한자로 음차(구지=굿)한 것이다.

12) 장지훈, 1990, 〈건국신화에 대한 일고찰—고구려·신라를 중심으로〉, 《釜山史學》 19, 115쪽.

13) 이재중, 1994, 〈삼국시대 고분미술의 기린상〉, 《미술사학연구》 203, 21~25쪽.

14) 김철준, 1952, 〈신라 상대사회의 Dual Organization(上)〉, 《歷史學報》 1(1990, 《韓國古代社會硏究》, 서울대학교출판부 재수록). 강석준, 1961, 〈신라 건국 전설에 대한 소고〉, 《文化遺産》 1961년 3호.

15) 김화경, 1984, 〈신라건국설화의 연구〉, 《民族文化論叢》 6, 4쪽.

는 것이다.[16] 그러나 夫餘와 고구려의 신화도 난생신화의 요소가 있으며, 신라와 가야의 신화도 천강신화의 요소를 갖고 있다. 천강신화의 요소만 있는 것은 단군신화로서, 이는 지역적인 차이가 아니라 시대적 차이가 있는 것이다. 즉 천강신화적 요소가 시기가 앞서고 난생신화적 요소가 시기가 늦은 것으로 보는 것이 순리적일 것이다.

어린아이가 태어나 그 아이를 데려다 길렀는데 10여 세에 이르자 뛰어나고 夙成하여 六部人이 그 탄생의 신이함으로 받들어 임금으로 삼았다는 것을 볼 때, 유이민 세력과 토착 세력 사이의 일정한 관계 속에서 국가가 형성되고 임금이 되었다는 것을 알 수 있다. 그리고 이 신화의 천강적 요소와 난생적 요소의 신이함이 바로 왕이 될 수 있었던 기반이 되었던 것이다.

사실 혁거세를 추대한 6부인들의 조상들도 모두 천강신화를 가지고 있다. 이에 대한 자세한 내용은 《삼국유사》 신라시조 혁거세왕조에 나타나 있다. 閼川 陽山村長 謁平은 瓢巖峰에 내려왔으며, 突山 高墟村長 蘇伐都利는 兄山에, 茂山 大樹村長 俱禮馬는 伊山에, 觜山 珍支村長 智伯虎는 花山에, 金山 加利村長 祇沱는 明活山에, 明活山 高耶村長 虎珍은 金剛山에 내려왔다. 이와 같이 6부의 시조는 모두 하늘에서 내려왔다고 되어 있다. 그런데 이들이 자제들을 거느리고 알천가에 모여 덕이 있는 자를 임금으로 삼고 나라를 세우고자 한 것이다. 혁거세가 이들과 다른 점은 난생이라는 점이다. 그 성을 '朴'으로 삼은 것도 그 큰 알의 모습이 표주박과 같았기 때문이다. 6부의 시조들도 천강신화를 갖고 있으나 혁거세는 천강적 요소와 난생적 요소를 모두 갖고 있다.

---

16) 三品彰英, 1974, 앞의 책, 531쪽.

또한 그 신이함을 말이 증명하였으며, 새와 동물들이 따라오며 춤을 추었다.

혁거세의 신이함을 더해 주는 것이 알영의 등장과 神聖婚이다.[17] 《삼국사기》 시조 혁거세거서간 5년조를 보면 이에 대한 내용이 실려 있다.

> 五年 春正月 龍見於閼英井 右脇誕生女兒 老見而異之 收養之 以井名名之 及長有德容 始祖聞之 納以爲妃 有賢行 能內輔 時人謂之二聖[18]

혁거세의 왕비가 된 알영은 춘정월 용의 갈빗대에서 태어난바, 이러한 사실도 매우 신이한 것이다. 또한 용이 알영 우물에 나타났다고 하는데 혁거세의 탄생의 경우도 양산의 나정 우물과 관련이 있어 공통점을 보이고 있다. 용과 우물은 물과 관련되어 있는데 이는 농경생활을 의미한다고 하겠다.[19] 동왕 17년 왕이 6부를 巡行하였는데 왕비 알영이 따랐으며 農桑을 장려하고 땅의 이로움을 다하도록 하였다고 하였다. 알영을 이상히 여기고 데려다 기른 老嫗는 단순한 할머니가 아니라 무당이다.[20] 석탈해를 데려다 기른 해변의 노구 阿珍義先도 마찬가지로 무적 존재이며 이 노구는 왕실과 관련된 중요한 일에 관여하는 존재이다. 이러한 신이한 존재인 알영을 들여 왕비로 삼음으로써 혁거세의 신성성은 더욱 높아져 결국 二聖으로까지 불리게 되었다. 알영에 대한 보다 자세한 기록이 《삼국유사》 신라시조 혁거세왕조에 실려 있다.

---

17) 김열규, 1977, 《한국신화와 무속연구》, 一潮閣.

18) 《三國史記》 1, 新羅本紀 1, 始祖赫居世居西干 5年.

19) 장지훈, 1994, 《삼국시대 미륵신앙 연구》, 고려대학교 박사학위논문, 114쪽.

20) 최광식, 1981, 〈삼국사기 소재 老嫗의 성격〉, 《史叢》 25, 22쪽.

時人爭賀曰 今天子已降 宜覓有德女君配之 是日沙梁里閼英井 一作娥利英井 邊 有雞龍現 而左脇誕童女 一云龍現死 而剖其腹得之 姿容殊麗 然而唇似雞觜 將浴於月城北川 其撥落 因名其川曰撥川 營宮室於南山西麓今昌林寺 奉養二聖兒 男以卵生 卵如瓠 鄕人以瓠爲朴 故因姓朴 女以所出井名名之 二聖年至十三歲 以五鳳元年甲子 男立爲王 仍以女爲后 國號徐羅伐[21]

여기서는 계룡이 나타나서 왼쪽 갈빗대에서 여자아이가 탄생한 것으로 되어 있으며 입술이 닭부리 모양이라 하여 닭과의 관련성이 강조되어 있다. 또한 그 부리를 월성 북천에서 제거했다고 하므로, 내와도 관련성을 갖고 있다. 궁실을 남산 서쪽 기슭에 조영하였는데 이를 일연은 昌林寺라고 하여 그 위치를 비정하고 있다. 二聖이 13세에 이르자 왕과 왕비를 삼았다고 하는데 이 나이는 바로 성인이 될 수 있는 나이이다. 오봉 갑자년에 왕위에 오르고 국호를 서라벌로 함으로써 국가가 건국되었다. 혁거세가 갑자년에 즉위하고 갑자년에 사망한 것으로 되어 있어 이를 사실로 받아들이지 않는 견해도 있다.[22] 《삼국사기》 시조 혁거세거서간조에는 前漢 孝宣帝 五鳳 元年 甲子 四月 丙辰에 즉위하고 居西干이라 칭하고 이때 나이를 13세라 하여 기록상의 일치를 보이고 있다. 주석에는 정월 십오일이라는 설도 소개하고 있는데 이때는 정월 대보름이며 새해가 시작되는 날로서 〈울진봉평신라비〉[23]의 날짜도 갑자년 정월 십오일로 되어 있다. 정월 십오일은 무언가 새로운 것을 시작하는 의미가 크다고 하겠다.

혁거세의 신성성은 그의 죽음에서도 나타나고 있다.

---

21) 《三國遺事》 1, 紀異 1, 新羅始祖 赫居世王.

22) 末松保和, 1954, 〈新羅上古世系考〉, 《新羅史の諸問題》, 東洋文庫, 115쪽.

23) 한국고대사연구회, 1989, 《韓國古代史硏究》 2(울진봉평신라비 특집호).

理國六十一年 王升于天 七日後 遺體散落于地 后亦云亡 國人欲合而葬之 有大蛇逐禁 各葬五體爲五陵 亦名蛇陵 曇嚴寺北陵是也[24]

그는 죽어 하늘로 다시 올라갔으며 7일 후에 유체가 땅에 떨어졌고 왕비도 죽었다. 그의 죽음 또한 보통사람과 다른 신이함을 보이고 있다. 큰 뱀이 합장하는 것을 방해하였는데 그 이유에 대해서는 잘 모르겠다. 五體를 각각 장례를 지내어 五陵으로 하였는데 그 이름을 蛇陵이라 한데서도 뱀과의 관련이 나타나 있다. 이 오릉은 朴赫居世, 閼英, 南解王, 儒理王, 婆娑王의 능묘로 보고 있다. 그러나 이와 비슷한 시기의 고분인 조양동, 다호리, 양동 유적은 원형봉토분이 완연하지 않다.[25] 따라서 지금과 같은 원형봉토는 후대에 조성한 것임을 알 수 있다. 이것은 五廟制가 시행되면서 조성된 것으로 보아야 할 것이다. 김씨 왕실에서 오묘제를 시행하면서 박씨들도 오묘를 만드는데 무덤에 사당을 만들어 五陵을 五廟로 한 것이다.[26] 이는 《삼국유사》 미추왕 죽엽군조에서 미추왕릉을 '大廟'라 표현한 데서도 알 수 있다.

시조 혁거세에 대해서는 시조묘를 세워 四時로 제사를 지냈다.

第二代南解王三年春 始立始祖赫居世廟 四時祭之 以親妹阿老主祭[27]

혁거세의 아들이며 다음 왕인 남해왕 3년 봄에 혁거세묘를 세워 1년에 네

---

24) 《三國遺事》 1, 紀異 1, 新羅始祖 赫居世王.
25) 최종규, 1991, 〈무덤에서 본 삼한사회의 구조 및 특성〉, 《韓國古代史論叢》 2, 157~158쪽.
26) 최광식, 1995, 앞의 논문, 75~76쪽.
27) 《三國史記》 32, 雜志 1, 祭祀.

번 제사를 지내게 하였는데 친누이인 아노로 하여금 제사를 담당하게 하였다. 이 시조묘 제사는 소지왕대 신궁이 설치되기까지 신라의 국가제사로서 가장 중요한 제사이며 임금의 즉위의례를 여기서 거행하였다.[28] 또한 신궁을 시조가 탄생한 곳인 나을에 세웠으며 신궁이 설치된 이후에도 시조묘에 대한 제사는 신라의 멸망 때까지 끊이지 않았다.[29]

시조묘의 제사를 친누이 아노가 맡아 여성 사제의 역할이 주목되며[30] 이는 중국적, 유교적 제사가 아닌 우리의 고유의 제사로, 토착신앙의 제의임을 알 수 있다. 이러한 전통이 원화의 존재를 가능하게 하였을 것이다. 또 신라에서 불교의 수용단계에서부터 女僧들이 나타난다는 점도 신라 종교상에 있어 여성의 역할이 지대하였음을 알 수 있게 한다.

## 2. 석탈해 신화

신라 제5대 임금인 昔脫解는 제4대 임금인 儒理王을 이어 즉위하였다. 그는 昔氏의 시조로서 그의 탄생에 대한 이야기도 신이함을 바탕으로 신화로서 전하고 있다. 그의 신화는 《삼국사기》와 《삼국유사》에 실려 있다. 먼저 그의 탄생에 대해 알아보면 다음과 같다.

---

28) 최광식, 1995, 앞의 논문, 81쪽.

29) 최광식, 1983, 〈신라 神宮 설치에 대한 신고찰〉, 《韓國史硏究》 43.

30) 나희라, 1990, 〈신라 초기 왕의 성격과 제사〉, 《韓國史論》 23, 서울대학교 국사학과.

脫解本多婆那國所生也 其國在倭國東北一千里 初其國王 娶女國王女爲妻 有娠七年 乃生大卵 王曰 人而生卵不祥也 宜棄之 其女不忍 以帛裹卵 幷寶物置於櫝中 浮於海 任其所往[31)]

탈해는 다파나국 소생이라 하였으나 다파나국의 위치는 왜국의 동북쪽 일천리에 있다는 것밖에는 정확히 알 수 없다. 다만 임신하여 7년 만에 알을 낳았다는 사실로 난생신화임을 알 수 있다. 보통 사람은 10개월이면 출산을 하며 胎生인데 대하여 난생을 하였다고 하므로, 박혁거세 신화와 같이 그의 신성성을 엿볼 수 있다. 또한 탈해가 바다에 띄워 보내지는 것을 볼 때 바다와 관련된 해양 세력으로 볼 수 있다.[32)] 탈해를 북쪽에서 남하해 온 북방 세력으로 보는 견해[33)]도 있으나 이는 무리한 해석이라 하겠다. 탈해가 처음 이르는 곳이 金官國 해변이며 나중에 도착하는 곳이 辰韓의 阿珍浦口이기 때문이다.

初至金官國海邊 金官人怪之不取 又至辰韓阿珍浦口 是始祖赫居世 在位三十九年也 時海邊老母 以繩引繫海岸 開櫝見之 有一小兒在焉 其母取養之 及壯身 長九尺風神秀朗 知識過人 或曰 此兒不知姓氏 初櫝來時 有一鵲飛鳴而隨之 宜省鵲字 以昔爲氏 又解韓櫝而出 宜名脫解[34)]

탈해가 처음에 금관국에 도착하였는데 금관국 사람들은 괴이하게 여겨 이를 취하지 않았다고 되어 있다. 한편 《삼국유사》 탈해왕조에는 수로왕이 신

---

31) 《三國史記》 1, 新羅本紀 1, 脫解尼師今.

32) 이형우, 1993, 《신라 초기국가 성장사 연구》, 건국대학교 박사학위논문, 160쪽.

33) 천관우, 1976, 〈삼국지 한전의 재검토〉, 《震檀學報》 41, 25~26쪽.

34) 《三國史記》 1, 新羅本紀 1, 脫解尼師今.

민과 더불어 북을 치며 맞이하여 머무르게 하려고 하였으나 나는 듯이 달려 계림 동쪽 하서지촌 아진포에 이르렀다고 기록되어 있다. 그러나《삼국유사》가락국기조에는 탈해가 김수로왕과 둔갑술을 가지고 겨루어 지게 되자 도망한 것으로 되어 있다. 가락국기조의 기사는 가락국의 입장에서 서술된 것이고《삼국사기》탈해이사금조와《삼국유사》탈해왕조는 신라의 입장에서 서술한 것이므로 관점의 차이가 내재되어 있는 것이다.

하여튼 탈해는 금관국과는 인연이 닿지 않아 신라의 아진포구에 다다랐다. 해변의 老母가 함을 열어 보니 알이 이미 사람으로 변해 사내아이가 되어 있었다. 이 노모는《삼국유사》탈해왕조에는 老嫗로 기록되어 있는데 무당으로서 새 생명을 탄생시켰다. 이는 알영을 데려다 기른 노구와 같은 존재로서 왕실의 여러 가지 문제에 관여하여 어려운 문제를 해결하는 해결사다. 탈해의 신이함은 체구와 지식에서 보통사람을 능가하였다. 탈해의 등장을 알리는 메신저로서 까치의 존재를 유의해야 한다. 까치가 울며 날아왔으므로 노모가 탈해가 이른 것을 알았으며 끈을 당겨 잡아매고 함을 열어 사내아이를 얻을 수 있었던 것이다. 최근 발견된 고성 동외리 패총에서는 제1단 제사유구에서 큰 새 2마리를 중심으로 모두 42마리의 새가 조각되어 있는 鳥紋青銅器가 발견되었다.[35] 이러한 까치의 존재는 혁거세의 등장을 알리는 말 우는 소리와 같은 효과라 하겠다. 신이한 이의 등장에는 그것을 알리는 동물의 소리가 있다는 것이 공통점임을 알 수 있다. 김알지의 등장을 알리는 것은 닭이었다.

탈해는 고기잡이를 업으로 하여 노모를 봉양하였다.

---

35) 국립진주박물관, 1995, 〈고성 동외리 패총 설명자료〉.

脫解始以漁釣爲業 供養其母 未嘗有懈色 母謂曰 汝非常人 骨相殊異 宜從學 以立功名 於是 專精學問 兼知地理 望楊山下瓠公宅 以爲吉地 設詭計 以取而居之 其地後爲月城[36]

탈해의 신화는 혁거세 신화보다 매우 사실적이다. 고기잡이를 업으로 하고 학문과 지리를 익혀 자기의 노력을 통하여 자기의 실력을 과시하였다. 물론 탄생의 신이함과 골상이 비상한 점 등은 신화적 요소를 지니지만 그의 노력은 매우 인간적이다. 親母도 있고 養母도 있다는 점도 인간적 묘사라고 하겠다. 또한 거짓 꾀를 내어 瓠公의 집을 취하는 대목은 매우 사실적으로 보인다. 이에 대한 보다 자세한 내용은《삼국유사》탈해왕조에 실려 있다.

言訖 其童子曳杖率二奴 登吐含山上 作石塚 留七日 望城中可居之地 見一峰如三日月 勢可久之地 乃下尋之 卽瓠公宅也 乃設詭計 潛埋礪炭於其側 詰朝至門云 此是吾祖代家屋 瓠公云否 爭訟不決 乃告于官 官曰 以何驗是汝家 童曰 我本冶匠 乍出隣鄕而人取居之 請掘地撿看 從之 果得礪炭 乃取而居焉[37]

《삼국사기》탈해이사금조에는 고기잡이를 業으로 하고 학문과 지리를 익힌 다음 호공댁을 취한 것으로 되어 있는데 반해 여기서는 아진포구에 도착하자마자 토함산에 오른 것으로 되어 있는 점이 다르다. 토함산은 탈해와 매우 관련이 있는 곳으로 나중에 탈해는 토함산의 산신이 되어 東岳神으로서 국가 제사의 中祀에 편제되었다. 石塚을 쌓고 7일간 머무른 것은 새로운 계획을 세우고 실천하기 위한 기도행위라고 볼 수 있다. 여기서 숫자 7에 유의할 필요

36)《三國史記》1, 新羅本紀 1, 脫解尼師今 元年.

37)《三國遺事》1, 紀異 1, 第四脫解王.

가 있다. 탈해의 어미가 임신한 후 7년 만에 알을 낳았으며 석총에서는 7일간 머물렀다. 단군신화에서는 삼칠일 금기하여 곰이 사람이 되었다. 민속에서도 아이를 낳고 삼칠일을 금기하고 있다.[38)]

하여튼 그의 눈에 들어온 집은 양산 아래 나중에 월성이 된 호공의 집이었다. 탈해는 이미 풍수지리에 능숙한 전문가가 되어 있었다. 또한 여기서 주목해야 할 부분은 그가 본디 冶匠이라는 점과 숫돌과 숯을 이용하고 있다는 점이다. 시베리아 샤머니즘에서는 샤먼이 야장을 겸하고 있다. 그리고 야장에게 가장 중요한 물건이 바로 숯과 숫돌인 것이다. 따라서 이 점을 가지고 탈해를 북방 세력으로 이해하기도 한다. 그러나 이것은 탈해의 거짓 꾀이지 사실이 아니라는 점에 유의할 필요가 있다.

> 至南解王五年 聞其賢 以其女妻之 至七年 登庸爲大輔 委以政事 儒理將死曰 先王顧命曰 吾死後 無論子壻 以年長且賢者 繼位 是以寡人先立 今也宜傳其位焉[39)]

남해왕이 탈해를 사위로 삼고 대보로 등용하여 중책을 맡겼으며 마침내는 왕위에 오르게 하였다. 탈해는 현명함으로 중책을 맡고 왕의 사위로서 왕위에까지 오르게 된 것이다. 탈해의 신성성은 遙乃井의 고사에서도 볼 수 있다. 탈해가 죽은 후 疏川丘에 장례를 지냈는데 神詔로서 뼈를 묻으라 하여 다시 장례를 지냈다.

---

38) 최광식, 1982, 〈삼신할머니의 기원과 성격〉, 《한국여성문제연구》 10.
39) 《三國史記》 1, 新羅本紀 1, 脫解尼師今 元年.

建初四年己卯崩 葬疏川丘中 後有神詔 愼埋葬我骨 其髑髏周三尺二寸 身骨長九尺七寸 齒凝如一 骨節皆連鎖 所謂天下無敵力士之骨 碎爲塑像 安闕內 神又報云 我骨置於東岳 故令安之[40)]

탈해의 뼈는 그의 골상답게 크고 신이하였으며 또한 신조로서 동악에 안치되었는데 여기에 토함산인 동악과의 관계가 긴밀하게 나타나 있다. 주석에는 붕어한 후 27대 문무왕 調露 2년 3월 15일 밤에 太宗의 꿈에 노인의 모습으로 나타나 토함산에 塑像을 만들라 하므로 왕이 그 말을 따랐고, 국가제사가 끊이지 않으니 東岳神이라 하였다고 쓰여 있다. 탈해는 토함산에 올라 양산을 바라보고 호공의 집을 취하였으며 요내정에서 白衣의 충성을 시험하였고 문무왕대부터는 동악신으로서 국가제사의 대상이 되어 그 제사가 고려시대까지도 끊이지 않았다.

## 3. 김알지 신화

김씨의 시조 김알지에 대한 신화는 《삼국사기》와 《삼국유사》에 실려 있다. 김알지의 신화도 신성성이 농후한데 먼저 《삼국사기》 탈해이사금조부터 살펴보면 다음과 같다.

九年 春三月 王夜聞 金城西始林樹間 有鷄鳴聲 遲明遣瓠公視之 有金色小櫝 掛樹枝 白鳴於其下 瓠公還告 王使人取櫝開之 有小男兒在其中 姿容奇偉 上喜謂左右曰 此豈非天遺我以令胤乎 乃收養之 及長聰明多智略 乃名閼智 以其出於金櫝 姓金氏 改

40) 《三國遺事》 1, 紀異 1, 第四脫解王.

始林名林 因以爲國號[41]

탈해왕 9년(65) 3월에 왕이 밤에 금성의 서쪽 시림 나무 사이에서 닭이 우는 소리를 들었다. 여기서도 박혁거세 신화와 마찬가지로 신화의 현장은 숲이다. 또한 알지의 탄생을 알리는 데 닭의 우는 소리가 난 것은 혁거세의 탄생을 알린 말 우는 소리와 구조가 같다. 알지의 모습을 처음으로 본 이는 호공인데 호공은 바로 석탈해에게 집을 빼앗기고 동왕 봄 정월에는 大輔에 오른 자이다. 금색의 조그만 함이 나뭇가지에 걸려 있다고 한 것은 신이 나뭇가지를 통해 내려 왔음을 의미하는 것이다. 금으로 된 함은 매우 귀중하다는 점을 말하며 함 안에 사내아이가 있었다는 것은 난생이 아니라 태생임을 알 수 있다. 다만 금함 안에 있다는 것으로 신성성을 나타내고자 하였다. 이것은 난생신화보다 인간적이며 사실적이다. 그렇기 때문에 알지라 하였는데 알지는 아기라는 뜻이다. 이것을 난생으로 생각하여 알로 파악[42]한 것은 명백히 잘못된 것이다. 시림을 계림이라고 하였는데 이는 鳩林이라고 하는 견해도 있다.[43]

《삼국유사》 김알지 탈해왕대조에는 보다 자세한 기록이 실려 있다.

永平三年 庚申 八月四日 瓠公夜行月城西里 見大光明於始林中 有紫雲從天垂地 雲中有黃金櫃 掛於樹枝 光自櫃出 亦有白鷄鳴於樹下 以狀聞於王 駕幸其林 開櫃有童男 臥而卽起 如赫居世之故事 故 因其言 以閼智名之 閼智卽鄕言小兒之稱也 抱載還闕 鳥獸相隨 喜躍蹌蹌 王擇吉日 册位太子 後讓於婆娑 不卽王位 因金櫃而出 乃姓金

41) 《三國史記》 1, 新羅本紀 1, 脫解尼師今 9年.

42) 三品彰英, 1974, 앞의 책.

43) 박은용, 1985, 〈시림 표기의 원어 측정〉, 《韓國傳統文化硏究》 창간호, 77쪽.

氏 閼智生勢漢 漢生阿都 都生首留 留生郁部 部生俱道 道生未鄒 鄒卽王位 新羅金氏自閼智始[44]

《삼국유사》의 기록은 《삼국사기》의 기록과 다른 점이 여러 가지 있다. 먼저 연대가 다른데 《삼국사기》에는 탈해왕 9년으로 되어 있는데 《삼국유사》에는 탈해왕 4년으로 되어 있다. 또한 여기서는 왕이 먼저 들은 것이 아니라 호공이 월성 서리를 지나다 먼저 보고 왕에게 상황을 보고한 것으로 되어 있다. 그리고 왕이 직접 행차하여 궤를 열고 사내아이를 얻어 대궐로 돌아온 것으로 되어 있다. 또한 새와 짐승들이 기뻐 날뛰고 좋아하는 모습은 축제를 연상하게 한다. 여기서는 택일하여 태자로 책봉한 사실과 왕위를 파사에게 양보한 사실까지 전하고 있다. 그리고 그 이후의 世系를 서술하고 미추왕이 왕위에 오른 사실까지 기록함으로써 김씨가 왕위에 올랐다는 점을 은연중 강조하고 있다. 그러나 왜 파사에게 양보하였는지, 미추왕 이전에 왜 왕이 될 수 없었는지에 대해서는 아무런 기록이 없다. 〈문무왕릉비문〉을 비롯한 금석문 자료에는 김씨 왕실의 시조를 星漢이라 하여, 이를 알지로 보는 견해[45]와 미추로 보는 견해[46]가 있다. 위의 세계에서 역사적 인물로 나타나는 인물은 俱道로서 그는 8대 아달라이사금 때부터 9대 벌휴이사금 때까지 활약한 인물이며, 미추왕 2년에 葛文王으로 추봉되었다.[47]

---

44) 《三國遺事》 1, 紀異 1, 金閼智 脫解王代.

45) 今西龍, 1933, 《新羅史硏究》, 國書刊行會, 492쪽.

46) 前間恭作, 1925, 〈新羅王の世次と其名につきて〉, 《東洋學報》 15-2, 56쪽.

47) 木下禮仁, 1966, 〈新羅始祖系譜の構成-金氏始祖を中心として〉, 《朝鮮史硏究會論文集》 2.

## 4. 신라신화의 특징

종래의 한국 고대의 건국신화와 시조신화에 대한 연구는 대개 천강신화와 난생신화의 이분법적 인식에서 진행되었다. 천강신화는 북방신화이며 난생신화는 남방신화라는 틀 속에서 연구가 이루어졌던 것이다. 그러나 신화를 자세히 검토해 보면 천강신화와 난생신화가 복합되어 있는 것을 알 수 있다. 그리고 종래 여러 신화의 공통점만을 중요시하는 관점에서 연구가 진행되었기 때문에 각 신화가 갖는 역사적 성격이 부각되지 못하였다. 각 신화는 공통점인 요소도 있지만 다른 점들도 많으며 그것은 바로 그 신화가 갖는 독특한 성격과 역사적 과정의 단면을 보이고 있다는 것을 간과해서는 안 된다. 이런 면에서 신라의 건국신화와 시조신화를 살펴본 바에 의하면 다음과 같은 결론을 내릴 수 있다.

박혁거세의 신화는 천강신화와 난생신화가 결합되어 있으며 그 신이한 등장을 말이 알려 주고 있다. 또한 혁거세의 신이함은 알영의 신이한 탄생과 신성혼이 더욱 보강해 주고 있는 것이 특징이다. 알영의 탄생은 용과 우물과 관련되어 있는데 이것은 물과 관련을 의미하며 결국 농경과 깊은 관련을 보이고 있는 것이다. 혁거세의 신성성은 그의 죽음에서도 나타나는데 하늘로 승천했다가 다시 오체로 땅에 떨어져 오릉으로 되었다는 것이다. 혁거세는 사후 다음 왕인 남해왕대에 시조묘가 설치되어 신라가 멸망할 때까지 숭배되었다.

석탈해의 신화는 해양 세력과 관련이 있으며 역시 난생신화다. 혁거세 신화에서는 알을 갈라 사내아이를 얻었는데 석탈해 신화에서는 처음에 보냈을 때는 알이었으나 해변에서 아진의선이 발견했을 때는 사내아이가 되어 있었다. 탈해는 바다를 표류하면서 알에서 胎로 변화한 것이다. 그 바다는 바로 양수로서 의미가 있다. 탈해를 북방 세력으로 이해한 견해가 있으나 탈해가 야장이라고 한 것은 거짓 꾀였음을 주목해야 하며 탈해의 활동영역을 보면 동해안을 중심으로 하고 있음을 잊어서는 안 된다. 그는 사후에 토함산의 산신이 되어 동악신으로 숭배되어 중사로서 국가제사가 고려시대까지도 이루어졌다.

김알지신화는 천강신화와 난생신화가 복합된 것으로 이해되었으나 그는 胎生이다. 그가 금함에서 나왔다고 되어 있을 뿐 알에서 나왔다는 기록이 없는데도 신화를 확대해석한 것이다. 이는 김알지 신화를 난생신화에 포함시키려고 노력한 결과다. 알지의 신화는 매우 인간적이며 사실적이다. 석탈해의 신화와 마찬가지로 호공이 나타나고 있는데 이는 정치 세력과의 관련성을 의미하는 것이라 생각한다. 알지의 탄생에서 중요한 점은 금함에서 태어났다는 점이다. 따라서 알지 탄생의 중요한 의미는 발달한 철기와 제련기술이라고 할 수 있으며 북방 세력의 진출과 관련이 있는 것이다. 알지 신화의 사실성은 世系가 나타나 있는 것으로 알 수 있으며 신화로서는 후대적 표현이라고 생각된다.

혁거세 신화, 석탈해 신화, 김알지 신화는 각기 시대적 특징을 보여 주고 있다. 혁거세 신화는 농경생활, 석탈해 신화는 해양활동, 김알지 신화는 발달한 제철기술을 반영하고 있으며 각 신화는 시기적 발전과정을 보여 주고 있다. 이러한 여러 계통의 신화가 나타난 것은 고구려나 백제에는 볼 수 없는 것으로 신라의 특징이다. 이는 신라문화의 복합성과 중층성을 보여 주는 것이며 이를 통해 신라문화의 다양성과 융합성을 확인할 수 있다.

# 제4장 대가야의 신화와 제의

종래 가야의 신앙과 제의에 대해서는 사료가 적어 신라의 사상과 문화의 연장선에서 파악하였다. 그러나 70년대 이후 발굴에 의해 많은 유적과 유물을 접하게 되자, 이를 통해 가야의 신앙과 제의가 신라와는 다른 양상을 보이고 있다는 것을 알게 되었다. 여기서는 문헌사료와 고고학적 자료를 토대로 가야의 신앙과 제의를 살펴보도록 하겠다. 특히 양전동 · 안화리 암각화, 대가야 건국신화, 지산동 고분, 고아동 벽화고분을 통하여 대가야의 문화양상을 고찰하고자 한다.

## 1. 대가야의 건국신화

대가야의 신화는 그 연혁이 편찬된 것은 없고 여기저기에 극히 단편적으로 산재되어 있을 따름이다. 그 신화는 두 가지로 나타나고 있는데 하나는 《新增

東國輿地勝覽》에 있는 것이고 다른 하나는 《三國遺事》의 가락국기조에 기록된 것이다.

대가야의 대체적인 연혁을 말해 주는 유일한 자료는 《三國史記》 지리지의 고령군조이다.

> 高靈郡 本大加耶國 自始祖伊珍阿豉王 一云內珍朱智 至道設智王 凡十六世 五百二十年 眞興大王侵滅之 以其地爲大加耶郡 景德王改名 今因之[1)]

고령군은 본래 대가야국으로 시조 伊珍阿豉왕부터 道設智王까지 16세 520여 년 동안 이어졌으며 진흥왕이 멸망시켜 대가야군으로 삼았다고 하였다. 한편 승람에서는 이 《삼국사기》 기록을 주석하는 형식으로 최치원의 釋利貞傳과 釋順興傳을 인용하고 있다. 이 중 석리정전은 건국설화에 대한 내용을 싣고 있다.

> 按崔致遠釋利貞傳云 加耶山神正見母主 乃爲天神夷毗訶之所感 生大加耶王 惱窒朱日 金官國王 惱窒靑裔 二人[2)]

위의 기록을 보면 대가야 산신 정견모주가 천신인 이비가에 감응되어 대가야왕 뇌질주일과 금관국왕 뇌질청예 두 사람을 탄생시켰다고 한다. 이 내용에 대해 승람의 편찬자는 다음과 같이 부정적인 반응을 보이고 있다.

> 則惱窒朱日爲伊珍阿豉王之別稱 靑裔爲首露王之別稱 然與駕洛國古記六卵說 俱

---

1) 《三國史記》 34, 雜志 3, 地理 1, 康州 高靈郡.

2) 《新增東國輿地勝覽》 29, 高靈縣.

荒誕不可信[3]

뇌질주일은 이진아시왕의 별칭이고, 청예는 수로왕의 별칭인데, 駕洛國記의 六卵說과 같이 모두 황탄하여 믿기 어렵다는 것이다. 승람의 편찬자는 유교적 합리주의에 의해 이 설화의 신이한 내용을 부정한 것이다. 그러나 신화적 관점에서 보면 시조 뇌질주일과 뇌질청예의 탄생설화는 천신과 산신의 교감을 나타내고 있다.

그러면 이에 대한 연구들을 간략히 살펴보자. 먼저 천신을 男神으로, 산신을 女神으로 보고, 정견모주라는 말은 불교적으로 일컬어진 것으로 정견은 八正道 중의 처음이고, 母主는 聖母에서 비롯된 말로 해석한 견해가 있다.[4] 또 이 설화를 天孫降臨의 패턴에서 이루어진 것으로 보고, 태양신의 분신인 산신에 의해 국왕이 탄생, 개국하는 시조 이진아시의 설화는 즉 日子天孫에 의해 세상이 통치된다는 믿음을 반영하는 것으로 이해하기도 한다. 이러한 유형의 건국설화는 단군설화와 박혁거세설화, 주몽설화가 있으며 우리나라 고대 제왕 탄생설화의 근간을 이루는 것이라고 한다.[5] 한편 그 근원을 가야산에 두고 있으므로 대가야를 중심으로 하는 설화이며, 이는 천신족과 지신족의 결합을 기본요소로 하고 있다는 견해도 있다.[6] 다만 건국신화의 내용에서 천신보다 산신이 적극적인 것을 볼 때, 대가야의 건국은 천신족인 유이민집단

3) 《新增東國輿地勝覽》 29, 高靈縣.
4) 정중환, 1962, 《加羅史草》, 부산대학교 한일문화연구소.
5) 문경현, 1972, 〈신라 건국설화의 연구〉, 《大丘史學》 4.
6) 손진태, 1934, 〈조선 고대 산신의 성에 대하여〉, 《震檀學報》 1.

보다 지신족인 토착 세력의 영향력이 더 강하였던 것이 아닌가 생각된다.

또 5세기 후반의 상황을 염두에 두고 이 설화를 해석하는 견해도 제기되었다. 즉 고령의 대가야 세력이 가야 초기의 수장이었던 금관국 수로왕과 형제관계임을 자칭하여 대가야의 정통성을 내세우고, 주변 소국들을 통합하여 옛 가야로서의 동질감을 회복하고자 한 의도에서 만들어진 것이라고 본 것이다.[7] 이 견해는 5세기 후반 대가야의 상황을 짐작해 설화를 해석한 것으로, 479년 고령 대가야의 왕이 南齊와 통교해 제3품 輔國將軍本國王에 해당하는 벼슬을 받음[8]으로써 대외적으로 인정받았음을 논증하여 독자적인 가야지배 세력이 등장하였음을 밝혔다. 이와 함께 설화에서 천신의 요소가 나오기는 하나 강림여부가 분명하지 않고 단순한 감응에 그치며 그보다 가야산신의 권위가 앞서고 있는 것으로 보아 삼한시대 이래 고령 지방 토착 재지 세력이 중시되고 있음을 알 수 있다고 했다. 그리고 전기 가야연맹의 연맹장이던 금관국 수로왕의 시조대부터 형제 관계를 자칭한 점으로 보아 대가야를 표방하여 주변 지역 전체의 정통성을 계승하고자 한 것을 알 수 있다고 설명하였다.

두 번째 신화는 《삼국유사》 기이편의 가락국기에 실려 있다.

> 開闢之後 此地未有邦國之號 亦無君臣之稱 〔…〕 屬後漢世祖光武帝建武十八年壬寅三月禊浴之日 所居北龜旨 是峰巒之稱 若十朋伏之狀 故云也 有殊常響氣呼喚衆庶二三百人 集會於此 有如人音 隱其形 而發其音曰 此有人否 九干等云 吾徒在 又

---

7) 김태식, 1992, 《가야제국연맹의 성립과 변천》, 서울대학교 박사학위논문. 김태식, 2002, 《미완의 문명 7백년 가야사—1권 수로왕에서 월광태자까지》, 푸른역사.

8) 加羅國 三韓種也 建元元年 國王荷知使來獻 詔曰 量廣始登 遠夷洽化 加羅王荷知款關海外 奉贄東遐 可授輔國將軍本國王. (《南齊書》 58, 列傳 39, 東南夷列傳, 加羅國)

> 曰 吾所在爲何 對云 龜旨也 又曰 皇天所以命我者 御是處 惟新家邦爲君后 爲玆故降矣 你等須掘峯頂撮土 歌之云 〔…〕 以之蹈舞 則是迎大王 歡喜踊躍之也 九干等如其言 咸忻而歌舞 未幾仰而觀之 唯紫繩自天垂而着地 尋繩之下 乃見紅幅裹金合子 開而視之 有黃金卵六圓如日者 衆人悉皆驚喜 俱伸百拜 尋還著 抱持而歸我刀家 榻上 其衆各散 過浹辰 翌日平明 衆庶復相聚集開合 而六卵化爲童子 容貌甚偉 仍坐於床 衆庶拜賀 盡恭敬止 〔…〕 其於其月望日卽位也 始現故諱首露 或云首陵 首陵是崩後諡也 國稱大駕洛 又稱伽耶國 卽六伽耶之一也 餘五人各歸爲五伽耶主9)

이 지역을 다스리던 9간이 구지에서 나는 소리를 듣고 사람들과 함께 이곳에 모여 구지가를 부르면서 춤을 추자 하늘에서 자줏빛 노끈이 내려왔는데 그 아래 있던 금합을 열어보니 둥근 황금알 6개가 있었다. 이 6란은 동자로 변하고 다시 10여 일 만에 어른이 되어 즉위하였는데 처음 나타났으므로 이름을 首露라 하였다. 나라는 大加洛 또는 伽耶國이라고 하였으니 곧 6가야의 하나이며 나머지 다섯 사람도 각기 돌아가 5가야의 임금이 되었다.

가락국기에 나타나는 6가야, 5가야 등은 가야가 연맹체를 이루고 있었다는 주요한 근거가 되었으며 그 신화적 성격과 더불어 가야연맹체와 연맹체의 맹주국에 대한 해석이 이루어졌다. 정중환은 이에 대해 가장 유력한 부족국가가 이웃에 있는 여러 부족국가들과 서로 연맹관계를 맺고, 그 주도권을 장악하여 부족 연맹의 안전과 번영을 도모하는 역할을 했을 것이라 언급하였지만 가야연맹의 구체적인 문제에 대해서는 설명을 하지 않았다. 다만 6가야에 대해서는 이 기록이 신라시대부터 전승한 전설을 토대로 하여 고려시대까지 이어졌다는 점을 상기시켜, 신라에 전해진 6수의 개념에 의해 6가야설이 굳어

---

9) 《三國遺事》 2, 紀異 2, 駕洛國記.

졌다고 보았다. 즉 6가야에 대한 적극적인 고증을 피하고 가야연맹의 6부족국가에 의해 형성된 것이라는 관념적인 생각이 고려 초까지 전승되어 현실적으로 가야 지방의 유력한 부족국가의 옛터에 6가야를 비정함으로써 가락국과 대가야국을 가라연맹의 맹주국으로 본 것이다.

문경현은 승람과 가락국기 설화의 선후관계를 비교하고, 가락국기의 난생설화를 가야 산신 감생설화보다 훨씬 후대의 것이라고 하였다.[10] 금관가야 지방의 개국설화가 가미되어 가야연맹의 형성기에 이루어진 설화일 것으로 추측하고 백제와 신라의 중간에서 협공에 지탱하기 위해 강력한 가야연맹을 형성한 다른 6가야 형제국 간의 유대를 공고히 하기 위해 이루어진 설화로 본 이병도의 견해[11]를 따르고 있다. 또한 그는 이 설화가 신라의 건국신화와 마찬가지로 천손강림, 日子統治의 사상에 속한다고 보았다. 박혁거세 설화에서 보는 것과 같이 聖水에서 목욕함으로써 신성성을 획득하여 신성을 체득해 완성하는 祓禊祭儀의 迎神儀式이 행해지고 있다는 공통점을 설명하고 가야연맹은 가락국기의 기록처럼 처음부터 6국이 연맹해 존재한 것이 아니라 말기에 와서 6가야가 형성된 것이라 이해하였다.

가락국기 설화에 대해 살펴본 견해들은 이 설화가 가야연맹이 형성될 당시의 것이며 금관가야와 연관성을 가지고 있다는 사실을 설명하고 있다. 이 두 가지 설화 중 현재 가야 건국설화의 원형으로 인정되고 있는 것은 첫 번째 설화

10) 문경현, 1975, 〈가야사의 신고찰－대가야문제를 중심으로〉, 《大丘史學》 9.
11) 이병도, 1962, 〈首露王攷〉, 《歷史學報》 17 · 18합집(東賓金庠基教授回甲紀念史學論叢).

다. 가야 지역 제일의 聖山인 가야산을 숭배하던 고령 토착 세력들과의 연관성에 중점을 둠으로써 《신증동국여지승람》의 설화를 인정한 것이다. 여기서 두 설화에 대한 논의는 접어 두더라도, 설화 내용에서 가야의 정통성을 주장하고 가야권 내에서 대가야의 구심체적 역할을 인정하는 것으로 보아 대가야의 중추적인 역할을 알 수 있다. 또 이를 통해 대가야가 가야 지역에서 동질성을 창출해 국가적인 면모를 갖추고자 하였음을 짐작할 수 있다. 더불어 천신과 산신의 후손임을 강조해 지배계급의 위치를 확고히 하고자 했음도 알 수 있다.

## 2. 대가야의 제의

대가야의 제의에 대한 문헌자료는 남아 있지 않다. 그러나 암각화가 대가야 지역의 고대제의에 접근할 수 있도록 많은 시사점을 주고 있다. 물론 암각화는 대개 청동기 후기나 초기 철기시대의 것이므로 대가야와는 시기적으로 차이가 난다. 그러나 제사의례는 청동기시대부터 철기시대를 거쳐 대가야 시기까지 전승되었으므로 대가야의 제의를 연구하는 데 유효하리라고 생각한다. 따라서 여기서는 고령 양전동 암각화와 안화리 암각화를 통해 대가야의 제의를 살펴보고자 한다. 특히 이러한 작업을 하는 가운데 안화리에서 암각화를 새로 발견하기도 하였다.

고령군 개진면 양전리에 소재하고 있는 바위에는 기하학적인 그림이 새겨져 있다.[12] 대구에서 고령으로 가는 도로를 따라 가면 고령읍 2km 전방에 있는

12) 이은창, 1971, 〈고령 양전동 암각화 조사약보—석기와 암각화 유적을 중심으로〉, 《考

금산재에 닿는다. 이 금산재에서 남쪽으로 뻗은 구릉이 있는데 고령읍에서 보아 앞산에 해당하여 望山이라 하고, 양전리에서는 뒷산으로 赤林山이라 부른다. 이 지역을 발굴 조사한 바에 의하면 남으로 뻗어 있는 낮은 구릉의 산위에 석기 유적지가 있으며, 구릉의 아래쪽에는 지석묘가 분포되어 있다. 이 구릉의 남쪽 끝, 산줄기가 그치는 곳에 알터 부락이 있다. 고령의 동남, 서남쪽으로 흐르는 대가천과 안림천이 모이는 會川이 감도는 북쪽 강안의 암벽에 암각화가 새겨져 있다. 암각화의 왼쪽과 오른쪽으로는 절벽이 계속되고 있는데, 알터 부락 입구 나지막한 바위 면의 판판하고 매끈한 부분에 그림이 새겨져 있다. 지금 이 앞에는 평평한 대지가 조성되어 있으나 제방을 쌓기 전까지는 바위 바로 아래까지 물이 흘렀다고 한다. 따라서 이 암각화 바로 앞에서 많은 사람들이 모여 제사의례를 지낸 것은 아니고, 특정한 몇몇 사람에 의하여 제의가 이루어졌다고 생각한다.

바위 전체의 높이는 지상 약 3m, 가로 6m에 이르며, 그림이 새겨진 바위만은 그 높이가 약 1.5m이고 폭이 5m이다. 1971년 1월 양전리에 거주하고 있던 주민에 의해 유적이 발견, 보고되었다. 원래 회천에 제방을 쌓기 전까지는 강안에 있던 암석이었다고 하며, 암각화 앞 회천은 밑바닥을 헤아릴 수 없을 정도로 깊었고 인근에 숲이 우거져 있었다고 한다.[13)]

마을 주민들은 이 마을을 알현 즉 알터라고 부르는데 천신과 산신이 교감해

---

古美術》 112.

13) 1994년 봄 경주 금장대에서 발견된 암각화도 서천과 북천이 만나는 곳에 위치하고 있으며 그 밑에 깊은 沼가 있다. (김길웅, 1995, 〈금장대 암각화에 대한 고찰〉, 《신라왕경연구(신라문화제학술회의 발표문)》)

알을 낳은 곳이라 하여 그렇게 부르고 있다고 한다. 언제부터 이렇게 불렸는지는 알 수 없으나 가야의 건국신화와 연관이 있어 매우 흥미롭다.

바위에 새겨진 형태는 同心圓, 十字形, 假面 등이 있다.[14] 동심원은 울산 천전리,[15] 함안 도항리[16]에서 발견된 바가 있으며, 가면(神面)은 영일 칠포리,[17] 영천 보성리, 영주 가흥동,[18] 남원 대곡리[19]에서도 발견된 바가 있다. 바위면 곳곳에 사다리꼴 모양의 그림이 배치되어 있는데, 그 형태는 모두 같은 형식으로 사다리꼴의 위쪽과 좌우에 털 같은 것을 직선으로 그렸으며, 사다리꼴 안에는 십자형이라 할 수 있는 줄이 그어져 있다. 또 이 줄을 중심으로 구멍이 5~6개씩 파여져 있다.

이에 대해 이은창은 동심원을 중심으로 여러 개의 가면이 둘러싼 것이라 하고, 구멍은 이목구비를 나타낸 것으로 보았다.[20] 따라서 이를 일단 가면으로 추정하고 인물상의 형식화된 표현으로 보았다. 한편 김원룡은 이 가면이 목책에 둘러싸인 특별 성역을 표시한 것이라 하였다.[21] 황용훈은 그냥 기하학

---

14) 이은창, 1971, 앞의 논문.

15) 문명대, 1973, 〈울산의 선사시대 암벽각화〉, 《文化財》 7. 황수영 · 문명대, 1984, 《반구대》, 동국대학교.

16) 최헌섭, 1992, 〈함안 도항리 선사유적〉, 《韓國上古史學報》 10.

17) 이하우 · 한형철, 1990, 〈칠포리 암각화군 조사보고〉, 《고성》 2, 포항제철 고문화연구회.

18) 장명수, 1992, 〈영주 가흥동 암각화와 방패문 암각화의 성격 고찰〉, 《허선도선생정년기념 한국사학논총》.

19) 송화섭, 1993, 〈한반도 선사시대 기하문 암각화의 유형과 성격〉, 《先史와 古代》 5, 한국고대학회.

20) 이은창, 1971, 앞의 논문.

21) 김원룡, 1974, 〈한국의 원시미술〉, 《韓國美術全集》.

적 그림으로 언급하였으며,[22] 임세권은 연해주 우수리강 연안의 얼굴그림과 비교하여 연해주 지방의 영향을 받은 가면으로 추정하였다.[23] 또 이 가면에 구체적으로 소(牛)를 표현했다고 보기도 한다.[24] 이후 이와 유사한 암각화 유적이 여러 개 발견되면서 방패를 상징하는 그림,[25] 또는 동검 손잡이를 상징하는 그림으로 보는 견해[26]가 발표되기도 하였다. 그러나 동심원에 대해서는 이것이 곧 태양을 상징한다는 데 이견이 없는 듯하다.

동심원 무늬에 대해서는 이 무늬가 시대에 따라 발전해 나타난다고 하고, 고구려 벽화고분에 나타난 동심원과 천전리 암각화, 일본 구주 지방의 장식고분을 예로 든 견해가 있다.[27] 이어 인접 지역과의 문화적 교류를 전제로 유입경로와 시기, 문화전파 양상을 알아보기 위해 암각화 제작 기술과 형식, 연대에 대한 연구가 이루어졌다.[28] 여기에서 암각은 음각으로 표현되는데 기본적으로 깊은 선을 새기거나 파서 만드는 것이 주요한 방법이 되고 있으며, 양전동 암각은 갈아서 만드는 기법을 사용한 새김선이라고 설명하였다. 갈아서 만드는 암각은 그 폭이 넓고 깊이는 비교적 1cm 이내의 것이 대부분으로, 이 기법은 고령뿐만 아니라 울산 반구대나 천전리의 암각에서도 일부 나타나고 있다.

---

22) 황용훈, 1975, 〈한반도 선사시대 암각의 제작기술과 형식분류〉, 《考古美術》 127.
23) 임세권, 1984, 〈우리나라 선사암각화의 연대에 관하여〉, 《藍史鄭在覺博士古稀紀念東洋學論叢》.
24) 이봉호, 1994, 〈암각화 고찰소고〉, 《伽倻文化》 4.
25) 장명수, 1992, 앞의 논문.
26) 송화섭, 1993, 앞의 논문.
27) 이은창, 1971, 앞의 논문.
28) 황용훈, 1975, 앞의 논문.

갈기 수법을 사용한 암각은 그 유형이 뚜렷한 개성을 지니고 있고 시대적 변화도 뚜렷이 구분되어 2개의 흐름으로 분리된다. 하나는 인면 등과 기하학적 문양을 암각한 것이고, 다른 하나는 단순한 점과 성혈만을 갈아서 만든 것이다.

이 두 형식의 선후 관계는 성혈의 규모로 추정해 내고 있는데 성혈이 소수 동반되어 나타나는 기하학 문양의 암각이 먼저이고, 기하학 문양 없이 단순 성혈만을 바위에 새기고 문양을 배제한 극히 단순한 것을 나중으로 본다. 즉 후기로 내려올수록 기하학적인 복잡한 무늬가 배제되고 상징적이고 단순한 표현만을 한 것이다. 고령 암각화의 계보를 연구한 임세권은 아무르강 유역 사카치아리안에 있는 가면 그림 암각화의 전체적인 느낌이 고령 암각화와 매우 비슷하다고 지적한 바 있다. 아무르강 유역의 암각화는 고령의 것과 구체적인 형태에서 차이가 있으나, 머리 둘레에 머리털이나 후광으로 보이는 직선이 사방으로 뻗쳐 있고 이마에는 반원 또는 역삼각형이 새겨져 있으며 눈, 코, 입 등이 동심원 또는 둥근 구멍으로 표현되어 있다. 이 가면들은 아무르강 유역의 신석기시대 주민들과 태평양의 여러 섬 또는 서북 아메리카의 고대 주민들이 서로 연관성을 갖고 있었을 것임을 시사해 주기도 한다.[29)]

지금까지 고령 양전동 암각화에 대한 연구들을 살펴보았다. 양정동 암각화는 주로 태양 거석숭배가 행해졌던 청동기시대에 농경의 풍요를 빌기 위한 주술적 의미를 지닌 것으로 보고 있다. 최근에 여러 지역에서 속속 암각화가 발견되고 있는데 몇몇 지역에서는 고령 암각화의 신면 모양과 거의 같은 모양의 암각화가 나타나고 있다. 특히 보성리의 암각화는 모양이 매우 흡사한데

---

29) 임세권, 1994, 《한국 선사시대 암각화의 성격》, 단국대학교 박사학위논문.

신면 안에 둥근 구멍이 일률적으로 4개씩 뚫려 있으며 털이 생략되어 있다. 보성리의 주민들은 이 암각바위를 거북바위라고 부르며 신성시하고 있다. 암각화의 대부분이 자리하고 있는 곳은 물가 즉 강변이나 바닷가, 시내 주변이라는 공통점을 가지고 있다. 이를 통해, 이 암각화들은 물과도 연관을 가지며 고령 암각화와 비슷한 모양의 암각화들은 그 계보도 연관되어 있을 것임을 짐작할 수 있다. 비록 털이 생략되기는 하였으나 이것은 앞서 말했듯이 추상화된 기하학 무늬가 후기로 갈수록 간략화되는 양상으로 볼 수 있다.

한편 칠포에 있는 암각화는 그 깊이가 깊고 뚜렷해서 예리하고 단단한 도구를 이용해 여러 번 새겼다는 것을 알 수 있으므로 고령 암각화보다 후기의 작품으로 판단된다.[30] 칠포 암각화의 주위에 흩어져 있는 바위들을 살펴보면 성혈자욱이 뚜렷하게 남아 있는 것들도 있어 이 지역이 신성시되던 곳이 아닌가 짐작해 본다.[31] 여수에서 발견된 암각화[32]는 지석묘 유적으로서 검과 사람을 새겨 놓고 있는데 이는 고령 암각화와는 다른 성격일 수도 있지만 주술적인 의미를 가졌다는 것을 명백히 나타내 준다. 왜냐하면 그림의 내용이 제사의례를 지내고 있는 모습이기 때문이다.

이와 비슷한 검 모양이 경북 영일군 인비리에서도 발견되었는데[33] 반반한 바위에 2개의 검과 1개의 화살촉이 새겨져 있다. 이 암각화의 주위에 큰 바위들

---

30) 이하우 · 한형철, 1994, 《칠포마을 바위그림》, 포항제철 고문화연구회.
31) 배용일 · 김용우, 1994, 《영일만 지역 고인돌문화연구》, 영일문화원.
32) 이영문 · 정기진, 1992, 《여수 오림동 지석묘》, 전남대학교박물관.
33) 이건무 외, 1985, 〈월성군 · 영일군 지표조사보고〉, 《국립박물관고적조사보고》 17, 국립중앙박물관. 국립경주박물관, 1993, 《국립경주박물관연보》.

이 흩어져 있는 것으로 보아 고인돌의 덮개돌에 새겨진 것으로 보고 있다. 인비리의 암각화에 대해서는 여기에 새겨진 마제석검 양식으로부터 검파식 문양이 성립되었고 검파식 문양은 농경문화 및 의례와 관련 있다는 점이 지적된 바 있다.[34] 앞으로 이러한 암각화들은 더 많이 발견될 가능성이 있으므로 좀더 체계적인 연구가 뒤따라야 할 것이다.

고령 양전동 암각화는 그 위치상 앞면이 강을 향하도록 되어 있으며 암반 또한 깎아 놓은 것처럼 편평하다. 강 위를 배를 타고 지나거나 건너편 고아동 마을에서 본다면 바라보기 아주 좋은 위치에 있다. 새겨진 그림들은 그 크기가 일정하지 않고 희미해져 형체를 알아보기 힘든 것과 뚜렷한 것이 섞여 있어 모두 같이 새긴 것이 아니라는 것을 알 수 있다. 암각화 문양은 크게 동심원과 신면형(가면, 검파문, 사람모습, 패형가면, 신체문 등으로 표현)으로 구분되는데 이 중 동심원은 생명과 풍요의 상징인 비와 물로 보기도 하지만[35] 대부분은 태양을 상징하는 것으로 이해하고 있다. 그리고 가면형은 지모신·여신상으로 보거나[36] 태양신을 숭배하는 사람들의 제사장면으로 보기도 한다.[37]

암각화의 내용은 기본적으로 농경의 풍요를 기원하는 것이다. 이는 고대 삼한 지역에서 유행했던 계절제[38]와 관련이 있을 것이다. 청동기시대에 농경생활이 본격화됨에 따라 사람들의 생활은 크게 안정되었다. 또 자연의 질서에

---

34) 송화섭, 1993, 앞의 논문.

35) 정동찬, 1996, 《살아 있는 신화 바위그림》, 혜안.

36) 송화섭, 1993, 앞의 논문.

37) 신대곤, 1998, 〈신체문 암각화의 해석〉, 《科技考古硏究》 3.

38) 최광식, 1994, 《고대 한국의 국가와 제사》, 한길사.

순응함으로써 자신들의 생활을 더욱 안정시킬 수 있음을 깨닫게 되고 그리하여 공동체적인 질서 속에 집단적인 행동이 가능하게 되었다. 집단적 행동으로 종교적 제의가 나타나는데 가장 큰 규모로 추수감사제가 고대 국가에서 행해졌으며, 또한 이에 못지않게 봄에는 祈豊祭가 중요하게 행해졌다. 삼한에서는 봄철에 강가에 모여 집단적으로 禊飮을 하는 의례가 있었는데 이 또한 豫祝祭의 성격을 띠고 있다.[39] 祓禊라는 것은 신라 설화에 단적으로 표시된 바와 같이 태양숭배 민속으로서 동쪽으로 흘러가는 맑은 물에 목욕함으로써 모든 맑지 못한 것과 제액을 씻고 복을 맞이한다는 푸닥거리를 말하는 것이다.[40] 가락국기에는 '禊浴'으로 나타나 있지만 영일 냉수리신라비에서는 '祓誥'라 표현되어 있다.

따라서 고령 암각화는 계절제가 행해졌던 장소라고 생각해 볼 수 있다. 봄에 여러 사람들이 암각화 앞에 모여 首長의 주재 아래 제사를 올리고 물에 들어가 몸을 씻어 액을 물리쳤을 것이다. 또한 이때 신들에게 제물을 올리고 제사의례를 거행했을 텐데, 그 신상을 바위에 형상화한 것이 바로 암각화인 것이다.

지금은 중단되었으나 과거 가야 산신제를 지낼 때 소머리를 제물로 썼다고 한다. 伽耶가 인도어로 소를 의미한다고 하고 가야산을 牛頭山이라 칭했다는 것으로 보아, 소가 신성한 제물이었음을 유추할 수 있다. 이렇게 소를 죽여 제물로 바치는 것은 풍요에 대한 간절한 기원이 들어 있음이다. 그러면 바위에 새겨진 신면은 무엇을 형상화한 것일까? 이를 태양을 형상화한 것으로 보기도

---

39) 이기백 · 이기동, 1982, 《韓國史講座》 고대편, 一潮閣.
40) 정중환, 1962, 앞의 책.

하지만, 태양을 상징한 동심원을 새기고 또 태양을 상징하는 신면을 새겼다는 것은 이해가 가지 않는다.

이에 대한 해답은 앞서 살펴본 대가야의 건국신화에서 찾아야 할 것 같다. 이 신화에 따르면 대가야의 건국은 산신과 천신의 결합에서 비롯되었다는 것을 알 수 있다. 따라서 대가야인은 천신과 산신을 가장 중요한 신으로 관념하고 이에 대해 제사를 올렸을 것이다. 대가야가 건국되는 것은 후대의 일이지만 이 지역 사람들의 신앙대상은 바뀌지 않았을 것이며, 대가야 시기에도 여기서 각종 제의가 이루어졌을 것이기 때문이다. 이것은 꼭 대가야가 건국되어서가 아니라 이미 건국 이전부터 이 지역에서 천신과 산신이 숭배되어 왔던 것이다. 그들은 그들이 숭배하는 천신과 산신을 바위에 그려 신상을 형상화하고 이 앞에서 제사의례를 거행하였을 것이다. 따라서 바위에 새겨진 동심원이 태양 즉 천신을 형상화한 것이라면, 신면은 산신을 형상화한 것이라 유추할 수 있다. 천신과 산신에 대한 숭배가 바위에 그림으로 반영된 것이 암각화라면, 이와 같은 이야기가 전해 내려온 것이 바로 대가야의 건국신화라 하겠다. 그리고 이곳은 대가야의 발달과 함께 중심지가 이동되면서 종교 · 신앙 공간으로 계속 남아 蘇塗와 같은 곳이 되었을 것이다.

한편 고령 양전리 유적에서 약 3km 떨어진 회천의 지류인 안림천 상류의 천변에 안화리 암각화가 있다.[41] 안림천이 고령분지로 흘러드는 하안에 독자적으로 솟아오른 구릉이 외딴 봉우리를 형성하고 있는데, 이 산 중턱의 안림천을 내려다보는 작은 암벽에 그림이 새겨져 있다. 바위의 길이는 110cm, 높이

41) 임세권, 1994, 앞의 책.

90cm로 작은 편이다. 그림은 쪼으기로 이루어졌고 모두 4개가 새겨져 있다. 그림의 기본형은 위쪽에 U자형의 반원을 새기고 반원 좌우에 대칭되도록 길게 활 모양의 호선을 그린 것이다. 이러한 무늬는 고령 양전리 암각화 얼굴그림의 변형으로 볼 수 있다. 가장 형태를 잘 갖춘 중앙부의 그림이 높이 35cm, 폭 약 27cm이다. 고령 세력의 중심부가 이동한 뒤 이곳에 새긴 것으로 보이며, 양식상으로 보아 양전리 것과 연결시키기가 쉽지 않다. 그런데 바위의 일부분에만 그림이 새겨져 있고, 성혈을 원을 따라 돌려 가면서 새긴 것이 특징이다. 이러한 형태는 함안 도항리 암각화와 경주 금장대 암각화에서 볼 수 있는 양식이다.

1994년 12월 24일(토) 오전 11시경 이 안화리 암각화를 조사하다가 필자와 효성여대 대학원생들이 10여 개의 암각화를 새로 발견하였다.[42] 이곳에는 높이 2.8m, 가로 1.2m 정도의 바위 면에 그림이 새겨져 있는데 기존 발견된 바위의 위쪽과 옆쪽, 그리고 이곳에서 3m 떨어진 새로운 바위에서 암각화가 새로 발견되었다. 그중 오른쪽 맨 위의 것은 고령 양전동 암각화의 신면과 거의 같은 형태다. 모양은 검파형이고 위쪽과 옆쪽에 털 같은 것을 새겼으며, 목 부분을 U자로 하고 좌우로 획을 비껴서 내려 그었다. 가운데에서 조금 아래 부분에 횡선을 긋고 위아래 각각 성혈을 새겼다. 맨 왼쪽 것도 기본적으로 검파형인데, 털 모양이 위에만 새겨져 있고 성혈이 위에 하나, 아래에는 두 개 새겨

42) 기존에 발견된 안화리 암각화도 오전 11시경에 발견되었다고 한다. 이 시간에 이곳에 햇빛이 비쳐 바위 면이 가장 잘 보인다. 암각화가 새겨진 곳과 햇빛이 비치는 면과 어떤 관련이 있을 것이라 추측된다.

져 있다. 오른쪽 두 번째의 것은 윤곽선은 보이나 바위 면에 요철이 심해 확인하기 어렵다. 그 밑의 것도 왼쪽 종선과 밑쪽의 횡선은 확실하나 오른쪽 면이 떨어져 나갔고, 왼쪽 윗부분에 성혈이 세 개 새겨져 있다. 중앙의 왼쪽 것은 아랫부분의 윤곽선은 뚜렷하고 성혈이 세 개 보이나 윗부분이 떨어져 나갔다.

맨 가운데 것은 검파형 문양과 동심원이 결합되어 있는 형태다. 성혈이 원을 그리며 새겨져 있으나 선으로 연결되어 있지는 않다. 그러나 이러한 모양이 겹으로 새겨져 있으며 이를 연결시키면 원이 된다. 또한 윗부분이 떨어져 나갔지만 그 윤곽을 확인할 수 있다. 이것을 통해 이미 발견된 안화리의 것도 검파형과 동심원이 결합된 것으로 파악할 수 있다. 양전동 암각화는 검파형과 동심원 문양이 각각 새겨져 있으나 여기서는 결합되어 있는 것이 특징이다. 그러나 동심원 문양과 검파형 문양이 함께 새겨져 있는 점에서는 고령 양전동의 것과 마찬가지며 이는 이제까지 발견된 10여 곳의 암각화 중에서 고령에서만 볼 수 있는 특징이라 하겠다.

아래쪽의 왼쪽의 것은 사다리꼴이나 윗부분은 선명하지 않으며 아랫부분은 윤곽선이 분명하고 성혈이 하나 새겨져 있다. 또한 새로 발견된 것 중에 미완성형을 통해 바위에 그림을 새기는 과정을 알 수 있다. 즉 점을 콕콕 찍어 형태를 만들고 이를 갈아서 연결시킨 후 깊이 파서 완성시킨 것을 알 수 있다.

또한 기존에 발견된 바위의 위쪽과 옆쪽에서 새로 6개의 암각화를 확인하였다. 인위적으로 바위에 새긴 것은 분명하며 윤곽선도 검파형이 뚜렷하다. 그러나 얕게 새겨져 있어 그 모습을 명확하게 그리는 것은 매우 어렵다.

## 3. 대가야인의 내세관

4세기 말경부터 6세기 중엽까지 자주적인 발전을 했던 대가야는 사료의 빈곤으로 인해 문화에 관한 기록이 부족하여 특색을 부각할 수 있는 구체적 내용이 없다. 이러한 여건에서 대가야의 문화를 찾기 위해서는 결국 고고학적 자료에 의존하지 않을 수 없게 되었다. 고고학 자료에서 고분 유적은 주거지, 성지 등의 유구에 비해 사회의 풍속을 포함한 사회문화를 가장 많이 집약해 반영한다. 이에 고령에 있는 많은 고분들은 중요한 가치를 지니고 있으며 자료의 빈곤으로 허덕이고 있던 대가야의 연구에 활력을 불러일으키고 있다.

고분자료는 특히 내세관에 대한 이해에 도움을 주는 자료라 할 수 있다. 지산동 44 · 45호 고분의 발굴은 획기적인 것으로, 당시에 순장이 행해졌다는 확실한 증거가 되었다. 뿐만 아니라 그것은 묘제에 대한 연구에도 많은 도움을 주었는데 이를 통해 고분의 형식이 지석묘의 하부구조 또는 석관묘의 계승적인 형태를 보이는 지산동 32NE-1, 32NW-2, 32SW-5, 35NW-2호 묘곽의 단계를 거쳐 5세기 후반~6세기 초의 상태를 반영하는 것으로 보이는 32, 33, 34, 35호분 및 44, 45호분의 단계로 발전해 가는 모습을 볼 수 있다.

고령 지역에 있는 여러 형식의 묘제 가운데 주류를 이루는 것은 수혈식 석곽묘다.[43] 수혈식 석곽묘는 선사시대 이래 석곽묘의 전통을 잇고 있는 것이며, 원삼국시대를 거쳐 경상도 지역에서 기본묘제로 발전하고 있었다. 고령 지역의 수혈식 석곽묘는 규모에 따라 소형, 대형으로 구별할 수 있다. 소형은 매장

43) 손지안, 1989, 〈5~6세기 대가야의 성장과 문화적 역할〉, 숙명대학교 석사학위논문.

공간이 5m를 넘지 않고 너비 : 길이의 비가 1 : 4 이상의 비율을 보이는 細長形이며 단독분으로 존재하는 것과 중 · 소형 봉토분의 순장곽 내지는 부곽으로 존재하는 것이 있다. 대형은 월등히 크며 석실묘라고도 부른다. 구조와 형태는 단독분을 확대해 놓은 것 같은 모습이고 긴 장방형, 세장형의 모습을 보인다. 매장부가 길고 커짐에 따라 봉분도 고총화되고, 또 주 매장부 외에 소형 석곽을 1기 내지 32기까지 거느리고 있는 것이 있다. 지산동 44호분이 바로 32기의 석곽을 갖춘 순장묘 다곽묘다.

그렇다면 순장이란 무엇이며 순장은 왜 하였는가? 여기서는 순장을 통해 대가야인의 내세관을 살펴보도록 하겠다. 순장이란 사후세계에서 주인의 생활을 받들도록 사람이나 개, 말과 같은 가축을 죽여 함께 묻는 葬儀 풍습으로 고대 인류사회 어느 곳에서나 지배계층이 출현하는 시기에 널리 행해진 것이다. 그러므로 봉토 안에는 여러 개의 곽들이 함께 들어가 있다. 다곽묘는 경상도 일대에 상당수가 있어 일찍이 가족묘로 보고 크게 형식을 분류한 바 있다.[44)]

그러나 이러한 연구는 지산동 고분의 발굴 이후 잘못된 것으로 밝혀졌다. 주지하다시피 지산동 고분군은 고령읍 뒷산인 주산에 분포되어 있다. 남으로 뻗은 능선 위에 대형고분 5기가 솟아 있고 동남쪽으로 향한 산자락과 경사면에 수백 기의 대 · 소 고분이 축조되어 대고분군을 이루고 있다. 이 가운데 발굴을 통해 순장묘임이 밝혀진 32, 34, 44, 45분에 대해 살펴보도록 하자.

32, 34호분은 주능선에서 고령읍 쪽의 산 아래쪽 대지상에 자리 잡은 4기의 고분 중 2기로서, 규모는 44, 45호분에 비해 훨씬 작고 지산동 고분군 중에서는

---

44) 有光教一, 1943, 〈南朝鮮における 多槨式高冢古墳に ついて〉, 《史林》 28-1.

중형급에 속한다. 묘실은 수혈식 석실로 주실 옆에 1기씩의 석곽을 취하고 있다는 점에서 2기의 고분이 동질성을 보인다. 32호분에서는 주인이 목관에 안치되어 있었고 머리맡은 교란되어 알 수 없으나 발치 쪽인 서남단에서 인골이 나왔다. 석실의 동남쪽에 나란히 설치된 석곽은 도굴의 피해를 입었으나 매장용이 확실하다. 34호분은 너무나 깨끗이 도굴당해 원 상태를 알 길이 없으나 동북향으로 누운 한 사람이 매장되었음을 알 수 있다. 이 사람도 매장 위치가 벽 쪽인 것으로 보아 주인은 아닌 듯하며 나란히 축조된 또 하나의 석관은 부장용 토기가 서쪽 끝에 놓여 있고 중앙이 비어 있는 것으로 보아 매장 석곽임을 알 수 있다.[45)]

44, 45호분은 가장 큰 규모로 능선에 위치한 傳錦林王陵[46)]으로 불리는 47호분의 남쪽 아래에 위치해 있다. 사태와 도굴로 많이 파손되었던 것을 정화사업의 일환으로 1977년 발굴하였다. 44호분은 장경 27m, 단경 25m, 높이 2~6m 규모로 대형 호석이 둘러져 있고 중앙에 3기의 대형 석실이 자리 잡고 있으며, 이것을 둘러싸고 32기의 소형 석곽이 배열되어 있다. 이들 석실, 석곽 중 18개의 곽에서 22인의 인골이 검출되었다. 이들의 연령과 성별을 보면 20대 남자가 5인, 30대 남자가 4인, 30대 여자가 3인, 50대 남녀가 각각 1인, 7~8세의 여아가 3인이었다.

45호분은 47호분 동남쪽 30m 아래 급경사면에 위치하고 있다. 호석 간의

---

45) 김종철, 1984, 〈고분에 나타나는 삼국시대 순장 양상—가야 · 신라 지역을 중심으로〉, 《尹武炳博士回甲紀念論叢》.

46) 《新增東國輿地勝覽》 29, 高靈縣 및 大正 6년(1917), 《朝鮮古跡調査報告》.

남북 직경이 23.5m, 동서 22m, 봉토 높이 2.85m이다. 이 고분은 심하게 도굴당해 석실 중앙으로 도굴갱이 뚫려 있고 중요 유물을 쓸어가다시피 하였다. 고분의 중앙에 두 개의 대형석실을 동북-서남 방향으로 나란히 설치하고 그 외곽에 11개의 석곽을 원주모양으로 배치한 평면구조이다. 그 석실의 11석곽은 모두 매장 유구로서 급경사면에 암반을 파고 설치한 관계로 계단식으로 구축되어 있다. 1호 석실은 중앙의 1인, 양단의 각 1인, 도합 3인이 매장되었고 2호 석실에서는 동북쪽에 1인만 피장되어 있는데 역시 석실의 동북벽에 편재해 있고 목관 사용 흔적이 없다. 그리고 나머지 석곽 속에 모두 8인(4 · 5호 석곽은 제외), 도합 13인이 매장되었다.

이러한 매장형태를 순장이라 보는 근거는 매장부의 규모나 부장품에서 커다란 신분상의 차이를 인정할 수 있고 발굴 조사 결과 매장된 층위가 동일해 같은 날 한 번에 묻었다는 것이 드러났기 때문이다. 또한 신분상의 격차를 보이는 사람이 동시에 매장되었다는 것은 어떤 이유로든 간에 함께 죽었음을 말해준다.[47] 순장이 이 시기에 성행했음을 나타내는 사료가 《삼국사기》에 보인다.

三年 春二月 下令禁殉葬 前國王薨 則殉以男女各五人 至是禁焉[48]

이보다 앞선 시기의 것으로 《삼국지》 동이전 부여조에도 순장의 기록이 보인다.

殺人殉葬 多者百數 厚葬有棺無槨[49]

---

47) 권오영, 1992, 〈고대 영남 지방의 순장〉, 《韓國古代史論叢》 4.
48) 《三國史記》 4, 新羅本紀 4, 智證王 3年.

앞의 기록은 6세기 초의 것이며 뒤의 기록은 3세기 중엽의 것이다. 이것으로 왕뿐만 아니라 왕에 버금가는 왕족, 전왕족 등의 지배층에 순장이 행해지고 있었음을 알 수 있다.

지금까지 순장묘에 대해 살펴본 결과 고령 지산동 고분군은 최고 지배층이 많은 순장인을 동반해 매장된 고분으로, 매장된 피장자가 상당한 지위와 권력을 가졌음을 알 수 있다. 수혈식 고분의 최전성기인 5세기 고총고분을 형성한 무덤의 주인공들은 중국 남조와 독자적인 외교관계를 수립하고 나름대로 독자적인 문화를 발전시켜 국가로 성장하고자 노력한 대가야의 최고 지배층인 것이다. 타 지역에서도 찾아보기 힘든 거대한 순장묘를 이룬 주인공을 위해 많은 사람을 희생시킬 수 있었다는 것으로도 주변 세력에 비해 막강한 지배력을 형성한 대가야의 세력을 짐작할 수 있다.

6세기 초 신라사회에 있었던 순장제의 종언은 사회의 질적 변동을 설명할 수 있는 구체적인 소재라 하겠다. 이것은 한국의 고대사회가 붕괴되어 가는 구체적인 징표의 하나로 볼 수 있는 것이다. 대가야에서는 신라보다 약간 더 지속되었지만 6세기 중엽 대가야가 신라에 통합된 이래 순장제는 한국 사회에서 종언을 고하였다.[50] 그러나 신라에 통합되기 전인 6세기 초엽에도 연화문이 새겨져 있는 고분에서는 순장이 보이지 않는다. 따라서 순장제의 소멸은 불교와의 관련성에서 찾아야 할 것 같다.

고령읍의 남쪽에 위치한 고아 2리의 뒷산에는 10여 기의 고분이 있는데 이

---

49) 《三國志》 30, 魏書 30, 烏丸鮮卑東夷傳, 夫餘.

50) 김기흥, 1993, 〈한국 순장제의 역사적 성격〉, 《建大史學》 8.

중에서 벽화고분이 발견되었다. 고아동은 고령읍에서 2km 떨어져 있는 부락이다. 지형상으로 벽화고분은 가야산 동남부의 끝이면서 가야산 및 동남의 작은 산맥에서 시작하는 모든 수맥이 내려와 합치는 회천을 바라보고 있다. 일명 골안 마을이라 칭하는 이 부락의 뒷산 가까이에 3기의 고분이 있는데 그중 가운데 것이 벽화고분이다. 지산동 고분군과 떨어져 있지만 뒷능선을 타고 각 봉우리마다 고분이 간간이 이어지고 있다. 1963년 10월에 발견, 조사되었으며, 1964년 벽화고분에서 2~3m 떨어져 있는 고분을 발굴 조사한 바 있다.[51)]

벽화고분은 도굴을 당해 훼손되어 있던 것을 2차례에 걸친 보수로 현재의 모양을 갖춰 놓았다. 산 언덕의 말단 부분인 경사면을 편평하게 깎아 들어가서 남북 방향의 석실을 만들고 봉토를 덮어서, 산 위쪽은 봉토가 낮으나 아랫부분은 급경사를 이룬 모양이다. 현실 바닥에서 봉토 정상까지 6.88m이며 봉토 주위에는 2열의 호석이 둘러져 있다. 내부에 현실과 연도를 갖춘 횡혈식 석실분이며 벽과 천정에 회를 바른 뒤 벽화를 그렸다. 석실의 구축은 경사진 지반에 남쪽을 향해 석실로 지정된 자리를 깎은 다음 석실벽을 할석으로 쌓고 깎아내린 광 사이의 틈을 메우면서 한 단계씩 쌓아 올렸다.

연도는 먼저 뚜껑돌을 덮고 봉토를 쌓은 다음 현실의 연도 윗부분 석벽을 쌓아 완성하였다. 무덤을 완전히 완성하고 난 뒤 석실 내부의 벽화를 그렸다. 현실은 남북 장축의 터널 형태를 갖추고 하나의 방으로 구성되어 있다. 바닥에

---

51) 김영하 · 윤용진, 1966, 《안동, 불노동, 고령 고아동 고분발굴조사보고》, 경북대학교 박물관.

는 장방형 관대 2개가 9cm 높이로 나란히 시설된 윤곽만 있는데 길이는 같지만 서쪽보다 동쪽 관대가 좁고 벽에 붙어 있다. 남북쪽의 앞뒤 벽은 거의 직립에 가깝고 동서의 양쪽 벽은 아래쪽은 직립이고 윗부분은 안으로 크게 기울어져 있다. 네 벽은 서로 엇물리게 쌓지 않아 앞뒤 벽이 양쪽 측면의 안쪽에 있어서 기울어진 양쪽 벽을 받치는 역할을 한다. 안으로 기우는 윗부분은 곡선에 맞추기 위해 돌을 모양으로 깎아 사용하였다. 벽면의 회는 대부분 탈락되었으나 일부 남아 있는 상태로 보아 벽면 및 천정에 모두 칠하였음을 알 수 있다. 회의 재료는 굴껍질 가루에 짚을 2~4cm 길이로 잘라 섞은 것을 사용하였고 반들거리는 부분은 짚을 섞지 않았다. 특히 회-황갈색 점토-회-흑갈색 점토를 순서대로 바른 부분이 나타나는데 이는 2회에 걸친 보수가 있었음을 알려 주는 것이다.

연도는 현실의 남쪽 벽에 동쪽으로 치우쳐 남북으로 길게 이루어졌다. 축조 방식은 현실과 같고 뚜껑돌은 8매를 동서로 가로질러 놓았다. 벽면의 회도 현실과 같은 현상을 나타내고 있는데 흑갈색 점토층에 빗질 자국과 가야 고분 출토유물에서 흔히 볼 수 있는 평직포로 눌러 다진 흔적이 나타나 있다. 벽화는 현재 대부분 탈락되고 현실 천정에 일부, 연도 천정에 약간 남아 있다. 천정 판석에 분홍, 녹색, 흑색, 갈색 등의 물감으로 그림을 그렸고 남쪽 벽의 윗부분에 일부 채색 자국이 남아 있다. 연도의 동북쪽 아랫부분에도 붉은색, 흑색의 당초문 일부 같은 그림이 있었다[52]고 하나 현재는 탈락되어 있다. 북쪽 끝에 위치한 뚜껑돌의 연화는 화방을 중심으로 8판의 연화를 내외 2중으로 겹친 복합연화로 묘사하였다. 녹색의 화방으로부터 뻗어 나온 연꽃의 끝은 분홍색

52) 김원룡 · 김정기, 1967, 〈고령 고아동고분 조사보고〉, 《韓國考古》 2.

으로 주변을 그리고 내부는 흰색으로 남겨 놓았는데 그 안에 갈색의 꽃줄을 한 줄기씩 그리고 있다. 안쪽 꽃의 끝부분은 곡선 처리를 하였으나 바깥쪽의 끝부분은 뾰족한 형을 이루었고, 꽃잎과 꽃잎 사이에는 녹색 점이 그려져 있다. 그 밖에 현실 4벽과 천정 사이의 회칠한 부분 위에 흑색의 굵은 선이 4줄 또는 1줄씩 남아 있는데 무슨 그림인지 확실하지 않다. 연도 천정에 남아 있는 벽화의 흔적으로 살펴보건대, 연화를 지그재그식으로 배치하고 있음을 알 수 있다. 연도 천정과 벽, 현실 천정과 벽에 모두 벽화를 그린 것으로 보인다.[53)]

이 고분벽화는 가야 지역에서 유일한 것이다. 그러므로 벽화고분의 성격을 규명해 문화양상을 파악함으로써 대가야 벽화고분의 축조시기를 알아볼 필요가 있다. 지금까지의 연구 성과에 나타난 백제, 고구려 고분과의 연관성을 살펴봄으로써 벽화고분의 문화양상을 파악해 볼 수 있다. 김원룡은 현실의 형태가 백제 무령왕릉과 같은 터널식이라는 점을 지적하고 송산리 벽화고분의 연화문과 가야고분의 연화를 연관시켜 설명하였다.[54)] 석실의 구조가 전실분의 양식을 따르고 있고 연화문을 평면조감도로 그린 점, 그리고 연화 화판의 윤곽을 주색량채한 기법이 부여 능산리 고분의 벽화수법과 유사하다고 보고, 이 고분이 백제의 영향을 받은 것으로 판단한 것이다. 공주 송산리 6호분과 무령왕릉은 현실의 구조가 남북의 장방형을 이루었고 남쪽 벽의 중앙부에 연도를 설치하였으며 천정을 아치형으로 하였는데, 무령왕릉보다는 송산리

53) 계명대학교 박물관, 1984, 《고령 고아동 벽화고분 조사보고》, 고령군.

54) 김원룡, 1964, 〈고령 고아동 벽화고분 약보〉, 《考古美術》 3. 윤용진, 1985, 〈가야문화의 고고학적 개관〉, 《고분미술》, 중앙일보사.

고분이 향상된 형태로 축조기술은 상당한 수준이다. 터널형의 석실분은 축조된 예가 많지 않은데 축조가 어렵다는 것이 그 이유이다. 대부분 무덤의 축조시기는 6세기 중엽 이후로 추정하고 있다.[55)]

한편 연도가 현실의 동쪽에 편재해 있고, 연화를 프레스코 화법을 이용해서 홍, 녹, 갈색 등을 사용해 이중연화로 그렸다는 점은 고구려의 영향을 받은 것으로 생각된다. 이는 고분벽화의 극치를 이룬 고구려 고분에서 볼 수 있는 것으로 4세기 말의 고구려 무덤 벽화에서는 연꽃무늬가 중심을 차지하였다. 광개토대왕 18년(408)에 제작된 덕흥리 고분의 현실 동벽에는 큰 벽의 반에 연못을 그려 연화가 떠 있는 모습을 묘사했고, 傳동명왕릉은 온통 연꽃무늬만으로 가득 차 있다. 고구려의 연꽃 숭배는 비슷한 시기의 중국 북위(386~534)에서도 찾아보기 힘든 고구려적 사상이다. 이것이 백제에서는 부여 능산리 고분에, 가야에서는 고아동 벽화고분에, 신라에서는 영풍 순흥리 고분에 전파되어 6세기경에 나타났다.[56)] 이러한 비교만으로 고아동 벽화고분의 문화양상을 밝히기는 어려우나 현재 중국 길림성 집안에 분포해 있는 고구려의 고분과 구체적인 비교가 필요하다 하겠다.

또한 고구려 고분이 자리 잡고 있는 지리적 여건을 보더라도 대다수가 산을 등지고 넓은 들을 앞에 둔 전망 좋은 언덕에 자리 잡고 있다. 고분의 규모 여하를 막론하고 들을 끼고 있다는 것은 그들의 생업이 농업이었음을 의미하며 또 규모가 큰 고분은 그 벌판을 지배하던 당시 지배층의 무덤임을 유추할 수

---

55) 안승주, 1985, 〈백제 고분의 양식과 부장품〉, 《고분미술》, 중앙일보사.
56) 이형구, 1991, 《한국 고대문화의 기원》, 까치.

있다.

백제의 벽화고분인 공주 송산리 고분에서는 그림 그릴 부분에만 진흙을 칠하고 사신도와 주작도를 그렸고, 현실의 장식은 묘실을 쌓은 문양전이 담당하고 있다. 공주에서는 왕릉으로 생각되는 회벽 석실분들에서는 벽화가 전혀 나타나지 않는다. 부여의 능산리 벽화고분은 다듬은 화강암과 대리석의 판석으로 상자형 석실에 연도가 달린 것으로 석면에 직접 사신도와 천정의 비운연화도를 그렸다. 이 연화는 고구려 후기벽화의 모양 그대로이다.[57)]

고아동의 고분 벽화는 그 위치가 고구려 벽화고분의 위치와 같이 앞으로는 논을 바라보고 있으므로 그 논을 지배했던 지배층의 무덤임을 짐작할 수 있다. 그리고 5세기 수혈식 순장묘라는 형식의 지배층의 무덤이 6세기에 와서 횡구식 석실묘로 바뀜으로써 벽화고분의 본 고장인 고구려식 무덤으로 문화양상을 달리했다는 것을 알게 되었다. 또한 백제의 벽화고분에서와는 달리 현실과 연도의 모든 벽면에 회를 칠하고 벽화를 그렸던 점으로 보아 고구려의 영향을 많이 받은 것이 아닌가 추측해 본다. 현재 가야의 고분벽화로 밝혀진 것은 고아동 벽화고분 1기뿐이지만 벽화고분 바로 옆에 위치하고 있는 고분과 지산동 고분 1기, 주산의 북쪽 능선인 고령읍 중화동에서도 고분의 구조가 비슷한 2기가 존재한다고 하니 앞으로 발굴을 통해 횡구식의 벽화고분이 발견되면 가야고분의 문화양상은 더욱 명백해질 것이다.

이와 같이 벽화고분에 나타난 연화문은 불교의 전래와 수용을 입증하고 있다. 그리고 이러한 연화문이 그려진 고분에서는 순장의 흔적이 보이지 않는

57) 김원룡, 1974, 〈한국의 고분벽화〉, 《한국미술전집》 4, 동화출판사.

다. 따라서 순장제가 사라지는 것은 불교의 전래와 수용에 따른 것으로 생각할 수 있다. 불교의 전래와 수용으로 살생을 금하고 내세에 대한 관념이 바뀌면서 순장이 사라지게 된 것이라 하겠다.

# II. 고대의 토착신앙과 제의

# 제1장 고대의 천신신앙

한국 고대의 天神信仰에 대한 자료는 많지 않다. 건국신화나 시조신화 그리고 제천의례에 나타난 부분적인 자료를 가지고 고대의 천신신앙에 대해 유추할 수밖에 없다. 고대사회는 어떤 시대보다도 종교에 대한 관심이 컸으며, 종교가 생활의 중요한 부분을 차지하고 있었다. 더구나 권력자가 등장하고 정치체가 형성되면서 종교는 권력자의 정당성과 지배의 이데올로기로 사용되기도 하였다. 특히 천신에 대한 관념은 권력자의 등장과 정치체의 형성과 아울러 이루어졌으며 이에 따라 신화와 제천의례가 나타나게 된 것이다.

그러나 우리나라의 천신신앙에 대해서는 신화와 제의에 관한 자료만 단편적으로 남아 있을 뿐이다. 그런데 신화가 신앙의 이론적 구조라고 한다면, 제의는 신앙의 실천적 형태라 할 수 있으므로 양자는 깊이 얽혀 유기적인 전체의 부분을 이루고 있는 것이다.[1)] 따라서 우리는 천신에 대한 이해를 남아 있는 신화와 제의를 통해서 살펴볼 수 있다. 그러나 남아 있는 신화와 제의에 대한 기록은 《三國志》 등 중국인에 의해 기록된 것과 《三國史記》, 《三國遺事》 등 중세사서에 나타나 있을 뿐이다. 특히 중국인이 남긴 동이전이나 조선전을 통해 신화와 제의를 연구할 때는 당시의 사서편찬에 대한 면밀한 검토가 필요하다.

《삼국지》의 경우 진수가 3세기 후반에 기록을 남겼지만 그 내용은 3세기 당시의 상태를 보여 주는 것만이 아니고, 그 이전의 상태를 중층적으로 보여주고 있다는 것을 인식해야 할 것이다. 즉 진수는 당시 《삼국지》를 편찬할 때 그 이전의 사서를 참고했으며, 특히 동이전의 서술에 있어서는 말할 나위도 없다. 《삼국사기》의 경우 편찬자인 김부식은 유학자이므로 합리주의적 사관에 의해 사료를 남겼다는 것을 염두에 두어야 할 것이다.[2] 따라서 많은 토착신앙 자료가 인멸되고, 그나마 남아 있는 토착신앙 자료도 유교적 인식과 용어로 분식되었다는 것을 잊어서는 안 된다. 《삼국유사》는 《삼국사기》에 비해 토착신앙에 대한 자료를 풍부하게 남기고 있으나, 《삼국유사》는 불교 승려인 일연에 의해 쓰였기 때문에 불교적 윤색이 가미되었다. 따라서 토착신앙에 대한 올바른 이해를 위해서는 불교식으로 윤색되었다는 것을 감안하여 자료로 이용해야 할 것이다.

그리고 토착신앙 연구에 있어 거의 도외시되어온 것이 금석문 자료라고 생각한다. 금석문은 당대자료라는 점에서 사료적 가치가 매우 높다. 종래 금

---

1) 금장태, 1978, 〈한국 고대의 신앙과 제의〉, 《同德女大論叢》 8.
2) 서영대, 1985, 〈삼국사기와 원시종교〉, 《歷史學報》 105.

석문의 연구는 판독이나 그 내용에 대한 제도사 또는 정치사의 입장에서만 연구되었다. 그러나 금석문은 사상사의 입장에서도 매우 중요한 자료로 활용할 수 있다고 생각한다. 금석문의 내용은 주로 정치적인 내용을 담고 있지만 그 사회의 사상을 엿볼 수 있는 직·간접적 시금석이기 때문이다. 특히 1988년에 발견된 〈울진봉평신라비〉와 1989년에 발견된 〈영일냉수리신라비〉에는 제천의례에 대해 언급되어 있으며, 그것이 비문 내용에 있어서 중요한 부분을 차지하고 있어 비문의 성격을 특징지어 주고 있다. 당대자료인 금석문을 통해 당시 사회에 있어서 제사가 차지하고 있는 비중을 실감할 수 있는 것이다. 또한 고고학적 유물과 미술사 자료도 고대의 천신신앙을 엿볼 수 있는 아주 좋은 자료이다.

따라서 이러한 문헌자료, 금석문자료, 고고미술사 자료를 활용하면 초기국가, 삼국, 남북국 시대별로 나누어 천신신앙에 대해 단편적으로나마 알 수 있게 될 것이다.

## 1. 초기국가의 천신신앙

古朝鮮의 천신신앙에 대해서는 단군신화에서 그 일면을 살펴볼 수 있다. 桓因을 가리켜 帝釋이라 한 것과 서자 환웅이 천하에 뜻을 두었다는 것은 모두 천신신앙과 관련된 내용이다. 즉 제석은 천신을 뜻하는 말로 환웅이 살고 있는 곳은 천상이며, 환인이 천상을 다스리고 있고, 그의 아들 환웅은 그 천상을 떠나 천하의 인간 세상에 대해 관심을 갖고 풍백, 우사, 운사를 거느리고 홍익인간의 뜻을 펴기 위해 神市에 내려온 것이다.

물론 이 이야기의 중요한 내용은 지상에 내려온 환웅이 天孫이라는 점이다. 결국 지상에 내려온 정복자의 정당성을 이야기하기 위해 천손임을 강조한다는 것은 天에 대한 이해와 관념을 보여 주며, 천에 대한 관념의 중요한 부분이 지배권의 확립과 관련이 있다는 것을 나타낸다. 물론 여기서는 아직 天帝란 표현이 나타나지는 않지만 天子나 天孫에 대한 관념이 보이고 있음을 알 수 있다.

환인의 경우는 至高天神이 정치권력의 정당성을 뒷받침하는 존재임을 보여 주는 최초의 사례라는 점에서 더욱 주목되는 것이다. 그렇다면 고조선의 수장은 자신의 정치권력의 원천을 왜 천신에서 구했을까. 즉 한국 고대에 있어 천신이 정치화되는 이유 내지 배경이 무엇인가 하는 점이 주목되는 것이다. 정치권력이 자신의 정치적 정당성을 최대한 확고히 하고자 하여 권력의 원천을 신성의 영역에서 찾는다고 할 때, 가능한 한 신성의 영역에서 보다 높은 위치를 차지하는 신에게서 구하는 것은 당연한 것이라 하겠다.[3)]

부여의 경우에는 天帝에 대한 표현이 확실하게 나타난다.

> 古記云 前漢書 宣帝神爵三年壬戌 四月八日 天帝降于訖升骨城 乘五龍車 立都稱王 國號北夫餘 自稱名解慕漱 生子名夫婁 以解爲氏焉 王後因上帝之命 移都于東夫餘 東明帝繼北夫餘而興 立都于卒本州爲卒本扶餘 卽高句麗之始[4)]

---

3) 서영대, 1991, 《한국 고대 신관념의 사회적 의미》, 서울대학교 박사학위논문.
4) 《三國遺事》 1, 紀異 1, 北扶餘.

天帝가 흘승골성에 오룡거를 타고 내려와 도읍을 정하고 왕이라 칭하고 국호를 북부여라 하였다는 대목에서 천제라는 표현이 결국 왕이 되는 과정에서 필요한 요소임을 알 수 있다. 또한 더 중요한 것은 왕이 上帝의 명을 따라 동부여로 도읍을 옮겼다는 대목이다. 상제는 천신을 의미하며 따라서 천신의 명에 따라 천제가 정치를 행하고 있는 모습을 볼 수 있는 것이다.

동부여조에서도 천제에 대한 기록을 확인할 수 있다.

> 北夫餘王解夫婁之相 阿蘭弗夢 天帝降而謂曰 將使吾子孫立國於此 汝其避之 東海之濱 有地名迦葉原 土壤膏腴 宜立王都 阿蘭弗勸王 移都於彼 國號東夫餘[5)]

북부여왕 해부루의 재상 아란불이 꿈을 꾸었는데 천제가 내려와서 장차 내 자손으로 여기에 국가를 세울 터이니 너는 여기를 피하라 하고 동해변에 가섭원이라는 곳이 토지가 비옥하니 마땅히 왕도가 될 만하다고 하였다. 이에 아란불이 왕에게 그곳으로 도읍을 옮기라 권하고 국호를 동부여라 하였다고 한다.

여기서 북부여조의 기록과 비교하여 보면 상제라는 표현과 천제라는 표현이 혼용되고 있음을 볼 수 있다. 따라서 상제는 천신을 뜻하며, 천제는 천신과 왕의 두 가지 의미로 쓰인다는 것을 알 수 있다.

천신에 대한 제사의례에 대해서는 《삼국지》 동이전에 잘 나타나 있다. 《삼국지》 동이전 부여조를 보면 부여의 제천의례는 영고로 되어 있다. 영고는 대체로 민속학자들에 의해 주목받아 왔으며 역사학자들의 연구대상이 되

---

5) 《三國遺事》 1, 紀異 1, 東扶餘.

기도 하였으나, 민속학적 입장에서 논한 이상으로는 별다른 성과가 없었다. 그것은 민속학적 입장에서 당시 사회상과 관련 없이 연구되었기 때문이며 역사학자들도 거의 그러한 수준을 벗어나지 못하였기 때문이다. 그 중요한 이유는 《삼국지》 동이전 단계를 기본적으로 원시사회 상태로 보았기 때문이며, 이러한 제천대회를 원시종교나 원시신앙의 차원에서 논하였다는 데 있다.

여기서는 선입견 없이 《삼국지》 동이전 부여조를 살펴보면서 제천대회인 영고가 당시 사회관계에서 갖는 정치적 의의 및 사상사적 의미를 알아보도록 하겠다. 《삼국지》 동이전에는 오환, 선비, 부여, 고구려, 동옥저, 읍루, 예, 마한, 진한, 변한, 왜에 대해 기록되어 있는데, 제천의례가 기록되어 있는 것은 부여, 고구려, 예, 한 뿐이다.

以殷正月祭天 國中大會 連日飮食歌舞 名曰迎鼓 於是時斷刑獄 解囚徒[6]

제사의 시기가 은정월로 기록되어 있는데, 《後漢書》 동이전에는 臘月로 기록되어 있는바 이는 음력 12월의 이칭[7]이라 한다. 그리고 '臘'은 제사명으로 짐승을 수렵하여 선조를 제사하는 데서 비롯되었다고 한다.[8] 그렇다면 여기서의 제천의례는 수렵과 일정한 관련이 있다고 보아야 하지 않을까? 종래의 연구는 대개 농경의례로 파악하고 있는데[9] 이것은 삼한의 제천의례가 농경의례인바 이를 고구려, 부여, 예에 동일하게 적용한 데서 비롯된 것으로, 뚜렷한

6) 《三國志》 30, 魏書 30, 烏丸鮮卑東夷傳, 夫餘.
7) 諸橋轍次, 1984, 《漢和大辭典》 9, 臘月條, 大修館書店.
8) 諸橋轍次, 1984, 앞의 책, 臘祭條.
9) 井上秀雄, 1978, 《古代朝鮮史序說－王者と宗教》, 寧樂社.

근거를 제시한 것은 아니다. 더구나 은정월은 음력 12월로 농산물의 수확기나 파종기도 아닌 것이다. 따라서 《후한서》 동이전에 '臘月'로 되어 있는 것으로 보아 이는 수렵과의 관련성을 보이는 것으로 이해하는 것이 옳을 듯하다. 부여의 경우 중앙의 최고 관직명이 六畜 관명인 데서도 수렵과의 관련성을 찾아볼 수 있으며 '其國善養牲' 기사가 그러한 입장을 더욱 분명히 해준다고 하겠다.

제사의 대상은 天으로 되어 있으며, 그 규모는 國中大會라고 되어 있다. 즉 제의의 대상신은 천신이며 그 제사의례의 규모는 국중대회로 거국적 행사였음을 알 수 있다. 물론 이 국중대회는 수도에서 큰 제의를 개최하였을 것이다.[10] 그리고 제의의 과정에서 '連日飮食歌舞'하였는데 이는 고구려나 예, 삼한의 경우와 마찬가지로 축제의 성격을 띠고 있다. 제사명을 영고라고 하였는데 대상신을 맞이하기 때문에 '迎'자가 쓰인 것 같고, '鼓'는 제의 중에 북을 치는 데서 유래된 것이 아닌가 추측된다. 그렇다면 이 제의에서 天神을 맞이하고 북 등을 치며 의례가 행해졌다는 것을 유추할 수 있다.

그리고 이때 刑獄을 판단하고[11] 죄수를 풀어준다고 하였음은 단순한 종교행사가 아니라 이러한 제의를 통하여 법률이 집행되었던 것을 알 수 있다. 이 당시는 율령이 반포되기 전이었는데, 율령이 반포된 이후에도 그 율령이 집행될

10) 노태돈, 1999, 《고구려사연구》, 사계절.

11) 종래는 이를 형옥을 중단한다고 하였으나 이는 잘못 해석한 것이다. 斷刑獄은 옥에 갇힌 죄수의 죄의 유무 경중을 결단한다는 뜻이다(최광식, 1994, 《고대한국의 국가와 제사》, 한길사). 이기백도 축제에 刑獄을 中斷한다는 뜻이 아니라 刑獄을 決斷한다 즉 범죄자를 재판한다는 뜻으로 보았다(이기백, 1997, 〈한국 고대의 축제와 재판〉, 《歷史學報》 154).

때 천신에게 제의를 행한 것이 〈울진봉평신라비〉를 통해서도 확인되었다.[12)]

며칠간 먹고 마시고 노래하고 춤추기 위해서는 많은 경제력을 필요로 하는데, 이러한 제의를 통하여 재분배가 이루어지고 이러한 재분배 과정을 통하여 왕권의 존엄성이 가시화되는 효과를 가져오는 것이다. 물론 음복과 같이 공동체적 유대감을 강화하고자 하는 의도가 내재되어 있음은 말할 필요도 없을 것이다. 이러한 제의는 전쟁이 있을 때도 행해지고 있으므로 제의는 정치·경제·군사·사법적인 의미를 지닌다고 할 수 있다.

有軍事亦祭天 殺牛觀蹄以占吉凶 蹄解者爲凶 合者爲吉[13)]

군대의 일이 있을 때는 제천을 하며 이에 소를 죽여 그 발굽을 보아 길흉을 점치는데, 갈라지면 흉하고 합쳐지면 길하다고 하였다. 제천의례 때 殺牛하는 것은 〈영일냉수리신라비〉에서도 확인할 수 있다.[14)] 이것은 희생의례로서 의미를 갖고 있는데[15)] 소는 大牢로서 대사에 사용하는 희생이다.[16)] 여기서 소의 발굽으로 전쟁의 승패를 점치는 것은 전쟁의 승리를 위한 하나의 이데올로기적 의의를 지니는 것으로 볼 수 있다. 흩어지면 지고, 뭉치면 이길 수 있다는 것이다. 만약 전쟁에 이긴다면 군왕의 권위가 더욱 절대화될 것이고, 이 전쟁에 지더라도 군왕의 권위에는 손상이 가지 않고 다만 占卜에게 그 책임을 돌릴 수 있는 것이다. 따라서 이미 당시에는 왕권이 매우 강화되어 있었다고 할 수

12) 新羅六部煞斑牛 〔…〕 獲罪於天. (〈울진봉평신라비〉)
13) 《三國志》 30, 魏書 30, 烏丸鮮卑東夷傳, 夫餘.
14) 煞斑牛. (〈울진봉평신라비〉) 煞牛. (〈영일냉수리신라비〉)
15) 栗原朋信, 1978, 〈犧牲禮 一考察〉, 《上代日本對外關係の硏究》, 吉川弘文館.
16) 諸橋轍次, 1985, 《漢和大辭典》 3, 大牢條, 大修館書店.

있다. 종래에는 다음 사료를 근거로 부여의 왕권이 매우 약했다고 주장했다.

舊夫餘俗 水旱不調 五穀不熟 輒歸咎於王 或言當易 或言當殺[17)]

옛 부여 풍속에 水旱이 고르지 않아 오곡이 익지 않으면 그 책임을 왕에게 물어 갈아치우거나 죽이거나 하였다는 것이다. 그러나 옛날 부여의 풍속은 그러했지만 지금은 그렇지 않기 때문에 '舊夫餘俗'이라 표현한 것이다. 따라서 이는 지금의 부여속이 아니며 적어도 제천대회에서 소를 죽여 길흉을 점치는 시기, 즉 왕권강화 시기 이전의 상태를 보여 주는 것이다.

이와 같이 부여는 군왕이 있어 매년 은정월에 수렵의례로서 천신에 제사지내는 것을 주관하였으며, 이를 통해 왕권을 과시하였다. 며칠간 먹고 마시고 노래하고 춤출 수 있는 경제력을 장악하여 재분배하였으며 이때 법률을 집행하고 전쟁이 있을 때도 마찬가지로 제천의례를 거행하여 이를 통해 왕권을 강화하는 이데올로기로 활용하였다. 따라서 군주는 추종자들이나 民으로 하여금 자신을 천신과 교감하는 존재로 보이게 하였으며, 이것은 결국 천자의 신화를 낳게 되는 것이다.

《삼국지》 동이전에는 동옥저나 읍루의 제천에 대한 기사가 나타나 있지 않으나 濊전에는 기록되어 있다.

常用十月節祭天 晝夜飮酒歌舞 名之爲舞天 又祭虎以爲神 其邑落相侵犯 輒相罰責生口牛馬 名之爲責禍 殺人者償死[18)]

17) 《三國志》 30, 魏書 30, 烏丸鮮卑東夷傳, 夫餘.

예에서는 제천의례를 고구려와 같이 10월에 행하였다. 예의 경우도 고구려와 같은 시기이므로 오곡의례로 보아야 할 것이다. 밤낮으로 먹고 마시고 노래하고 춤을 추었는데 이는 부여와 삼한의 제의과정과 마찬가지이며, 특히 하늘에 춤을 춘다는 뜻의 무천이라는 제의명이 돋보인다. 예에서는 호랑이를 신으로 삼아 제사를 지내는 것이 특징이다.[19] 天神으로 상징되는 왕권 이외에 虎神으로 상징되는 다른 세력이 만만치 않은 것으로 생각된다.

호랑이에 대한 기록은 《삼국유사》 단군왕검조에 보인다. 곰은 사람이 되었는데 호랑이는 사람이 되지 못하였다. 사람이 되지 못한 호랑이가 조선의 동쪽 예에 나타나 호신으로 숭배받고 있는 것은 매우 흥미로운 일이다. 여기서 단군왕검의 사회형성에 관여하지 않은, 호신을 숭배하는 집단이 동쪽으로 갔다고 가정해 볼 수 있는 것이다. 특히 예를 동예라고 하는 것을 보면, 예가 이전에 존재하다가 거기서 동쪽으로 가서 동예가 되었다고 생각해 볼 수도 있다. 위의 사료는 앞뒤가 서로 무관한 것으로 이해해 왔으나 부여와 고구려에서와 같이 관련성을 가지고 살펴보아야 한다. 즉 읍락을 서로 침범하면 生口와 牛馬로써 벌책을 하는데, 이를 책화라고 하며 살인자를 죽일 때 그 일의 집행이 바로 제천의례인 무천에서 행해지는 것이다. 형벌의 판결과 집행을 제천의례 과정에서 행하는 것은 부여와 고구려에서 이루어졌던 사례를 통하여 이미 앞에서 살펴보았으며, 〈울진봉평신라비〉에서도 확인할 수 있다. 이것을 볼 때 예의 경우도 지배이데올로기적 성격을 지니고 있는 제천의례를 규범화한

---

18) 《三國志》 30, 魏書 30, 烏丸鮮卑東夷傳, 濊.
19) 서영대, 1993, 〈동예의 호신숭배신앙에 대하여〉, 《역사민속학》 3.

것을 알 수 있다.

다음으로 한반도 남쪽 지역사회인 三韓의 天神신앙에 대해 살펴보도록 하겠다.

> 常以五月下種訖 祭鬼神 羣聚歌舞 飮酒晝夜無休 其舞 數十人俱起相隨 踏地低昂手足相應 節奏有似鐸舞 十月農功畢 亦復如之 信鬼神 國邑各立一人主祭天神 名之天君 又諸國各有別邑 名之爲蘇塗 立大木 縣鈴鼓 事鬼神 諸亡逃至其中 皆不還之 好作賊 其立蘇塗之義 有似浮屠 而所行善惡有異[20)]

위의 사료는 한의 계절제에 대한 기록이다. 항상 5월에 파종을 한 다음 귀신에게 제사를 지내고 10월에 농경을 마치고도 똑같이 하였다. 5월에 파종하고 10월에 농경을 마치고 제사를 지낸다고 하였으니 농경의례임이 분명하다. 다만 천신이라고 표현하지 않고 귀신이라고 표기되어 있는 것이 특이하다. 다음에서 귀신을 믿는데 國邑에 각 1인을 세워 천신에게 주제하게 하였고 이를 천군이라고 불렀다 하였으므로, 귀신과 천신은 같은 것으로 이해할 수도 있다.[21)] 그런데 다음에는 여러 나라에 각각 別邑이 있어 이를 소도라고 하며, 큰 나무를 세우고 방울과 북을 걸어 귀신을 섬긴다고 하였는데 천신에 대한 언급이 없다. 이에 소도신앙은 제천의례로 규정할 수 없다는 견해도 있다.[22)]

위의 사료를 통하여 볼 때 귀신은 天神을 비롯한 여러 많은 신들을 포괄하는 개념으로 이해된다. 따라서 귀신에게 제사를 드리는 것은 天神을 비롯한 여러

---

20) 《三國志》 30, 魏書 30, 烏丸鮮卑東夷傳, 韓.

21) 송화섭, 1992, 〈마한 소도의 구조와 기능〉, 《한국종교》 17.

22) 김두진, 1999, 〈삼한 별읍사회의 소도신앙〉, 《韓國古代의 建國神話와 祭儀》, 一潮閣.

신(예컨대 고구려의 수신이나 예의 호신 등)에게 제사를 지내는 것이라 생각된다. 그 다음의 내용은 여러 신을 믿는데 天神에 대한 주제는 國邑에서 각각 1인을 세워 담당하게 하고 천군이라 하였다고 이해된다. 다음의 諸國에 각각 別邑을 두고 소도라 하여 귀신을 섬겼다는 기록에는 天神에 대한 언급이 없으며, 더구나 '祭'가 아니라 '事'인 것을 주목해야 한다. 이와 관련된 기록이 《삼국사기》 남해차차웅조에 보인다.

> 南解次次雄立 次次雄或云慈充 金大問云方言謂巫也 世人以巫事鬼神尙祭祀 故畏敬之 遂稱尊長者 爲慈充[23]

세상 사람들이 무당을 통해 귀신을 섬기고 제사를 받드는 까닭에 尊長者를 慈充이라고 하였다고 한다. 여기서 귀신을 섬기고 제사를 받드는 것이 무당임을 알 수 있다.

> 其國本亦以男子爲王 住七八十年 倭國亂 相攻伐歷年 乃共立一女子爲王 名曰卑彌呼 事鬼道 能惑衆 年已長大 無夫壻 有男弟佐治國 自爲王以來 少有見者[24]

倭에서는 卑彌呼가 귀신을 섬기고 능히 무리들을 혹하였다고 하는데, 이 비미호를 무당으로 보고 있다. 그렇다면 國邑에서는 각 한 사람을 세워 천신에게 제사하는 것을 주제하게 하였는데 그가 천군이며, 別邑에서는 무당이 큰 나무를 세우고 방울과 북을 걸고 귀신을 섬겼다고 볼 수 있는 것이다.

---

23) 《三國史記》 1, 新羅本紀 1, 南解次次雄 元年.
24) 《三國志》 30, 魏書 30, 烏丸鮮卑東夷傳, 倭.

그러면 天君과 巫의 차이점은 무엇인가? 무당은 부족사회의 문화에서 나타나며, 제사장은 국가의 형성과정과 밀접한 것으로 알려지고 있다. 무당은 영혼과의 접촉으로 그 힘을 얻는데 반해서, 제사장은 특별한 훈련을 통해서 신임을 얻고 있다. 무당은 시간제로 독립적인 일을 하는데 비해서, 제사장은 조직사회의 일원으로 전적으로 전문가의 일을 수행한다. 또 무당이 대상으로 하는 것은 개인이지만 제사장은 의식을 거행할 때 집단 활동을 인도하는 사람이기 때문에 무당과 제사장은 활동범위에도 차이점이 나타난다.[25)]

이와 같이 무당과 제사장의 차이점을 비교해 보면 삼한의 천군은 무당이라기보다는 제사장에 가깝다고 생각할 수 있다. 그렇다면 國邑에서 천군이 천신에게 제사를 지내는 것과 別邑에서 무당이 귀신을 섬기는 것은 커다란 차이를 나타내는 것이다. 즉 귀신에 대한 제사는 무당이 지낼 수 있지만 천신에 대한 제사는 국읍에서 세운 천군 한 사람만이 지낼 수 있는 것이다. 이것은 국읍에서 사상적으로 일원화되어 나가는 모습을 나타내는 것이며, 다른 잡신은 천신을 상위로 하는 계급구조hierarchy 아래 편성된 것이라 할 수 있다.

천신을 중심으로 하여 기타 귀신들을 하위신으로 재편성하는 과정에서 사회적, 사상적 갈등이 일어났다. 이에 소도로 도망해 가는 사람들이 나타난 것이다. 소도를 세운 뜻은 부도와 유사한데 다만 행하는 바에 선악의 차이가 있다고 하였다. 부도란 불탑 이외에 부처, 불교, 사찰을 의미하는데 여기서는 공간적 개념이므로 사찰로 보아야 한다. 하여튼 국읍에서는 天神을 제사하는 제사권을 장악하여 제천의례를 행하고 이를 지배이데올로기로 활용하였

25) 김정배, 1978, 〈소도의 정치사적 의미〉, 《歷史學報》 79.

다고 할 수 있다.

## 2. 삼국의 천신신앙

삼국시대에 들어와서는 종전의 천신신앙과는 다른 의미에서의 천신신앙이 나타난다. 종전의 천신신앙이 자연신의 하나로서의 天神에 대한 신앙이라면 삼국시대의 천신신앙은 만물의 주재자로서의 天地神에 대한 신앙이라 할 수 있다. 물론 이것은 중국의 유교적 세계관의 영향이라고도 할 수 있는데, 불교가 전래되기 이전에 이미 사상적 통일이 이루어졌음을 여기에서 알 수 있다. 즉 위계적 구조를 가진 여러 신앙이 천지신을 정점으로 하여 일원화된 것이다.

똑같은 천신신앙이라 하더라도 자연신의 하나로서의 천신과 여러 신의 주재자로서의 천신의 성격은 다른 것이다. 이는 고대국가의 형성과 발달에 따른 사회변화가 사상의 변화를 가져오게 한 결과라 하겠다.

고구려의 천신신앙은 〈廣開土王碑〉나 〈牟豆婁墓誌〉 등의 당대의 금석문이나 《魏書》·《三國史記》 등에 실린 건국신화에 잘 드러난다. 건국신화에는 시조인 추모가 하늘의 자손으로 기록되어 있으며 그 서술태도도 유독 하늘과의 유대성을 강조하고 있다. 이는 일찍부터 고구려에서 천신신앙이 자리잡고 있었음을 단적으로 보여 주는 것이다.

따라서 고구려에서는 일찍부터 제천의례가 이루어졌는데 제천의례의 모습은 《삼국지》 동이전 고구려조에 수록되어 있다. 고구려의 제천의례는 이미 1부 1장에서 살펴본 바 있으므로 여기서는 그 내용과 특색을 간추려 언급하도록 하겠다.

고구려의 동맹제는 10월에 행해졌다는 것으로 보아 수확의례의 성격을 지니지만 고구려에는 쌀이 생산되었다는 기록이 없으므로 잡곡의 수확의례로 보아야 할 것이다. 그러나 은정월에 제천의례를 행하는 부여의 수렵의례와 같은 성격일 가능성도 배제할 수 없다. 오곡은 양력 9~10월에 수확하는 데 비하여 제천의례는 음력 10월에 행해지기 때문이다. 더구나 《삼국사기》 제사지나 온달전에는 3월 3일에 낙랑의 언덕에 모여 사냥을 하고 하늘과 산천에 제사를 지냈다는 내용이 있는데 이 역시 수렵의례의 모습이다. 음력 10월에 열린 동맹은 겨울을 나기 전의 대규모 수렵과 겨울나기를 위한 대규모의 제의를 거행한 것이 아닐까 추측해 본다. 그러나 10월 제천대회에서 사냥하였다는 기록이 없으므로 일단 잡곡의 수확의례로 볼 수 있겠다. 하여튼 종교 현상적인 면에서 새해가 시작되는 것을 의미하는 것으로 생각된다.

그 제의명은 동맹으로 되어 있는데 그 본질은 제천의례지만 명칭상 國祖神에 대한 제의로서 양면성을 가진 것이다. 앞서 말했듯이 고구려는 건국신화에서 하늘과 시조의 친연성을 강조하고 있는데, 이러한 사상이 제천의례에 구체적으로 반영된 것이다. 그리고 이 제천대회는 '公會'라고 하므로, 국가의 공식적인 의례이며 대단히 화려하게 거행했다는 점을 알 수 있다. 국왕이 제천의례를 주관함으로써 왕권이 하늘로부터 부여된 것임을 강조하고 자신의 위엄을 보이면서 수직적인 지배구조를 과시했을 것이다. 그리고 부여와 마찬가지로 제사의례 중에 재판과 형벌이 집행되는데 이 역시 하늘의 권위를 빌려 제의를 규범으로 기능하게 하는 모습이다.

동맹제 때에는 나라 동쪽 수혈에서 隧神을 맞아 제사 지내는 수신제도 함께 이루어졌다. 이때의 수신은 곧 지신을 말하며 구체적으로 유화를 형상화한 것으로 생각된다. 즉 고구려의 제천의례에서는 하늘뿐만 아니라 땅에게도 제사를 드렸으며 하늘과 땅이 하늘의 자손인 주몽(동명)과 水神의 딸인 유화로 구체화되었다고 할 수 있겠다.

《삼국사기》 고구려본기에는 천지제사 기사가 보이지 않지만 매년 3월 3일에 사냥을 한 후 돼지와 사슴을 잡아 하늘과 산천에 제사했다는 제사지의 기록으로 보아 하늘에 대한 제사는 꾸준히 행해졌을 것이다.

백제의 건국신화에는 고구려와의 관련성이 언급되어 있지만 그들의 건국신화는 신화라고 부를 수 없을 만큼 신이성이 결여되어 있다. 그리고 고구려처럼 하늘과 시조와의 친연성도 전혀 드러나지 않는다. 그러나 《삼국사기》 백제본기와 제사지에는 왕이 천지제사를 올렸다는 기록이 여러 차례 보이고 있다.[26] 이를 통해 백제에서는 천지신에 대한 숭배가 초기부터 이루어졌다는 것을 알 수 있다. 다루왕, 근초고왕, 아신왕, 전지왕 때에 제사를 지낸 해가 신왕 즉위 다음 해이므로 즉위의례적 성격이 강한 것으로 이해할 수 있다. 신왕이 즉위한 후 왕권의 확립을 위해 하늘의 권위를 빌렸던 것이다. 그리고 천지제사 후 중신을 임명하거나 군신들에게 연회를 베푸는 경우도 있는데 이 역시 하늘의 권위를 힘입어 왕권을 행사하는 모습이다.

---

26) 古記云 溫祚王二十年春二月 設壇祠天地 三十八年冬十月 多婁王二年春二月 古王五年春正月 十年春正月 十四年春正月 近肖古王二年春正月 阿莘王二年春正月 支王二年春正月 牟大王十一年冬十月 如上行. (《三國史記》 32, 雜志 1, 祭祀)

또한 제사의례가 행해진 달은 대부분이 정월이나 2월인데 이것은 천지신 제사가 그해의 풍년을 기원하는 기풍제적 성격을 가지고 있음을 보여 주는 것이다. 그 외 온조왕 38년이나 모대왕 11년에는 10월에 제사의례가 행해졌는데 이것은 삼한의 10월제와 같은 시기로 농경을 마친 후 수확의례적인 성격이 강하다고 볼 수 있겠다. 따라서 백제 천지제사의 성격은 날씨와 강수량을 조절하여 농사에 큰 영향을 미치는 자연신적 존재로서의 하늘에 제사를 올리는 수확의례의 성격과 만물의 주재자이면서 최상의 존재로서의 하늘에게 권위와 정당성을 인정받는 즉위의례의 성격을 함께 가지고 있었다. 이는 앞서 살펴본 고구려의 경우와 마찬가지이다.

이들 천지제사를 거행하던 제장은 백제본기에 壇, 大壇, 南壇, 南郊 등으로 나타나는데, '設壇', '設大壇', '築大壇' 등의 표현을 통해 볼 때 제사를 지낼 때 새롭게 단을 설치한 경우가 많았다. 중국의 경우 단을 高臺의 위에 쌓는데 이렇게 높은 곳 위에 다시 높은 단을 쌓는 것은 사람과 하늘 사이의 거리를 단축시키고 제사를 주관하는 사람과 하늘과의 소통을 원활하게 하기 위해서이다.[27] 다루왕, 고이왕, 비류왕, 아신왕, 전지왕 등의 기사에 보이는 남단, 혹은 남교는 제장의 위치가 왕성의 남쪽 방향이었음을 시사한다.

또 《삼국사기》 제사지에 인용된 《책부원귀》 기사에 보면 왕이 하늘과 오제지신, 구태묘에 제사를 지낸 것으로 되어 있다.[28] 이 기록을 통해 백제에서

---

27) 井中偉, 2002, 〈我國史前祭祀遺迹初探〉, 《北方文物》 2002년 제2기.

28) 册府元龜云 百濟每以四仲之月 王祭天及五帝之神 立其始祖仇台廟於國城 歲四祠之. (《三國史記》 32, 雜志 1, 祭祀)

는 왕이 하늘에 해마다 네 번 제사를 지낸 것을 알 수 있으며 제천의례가 가장 중요하였다는 것도 알 수 있다. 왜냐하면 오제지신과 구태묘 제사보다도 가장 먼저 기록되어 있기 때문이다. 또 고구려와 신라의 경우 본기에는 제천의 기록이 없음에도 백제의 경우만 제천사지가 11회 기록되어 있다는 점 역시 백제에서 제천사지가 그만큼 중대한 것으로 인식되고 존속되었음을 보여 준다.[29] 오제지신과 함께 제의가 이루어진 것을 볼 때 중국문화의 영향이 깊이 침투되었다고 할 수 있으나 이는 중국 측 기록이기 때문에 기록한 사람의 중국적 개념화의 영향일 수도 있다 하겠다.

신라의 경우에는 제천대회에 대한 기록이 없어 종래 김부식의 사대적 관념의 투영에 의해 삭제된 것으로 보았다. 그러나 《삼국사기》 제사지를 면밀히 검토해 보면 天神에 대한 제사가 이루어졌음을 알 수 있다. 필자는 제사지에 대한 새로운 해석을 통해 신궁의 주신이 천신이었음을 밝힌 바 있다.[30] 신궁의 주신이 조상신이 아니고 천지신임을 알게 됨으로써 《삼국사기》 본기의 '親祀神宮' 기록과 《삼국사기》 제사지 기록의 여러 의문점이 풀리게 되었다. 즉 제31대 신문왕 2년 정월에 '親祀神宮'하고 7년 4월에 조묘에 대신을 보내 태조대왕, 진지대왕, 문성대왕, 태종대왕, 문무대왕의 祖靈에게 致祭한 기록을 아무런 의문 없이 받아들일 수 있다. 신궁의 주신은 천지신이며 조묘의 주신은 조상신이니 양쪽을 다 치제하더라도 상관이 없는 것이다. 제36대 혜공왕대에

---

29) 성주탁 · 차용걸, 1981, 〈百濟儀式考—祭儀 · 田獵 · 閱兵 · 習射 · 儀式에 關한 檢討〉, 《百濟研究》 12.

30) 최광식, 1994, 《고대 한국의 국가와 제사》, 한길사.

오묘가 처음으로 정하여졌다 하더라도 그 후 계속 신궁에 친사하였던 것은, 한쪽은 주신이 천지신이고 다른 하나는 조상신이기 때문에 가능한 것이다.

또한 제40대 애장왕 2년 2월에 조묘에 배알하고 3년 정월에 왕이 '親祀神宮' 한 기록, 제41대 헌덕왕 2년 2월 왕이 '親祀神宮'하고 5년 2월에 시조묘에 배알한 기록도 모순 없이 그대로 받아들일 수 있는 것이다. 한편 박성을 가진 제55대 경애왕 원년의 '親祀神宮'의 기사 또한 마찬가지이다. 즉 신궁의 주신이 김성 시조라고 하는 종래의 견해로 보면 모순되지만, 천지신에 대한 치제로 보면 무리가 없는 것이다.

신궁의 주신이 조상신이 아니라는 점은 신궁에 치제한 때의 용어 사용에서도 엿볼 수 있다. 즉 시조묘에 제사를 지낼 때 박씨 왕인 경우에는 예외 없이 '親祀始祖廟'로 표현되어 있는데, 석씨 왕인 경우에는 '親祀始祖廟'란 표현 이외에 '謁始祖廟'란 표현이 6회나 나타나고 있다. 반면 신궁에 치제한 기록은 총 21회 중 단 한 번의 예외 없이 '王親祀神宮'으로 기록되어 있다. 이와 같이 치제에 대한 용어 사용을 통해서도 신궁의 주신이 시조묘의 주신과 같은 조상신이 아니라는 점은 명백해지는 것이다. 따라서 신궁 설치는 조상신인 박혁거세 숭배에서 벗어나 국가신인 천지신 숭배로의 변화를 의미하는 것이라 하겠다.

그러면 이러한 천지신을 숭배하는 신궁이 설치된 의미는 무엇일까? 신궁이 설치된 당시의 정치적, 사회적인 변화를 살펴보면 신궁 설치의 역사적 의의를 이해할 수 있다. 소지왕 9년 2월에 천지신을 모시는 신궁을 시조가 태어난 나을에 설치하고 나서 한 달 뒤인 3월에 사방에 郵驛을 설치하고 有司에게

官道를 수리할 것을 명하였으며 7월에는 月城을 修葺하였다. 따라서 이를 통해 천지신을 모시는 신궁의 설치가 중앙통치력 확대 과정의 일환으로서 이룩된 것임을 알 수 있다.

상고시기부터 소지왕대까지는 아직도 왕위교체에 자연적인 요인(천재지변, 괴이)이 크게 작용하고 있었으나, 소지왕 이후에는 왕위 교체와 자연변이가 직접 관련이 없어진다는 사실에 주목할 필요가 있다.[31] 이와 같은 사실은 천지신을 모신 신궁을 설치하고 그에 대해 친제를 행함으로써 해결된 것이라 생각한다. 종전의 왕위 교체에 자연적인 요인이 크게 작용하였다는 것은 영역 내의 사상적 구심점을 확보하지 못했다는 것이다. 그러나 신궁을 설치하여 천지신에 친제함으로써 비로소 사상적 통일을 기하게 되어 왕위 교체에서 자연변이의 영향력을 극복할 수 있었던 것이라 할 수 있다.

천지신을 모신 신궁설치는 국내의 체제정비와 왕위계승과의 관련성에만 국한된 것이 아니라 대외적 의미 또한 큰 것이라 생각한다. 소지왕 17년 정월에 왕이 친히 신궁에 제사를 지낸 기록과 함께, 8월에 고구려의 침입을 받아 구원을 청한 백제를 도와 고구려를 물리치니 백제왕이 사신을 보내 감사의 뜻을 표하였다는 기록이 있다. 이와 같이 신궁 설치는 국력의 신장 과정에 있어서 대외적으로 국가의식의 성장을 반영하는 것이라 하겠다. 눌지왕 34년(450)의 悉直之原 싸움과 잇따른 고구려 침입기사로 볼 때 450년에 고구려 군이 철수하여 신라는 이미 고구려의 영향력에서 벗어났던 것이다.[32] 따라서 고구려 백제

---

31) 신형식, 1971, 〈신라왕위 계승고〉, 《柳洪烈博士華甲紀念論叢》.
32) 신형식, 1981, 《三國史記硏究》, 一潮閣.

와 같이 천지신에게 치제함으로써 자주적 국가의식을 고취한 것이라 하겠다. 제천의례의 기록이 김부식의 사대적 관념의 투영에 의해 삭제[33)]된 것이 아니라 국가의식의 성장과 함께 신궁이 설치됨으로써 천지제사가 행해진 것이다.

이러한 국내의 체제정비 및 왕권강화와 대외적 국가의식의 성장은 지증왕대에 이르면 더욱 확고해진다. 즉위 직후 '親祀神宮'을 제도화하였으며 州의 軍主에게 권농과 우경 실시를 명하였다. 이것은 이러한 기술을 국가적으로 널리 보급할 단계에 도달한 것[34)]을 말하는바, 이제는 정복 그 자체뿐만 아니라 이미 정복된 영역에 대한 농업생산력의 확대에 큰 관심을 나타냄으로써 영토의식의 성장을 보이고 있다. 그 다음 해에는 성장된 국가의식을 기반으로 국호를 新羅로 하고 王號를 사용하게 됨으로써 완전한 국가체제를 확립하게 된 것이다. 이러한 국력 신장과 국가의식의 성장 기반 위에서 주군현제를 실시하고 軍主를 두었으며, 京都에 東市를 설치하고 아시촌에 小京을 두어 6부 및 남쪽 지방민들을 徙民시킬 수 있었던 것이다.

이렇듯 천지신을 모신 신궁의 설치는 대내적으로 국가체제의 정비에 따른 사상적 통일정책이었다. 그러나 이러한 사상적 통일이라는 역사적 과업이 단기간에 걸쳐 이룩될 수는 없었다. 그렇기 때문에 《삼국사기》의 찬자 김부식은 제사지에서 지증왕대에 비로소 신궁이 설치된 것으로 기록한 것이 아닐까 생각한다. 더구나 왕을 표현하는 데 '萬乘之位'에 있다 하여 천자에 쓰이는

---

33) 김태영, 1976, 〈조선초기 사전의 성립에 대하여-국가의식의 변천을 중심으로〉, 《한국사논문선집》 조선전기편.

34) 이춘녕, 1964, 《이조농업기술사》, 한국연구원.

용어[35]를 사용하고 있음이 주목된다.

이와 같이 지증왕대 '親祀神宮'을 토착신앙 자체 내의 사상적 통일정책의 성공으로 간주한다면, 불교가 공인되기 이전에 이미 왕실의 노력으로 토착신앙 자체의 사상적 통일이 자주적으로 이루어질 수 있었다는 결론을 얻을 수 있다. 그렇다면 불교의 공인은 이와 같이 자체적으로 사상적 통일을 이룩할 수 있었던 신라사회의 자신감에서 이룩된 것이지 새로운 통치이념의 필요에 의한 것이 아님을 알 수 있다. 왜냐하면 불교공인 이후에도 천지신을 모신 신궁에 대한 제사는 계속해서 이루어졌기 때문이다. 따라서 불교공인을 巫 · 佛의 교대로 파악하는 시각[36]은 재고되어야 하며, 오히려 자체적으로 사상의 통일을 이룩한 자신감을 바탕으로 외래사상인 불교를 받아들여 사상적 발전을 꾀하려 한 것으로 보아야 할 것이다. 여기에서 《삼국유사》 사금갑조[37]는 좋은 실마리를 제공하여 준다.

여기서 사건의 시기가 소지왕 10년이라는 점이 흥미로운데, 이 시기는 처음으로 나을에 신궁을 설치하고 난 9년 2월의 바로 다음 해인 것이다. 즉 사상적 통일을 위하여 천지신을 모신 신궁을 설치하였으나 다음 해에 불교와의 사상적 갈등문제가 발생하게 된 것이다. 결국 여기에서 내전의 焚修僧을 죽임으로써 사건을 일단락 짓게 되는데, 이것은 아직 자체적으로 사상적 통일을 기하지 못한 과도기였기 때문이다. 따라서 소지왕 17년 정월에 왕이 '親祀神宮'함으

35) 《孟子》 梁惠王 上.
36) 이기백, 1978, 《신라시대의 국가 불교와 유교》, 한국연구원.
37) 《三國遺事》 1, 紀異 1, 射琴匣.

로써 새로운 각오를 다짐하고자 했던 것이다. 그러나 이때에는 아직 확실한 성공을 거두지 못하고 결국 지증왕대에 이르러 비로소 완전히 제도적으로 정착했던 것 같다. 김부식이 제사지에서 지증왕대에 이르러 신궁이 설치된 것으로 기록한 이유도 바로 여기에 있는 것이다.

## 3. 남북국시기의 천신신앙

남북국시기의 천신신앙을 살펴보기 위해서는 신라후기와 발해의 천신신앙에 대해서 살펴보아야 한다. 그러나 발해에 대한 자료가 없으므로 신라왕들의 제문과 조서 등에 나타난 신라후기의 천신신앙만을 살펴보기로 하겠다.[38)]

1) 奉賴宗廟獲持 乾坤降祿 四邊安靜 百姓雍和 異域來賓 航琛奉職 刑清訟息 以至于今[39)]

2) 乃下詔曰 寡人本惟菲薄 無心大寶 難逃推戴 作其卽位 居位以來 年不順成 民用窮困 此皆德不符民望 政未合天心 常欲禪讓 退去于外[40)]

3) 十九年 秋九月 王不豫 降遺詔曰 寡人以眇末之子 處崇高之位 上恐獲罪於天鑒 下慮失望於人心 夙夜兢兢 若涉淵水[41)]

---

38) 종래는 '통일신라'라는 용어를 많이 사용하였으나 발해를 한국사 속에 체계화한다면 이는 적당하지 않은 개념이라 생각한다. 북한학계에서는 이를 '후기 신라'라고 부르고 있으나 이도 또한 적당한 용어가 아니라고 생각한다. 따라서 우리가 보통 고려 시기를 '고려 전기', '고려 후기'로 나누어 부르고, 조선시기를 '조선 전기', '조선 후기'로 나누어 부르고 있으므로 이 용례에 따라 '신라 후기'라고 부르는 것이 가장 적합하다고 생각한다.

39) 《三國史記》 8, 新羅本紀 8, 神文王 7年.

40) 《三國史記》 9, 新羅本紀 9, 宣德王 6年.

41) 《三國史記》 11, 新羅本紀 11, 文聖王 19年.

4) 王子曰 國之存亡 必有天命 只合與忠臣義士 收合民心自固 力盡而後已 豈宜以一千年社稷 一旦輕以與人[42]

사료 1)은 신문왕 7년 대신을 祖廟에 보내 致祭하면서 아뢴 내용으로 乾坤(天地神)을 만물의 주재자로 섬기고 있음을 알 수 있다. 2)는 선덕왕이 병으로 자리에 누워 오랫동안 낫지 않자 내린 조서로 善政을 한다거나 왕의 지위를 유지한다는 것은 인간의 힘으로만 되는 것이 아니고 天命에 달려 있다고 믿고 있다는 내용이 들어 있다. 이러한 사례를 통해 유교의 천명사상이 신라후기 정치에 영향을 미치고 있는 것을 알 수 있다.

한편 사료 3)은 文聖王의 遺詔인데, 문성왕은 하늘에 죄를 얻을까 두려워하면서, 失政에 대한 죄책감으로 왕위를 물려주고 퇴진하였다. 이와 같은 결단은 천신관에 의거한 天政思想에 따른 것이다. 사료 4)에서도 마의태자는 신라의 흥망을 천도에 따른 운명으로 보았고, 경순왕은 天道에 따른 도덕적 견지에서 고려 왕건에게 항복을 결심한 것이다.[43]

위에서 보았듯이 천신신앙은 외래종교를 수용한 이후에도 그 본체를 잃지 않고, 외래종교와 융화하여 주재적이고 도덕적인 신앙으로 발전하였다. 따라서 통치자들은 천신의 뜻을 정치에 반영하였고, 백성들은 자기성찰과 심성도야의 교훈으로 삼았다.

한편 불교가 수용되고 불교가 지배이데올로기가 되면서 天神의 관념이 변

---

42) 《三國史記》 12, 新羅本紀 12, 敬順王 9年.

43) 최근영, 1987, 〈한국고대의 천신신앙에 대한 고찰〉, 《崔永禧先生華甲紀念韓國史學論叢》.

화했다. 먼저 天神은 안락과 장수의 기원 대상이 되었다.[44)]

> 時有開士漸開 欲設六輪會興輪寺 勸化至福安家 安施布五十疋 開呪願曰 檀越好布施 天神常護持 施一得萬倍 安樂壽命長[45)]

제31대 신문왕대에 漸開가 흥륜사에서 육륜회를 베풀기 위해 시주를 구할 때, 보시하면 天神은 항상 보호해 주고 하나를 베풀면 그의 만배를 얻게 해주고 안락함과 수명을 길게 해 준다고 하였다. 이는 당시 사회에서 불교를 가난한 민중에까지 포교시키고자 한 정책적 의도가 내포된 설화로 보이는데, 天神이 현실 속에서 행복을 보장해 준다는 것이다. 그리하여 개인의 수명도 天命이라고 믿었다.

> 女曰 郎君無有此言 今妾之壽夭 蓋天命也 亦吾願也 郎君之慶也 予族之福也 國人之喜也[46)]

제38대 원성왕대에 흥륜사의 탑돌이를 하다가 만난 金現과 虎女가 말하는 중에도 수명은 천명에 달린 것이라는 내용이 보인다. 여기에서 천명은 피할 수 없는 것으로 관념되었고, 결국 虎女는 죽었다.

또 天神은 祈子의 대상이 되기도 하였다.

---

44) 강영경, 1992, 《新羅傳統信仰의 政治·社會的 機能 研究》, 숙명여자대학교 박사학위논문.

45) 《三國遺事》 5, 孝善 9, 大城孝二世父母 神文王.

46) 《三國遺事》 5, 感通 7, 金現感虎.

王一日詔表訓大德曰 朕無祐 不獲其嗣 願大德請於上帝而有之 訓上告於天帝[47)]

제35대 경덕왕이 왕위를 계승할 아들을 구할 때 表訓이 天帝에게 올라가 아들을 기원하였다. 이는 왕위를 계승할 아들을 얻고자 노력하는 경덕왕의 정치 성향과 관련된 설화이기도 하지만,[48)] 天神이 그러한 아들을 줄 수 있다는 믿음을 배경으로 하고 있다.[49)] 그리하여 민속에서도 帝釋에 대한 신앙은 자손이 귀한 집에서 더 깊다고 한다.

그리고 天神에게는 解願의 기능이 있었다. 앞에서 살펴보았듯이 金大城은 가난을 벗어나고자 조금 있던 밭을 흥륜사 육륜회에 모두 보시하였다. 그날 밤 모량리의 대성을 당시 재상인 金文亮의 집에 부탁한다는 하늘의 소리가 있었다는 것이다. 이 설화는 불사 福會에 보시한 공덕으로 인한 인과응보로서 윤회 전생하였다는 것인데[50)] 이러한 김대성의 소원을 天神이 들어준 것이다. 김대성은 국가 재상의 아들로서 신라에 불국사와 석굴암을 세워 신라가 불국토임을 상징한 위치에 있는 인물이다. 이로써 天神이 항상 보호해 주고 안락장수를 보장해 준다는 약속이 이행된 것이다. 또한 김대성이 어려움에 부딪쳤을 때, 즉 석굴암의 천정돌이 깨졌을 때 그를 도와준 것도 天神이었다. 그리하여 김대성이 香嶺에서 天神에게 감사의 天神祭儀를 거행하였던 것이다.

王深然之 創寺號信忠奉聖寺 寺成 空中唱云 因王創寺 脫苦生天 怨已解矣[51)]

---

47) 《三國遺事》 2, 紀異 2, 景德王 忠談師 表訓大德.

48) 이기백, 1974, 〈경덕왕과 단속사원가〉, 《한국사상》 5.

49) 장주근, 1974, 〈부락 및 가정신앙〉, 《한국민속종합보고서》 4.

50) 이기백, 1986, 〈신라 초기 불교와 귀족 세력〉, 《新羅思想史研究》.

신문왕이 등창이 났을 때 惠通이 치료해 주었는데, 그 등창의 원인은 전에 信忠의 일을 잘못 판단하여 억울하게 하였으므로 그 원한이 재앙으로 나타난 것이라 하였다. 이에 신문왕이 그렇게 여겨 信忠 奉聖寺를 완성하자 공중에서 부름이 있었다. 신문왕이 절을 세워 줌으로써 신충의 원한이 풀렸음을 공중에서 선언하고 있다. 空唱의 의미가 무엇인지는 모르겠지만, 하늘의 공간으로 보아서 天神이 개입되어 있는 것으로 볼 수 있으리라 생각한다.

> 婢一更春畢 歸寺念佛 日夕微怠 庭之左右 竪立長橛 以繩穿貫兩掌 繫於橛上合掌左右遊之激勵焉 時有天唱於公 郁面娘入堂念佛[52]

경덕왕대에 阿干 貴珍의 집에 郁面이라는 계집종이 있었는데 주인을 따라 彌陀寺에 가서 그 절의 뜰에서 열심히 염불하였다. 주인은 이를 미워하여 늘 저녁마다 곡식 2석을 찧게 하였는데도 초저녁에 다 찧고 와서 또 좌우에 말뚝을 세우고 두 손바닥을 뚫어 끈으로 말뚝에 매어 합장한 손을 흔들며 열심히 염불하였다. 그때 하늘에서 郁面婢는 堂에 들어가 염불을 하라 하니 욱면비의 소원이 풀렸다. 이는 신라의 정토신앙이 죄를 범할 수 있는 범부라든가,[53] 노비와 같은 신분[54]도 구원할 수 있다는 의미를 지닌 것인데, 그러한 소원이 천신에 의해 이루어졌음을 보여 주고 있다.

---

51) 《三國遺事》 5, 神呪 6, 惠通降龍.

52) 《三國遺事》 5, 感通 7, 郁面婢念佛西昇.

53) 신종원, 1982, 〈삼국유사 욱면비 염불서승조에 대한 일고찰〉, 《史叢》 26.

54) 이기백, 1983, 〈신라 정토신앙의 두 유형〉, 《歷史學報》 99 · 100합집.

王與權臣等得之 謂曰 此非王居仁 誰作此文 乃囚居仁於獄 居仁作詩訴于天 天乃震其獄囚以免之55)

제51대 진성여왕대 몇몇 權臣들이 국정을 마음대로 하자, 국인들이 陀羅尼를 지어 거리에 두었는데, 왕과 권신들이 이를 보고 王居仁이 지은 것이라 하여 그를 감옥에 가두었다. 왕거인이 억울하게 감옥에 갇히자 시를 지어 하늘에 기도하니 하늘이 감옥을 진동시켜 갇힌 것을 면하게 해주었다는 것이다. 왕거인의 억울한 원한을 천신이 들어준 것이다. 이와 같이 천신은 당시 사회에서 복을 줄 뿐만 아니라 억울함도 풀어 주는 것으로 관념화되어 있음을 알 수 있다.

그러나 한편, 천신이 늘 좋아하는 일만 베풀어 주는 것은 아니다. 때로는 화를 내리기도 하였다.

文殊又云 汝國王是天竺刹利種王 預受佛記 故別有因緣 不同東夷共工之族 然以山川崎嶮 故人性麤悖多信邪見 而時或天神降禍 然有多聞比丘 在於國中 是以君臣安泰 萬庶和平矣 言已不現56)

중국 오대산의 문수대성이 자장에게 산천이 험하고 사람들의 성격이 거칠고 邪見을 많이 믿기 때문에 때로는 천신이 화를 내린다고 하였다. 여기에서 천신은 사견을 믿으면 화를 내린다는 점을 알 수 있다. 이는 천신의 입장에서 正見이 있고 그와 배치되는 것은 邪見이라고 보아, 자기의 입장과 다르면 화를 내린다는 것으로서 천신이 복을 주는 데에는 어떤 조건이 주어져 있음을 알

55) 《三國遺事》 2, 紀異 2, 眞聖女王 居陀知.
56) 《三國遺事》 3, 塔像 4, 皇龍寺九層塔.

수 있다.

천신은 정치적 지배자에게 권위와 정통성을 부여한다. 천신은 지배계층의 입장에서 지배층의 권익을 옹호하며 그들의 입장을 따르면 복을 줄 수 있지만 그와 다를 때에는 화를 내리고 벌을 주는 것으로 나타나 있다. 이는 천벌이 엄격하고 무시무시한 것으로서 절대 복종해야 하는 것으로 관념되어 있는 것과 맥락을 같이 한다. 이로써 보면 신라의 천신신앙은 무조건적인 절대적 善神이 아니고 당시 사회에서의 지배계층의 입장에서 그들의 권익을 옹호해 주는, 입장에 따른 조건적인 응보가 따르는 신앙임을 보여 주고 있다.[57)]

이와 같이 신라후기의 천신신앙은 당시의 사회 속에서 지배계층의 입장에서 그들의 입장을 따르면 안락과 장수, 해원 및 소원을 들어줄 수 있으나 한편으로 이를 어기면 강화 징벌한다는 상대적인 조건을 지니고 있는 신앙임을 알 수 있다.[58)]

57) 강영경, 1996, 〈신라 천신신앙의 기능과 의의〉, 《淑明韓國史論》 2.
58) 강영경, 1992, 앞의 논문.

## 제2장 신라 상대의 제장

신라 상대에는 토착신앙이 지배이데올로기였으므로 국가는 토착신에 대한 제사를 매우 중요시하였다.[1] 여러 토착신 중에서도 특히 天神, 始祖神, 地神에 대한 신앙이 중요하였으며 때문에 이들에 대한 제사가 특히 중요시되었다. 그러나 이들에 대한 신앙 자체에 대한 기록은 많지 않으므로 남아 있는 제사기록을 통하여 상대 토착신앙의 편린을 더듬어 볼 뿐이다. 게다가 제사기록도 단편적으로밖에 남아 있지 않으므로 상대의 제사의례를 구체적으로 살펴보는 것은 쉬운 일이 아니다.

다만 《삼국사기》 제사지에 名山大川의 제사를 大祀 · 中祀 · 小祀로 나누어 기재하였으므로 제사를 지낸 장소 즉 祭場을 유추할 수 있을 뿐이다.[2] 그런데 《삼국사기》 제사지에 실린 대사 · 중사 · 소사의 제장은 통일전쟁 이후의

1) 최광식, 1994, 〈고대국가의 지배이데올로기〉, 《韓國古代史硏究》 9.
2) 최광식, 1994, 〈신라 대사 · 중사 · 소사의 제장연구〉, 《역사민속학》 4.

것이며, 奈歷[3]을 제외하고는 대개 지방의 제장이다. 당나라의 대사 · 중사 · 소사는 宗廟와 社稷을 포함하였지만 신라의 대사 · 중사 · 소사는 종묘와 사직을 제외하고 편제되었다.[4] 그런데 신라는 상고기에는 시조묘를, 중고기에는 신궁을 가장 중요한 국가제사로 하였다. 따라서 상대 왕경의 제장을 알아보기 위해서는 《삼국사기》 제사지의 앞부분에 나오는 始祖廟와 神宮에 대해 살펴보아야 할 것이다. 그리고 천신을 비롯한 自然神들에 대한 제장은 《삼국유사》 아도기라조에 보이는 前佛七處伽藍之墟를 통하여 살펴보도록 하겠다. 이들 상대의 제장을 살펴봄으로써 신라 상대 왕경에서 신앙의 공간이 차지하는 의미를 살펴보고자 한다.

## 1. 前佛七處伽藍之墟

《삼국유사》 아도기라조에서는 一然이 阿道本碑를 인용하여 前佛七處伽藍之墟에 대해 논하고 있다.

> 按我道本碑云 〔…〕 母謂曰 此國于今不知佛法 爾後三千餘月 鷄林有聖王出 大興佛教 其京都內有七處伽藍之墟 一曰 金橋東 天鏡林 今興輪寺 金橋謂西川之橋 俗訛呼云松橋也 寺自我道始基而中廢 至法興王丁未草創 乙卯大開 眞興王畢成 二曰 三川岐 今永興寺 與興輪開同代 三曰 龍宮南 今黃龍寺 眞興王癸酉始開 四曰 龍宮北 今芬皇寺 善德甲午始開 五曰 沙川尾 今靈妙寺 善德王乙未始開 六曰 神遊林 今天王

3) 大祀 三山 一奈歷(習比部) 二骨火(切也火郡) 三穴禮(大城郡). (《三國史記》 32, 雜志 1, 祭祀)

4) 최광식, 1994, 《고대한국의 국가와 제사》, 한길사.

寺 文武王己卯開 七曰 壻請田 今曇嚴寺 皆前佛時伽藍之墟 法水長流之地[5)]

위의 天鏡林, 三川岐, 龍宮南, 龍宮北, 沙川尾, 神遊林 및 壻請田 등은 고대신앙에 있어서 신성 지역, 三韓時代에 蘇塗로 불리던 지역들이었다고 이미 지적된 바 있다.[6)] 소도와의 관련문제는 소도에 대한 해석[7)]에 따라서 달라지겠지만, 어쨌든 이곳은 불교사원 건립 이전 토착신앙의 제장이었을 것이다.[8)]

천경림은 그 이름(天, 鏡)으로 볼 때 天神에 대한 제장이었을 것이다. 뒤에서 자세히 살펴보겠지만 異次頓이 殉敎하게 된 결정적 계기가 바로 이 천경림에 사찰을 지으려고 한 데에 있었다. 귀족들이 사찰건립을 반대하자 이차돈은 토착신앙의 중심지인 이곳에 사찰을 지으려 하였고, 귀족들은 더욱 강력하게 반대를 하였으므로 法興王이 이차돈을 矯命罪로 斬刑시키지 않을 수 없었던 것이다.[9)] 흥법의 온건파인 법흥왕으로서는 점진적으로 흥법해 나가려한 데 반해, 흥법의 강경파인 이차돈은 개혁적 방법으로 흥법하려 한 데서 이차돈 순교사건의 발단이 생긴 것이다. 이처럼 이차돈의 순교는 근본적으로 고유신앙의 성소인 천경림에 창사하려는 데 있었다.[10)] 조선 인조 17년(1639)에 세운 〈桃李寺阿道和尙事蹟碑〉에는 天鏡林이 '天敬林'[11)]으로 되어 있어 천신에 대

---

5) 《三國遺事》 3, 興法 3, 阿道基羅.

6) 이기백, 1978, 〈삼국시대 불교수용과 그 사회적 의의〉, 《신라시대의 국가불교와 유교》, 한국연구원.

7) 이에 대한 종합적인 연구는 송화섭, 1991, 《마한의 소도 연구》, 원광대학교 박사학위 논문 참조.

8) 최광식, 1981, 〈무속신앙이 한국불교에 끼친 영향〉, 《白山學報》 26.

9) 최광식, 1985, 〈이차돈 순교설화에 대한 신고찰〉, 《韓國傳統文化硏究》 창간호.

10) 최광식, 1985, 앞의 논문.

한 숭배가 이루어졌음을 확인할 수 있다. 흥륜사는 지금의 경주공업고등학교 자리에 있었다.

삼천기는 일연 當代의 永興寺 자리라 하였는데 지금의 모량천과 남천이 합류하는 지점으로 80년대 홍수가 나서 그 자리가 드러난 적이 있다. 上代人들은 강물이 만나는 곳을 신성시하였던 것 같다. 1994년 봄에 발견된 금장대 암각화[12]가 있는 곳도 서천과 북천이 만나는 곳이다.[13]

용궁남과 용궁북은 용궁의 남쪽과 북쪽이므로 당시 용궁이 있었다는 점을 알 수 있는데, 용궁은 龍神을 모시는 제장이었다고 추측된다. 왕이 왕궁을 지으려다가 황룡이 나타나자 황룡사를 지은 것[14]에서도 이를 알 수 있다. 용왕신앙은 계급이 분화되고 경제력이 분화된 양상의 신앙이기 때문에 불교의 이념과 근사한 성격을 지녀서 불교와 강하게 대립하지 않고 불교수용에 적극적이었다.[15] 우리나라에는 옛날부터 용에 얽힌 이야기들이 많이 있다. 龍자가 붙

---

11) 阿道曰 與我天敬林則病可廖 王問諸臣 此乃裨補所流傳萬葉 上下共之 奚與僧. (〈桃李寺阿道和尙事蹟碑〉)

12) 김길웅, 1994, 〈금장대 암각화에 대한 고찰〉, 《신라왕경연구》(신라문화제학술발표회 논문집).

13) 금장대 암각화는 주변의 무문토기 유적, 황성동 고분군, 취락지, 제철유적지와 연결시켜 연구해 볼 만한 과제라 생각한다. (김세기, 1994, 〈황성동 원삼국취락지의 성격〉, 《마을의 고고학》, 한국고고학회)

14) 十四年春二月 王命所司築新宮於月城東 黃龍見其地 王疑之 改爲佛寺 賜號曰皇龍. (《三國史記》 4, 新羅本紀 4, 眞興王 14年) 新羅第二十四 眞興王卽位十四年癸酉二月 將築紫宮於龍宮南 有黃龍現其地 乃改置爲佛寺 號黃龍寺. (《三國遺事》 3, 塔像 4, 黃龍寺丈六)

15) 강영경, 1992, 《신라 전통신앙의 정치 · 사회적 기능 연구》, 숙명여자대학교 박사학위논문.

은 산, 연못, 고을, 개천, 다리, 성, 계곡, 역, 정자 등이 헤아릴 수 없이 많다. 그중에서도 용산이라는 산 이름이 많으며, 이에 못지않게 龍淵이라 불리는 곳이 전국 여러 고을에 많이 나타난다. 또 《삼국유사》에도 용에 관한 기록이 무수히 나타나므로 우리 고대인들의 용신앙을 알 수 있다.[16]

용에 대한 관념의 기원과 본질은 대개 4가지로 요약할 수 있다. 즉 용신앙의 기원에 대해 뱀숭배 사상에서 찾는 견해, 水卷waterspouts 현상에서 유추된 動物化說, 雨神說, 死者의 영혼이 具象化하는 과정에서 구하는 견해 등이 있다.[17] 이렇게 다양한 학설이 있지만 네 번째 견해를 제외하면 모두 용을 물과 관련 있는 것으로 파악하는 점이 공통점이라 하겠다.[18]

사천미는 일연 당대의 靈妙寺 자리라고 하였는데 沙川(南川)이 끝나는 지점이다. 영묘사의 위치는 일제시대 이래 《新增東國輿地勝覽》의 기록[19]에 의거하여 막연하게 비정되었다. 그러나 60년대 이후 두 갈래의 방향에서 비정이 시도되었다. 1959년의 사라호 태풍 이후 송화산 기슭 아래 서천변에서 사찰의 금당지로 추정되는 건물지가 신라시대의 초석과 함께 노출되었는데 홍사준이 이를 영묘사지로 추정하였다.[20] 한편 1976년 신라문화동인회 현장답사에서 현재 오릉 북쪽의 금성로 동편에 위치하고 있는 전 흥륜사지에서 '靈廟之寺' 銘의 文字銘瓦를 수습하여 전 흥륜사지를 영묘사로 추정하였다.[21]

---

16) 장지훈, 1994, 《삼국시대 미륵신앙 연구》, 고려대학교 박사학위논문.
17) 이은봉, 1984, 《한국고대종교사상》, 집문당.
18) 장지훈, 1994, 앞의 논문.
19) 靈妙寺 在府西五里. (《新增東國輿地勝覽》 21, 慶州府)
20) 홍사준, 1962, 〈신라 영묘사지의 추정〉, 《考古美術》 3-6.

신유림은 이름 그대로 신들이 노닐던 숲인데, 樹木信仰의 제장이었던 것 같다. 實聖王 12년(413) 8월에 구름이 狼山에서 일어나 樓閣과 같고 향기가 자욱하게 일어나자, 왕이 仙靈이 降臨하여 노는 복된 땅이라 하고 이후로 사람들이 수목을 베는 것을 금하였다[22]고 한 곳이 이곳이다. 선덕여왕릉을 중심으로 하는 근처에 지금 降仙里라는 마을이 있다. 수목에 대한 신앙은 신이 강림할 때 나무를 통해 내려온다는 생각과 연결되는 것이며, 이를 宇宙木이나 世界樹라 부른다.[23] 무당이 굿을 할 때 대를 잡으면 떠는 것도 신이 이 대를 통해 내려온다고 생각하기 때문이다. 지금의 四天王寺址와 善德女王陵 사이의 숲이 신유림에 비정된다.

서청전은 이름을 보면 토지신에 대한 제장이었던 것 같은데 일연 당대 曇巖寺 자리라고 하였으니 五陵 남쪽에 위치하였던 것 같다. 《삼국사기》에는 蛇陵이 담암사 북쪽에 있다고 기록되어 있다.[24] 《삼국사기》와 《삼국유사》에서 오릉의 위치 표시에 기준점으로 사용된 이 사찰은 이미 고신라시대에 창건되었다. 담암사의 위치는 오릉과 아주 가까운 곳, 지금의 숭덕전 자리 부근으로 추정된다.[25]

---

21) 김원주, 1983, 〈흥륜사지는 영묘사의 잘못〉, 《천고》 51, 신라문화동인회.

22) 十二年秋八月 雲起狼山 望之如樓閣 香氣郁然 久而不歇 王謂是必仙靈降遊 應是福地 從此後 禁人斬伐樹木. (《三國史記》 3, 新羅本紀 3, 實聖尼師今)

23) Frazer, J. G., 1942, The Golden Bough, Vol 1. Abridged Edition, New York. Eliade, M., 1979, 《우주와 역사》, 정진홍 옮김, 현대사상사.

24) 六十一年春三月 居西干升遐 葬蛇陵 在曇巖寺北. (《三國史記》 1, 新羅本紀 1, 始祖赫居世居西干 61年)

25) 강인구 외, 1990, 《신라오릉 측량조사보고서》, 한국정신문화연구원.

이상의 七處伽藍之墟는 天神, 川神, 龍神, 樹木神, 土地神에 대한 제장이었으며 신유림을 제외하고는 모두 왕경의 서쪽에 위치하고 있다. 鼻荊郎이 같이 놀던 귀신들도 西川(荒川)가에 있었다.[26] 따라서 상대 토착신앙의 제장은 주로 남천과 서천을 끼고 위치하였음을 알 수 있다.

## 2. 始祖廟

신라의 시조묘는 제2대 南解王대에 처음으로 설치되었다.

> 三年春正月 立始祖廟[27]
>
> 按新羅宗廟之制 第二代南解王三年春 始立始祖赫居世廟 四時祭之 以親妹阿老主祭[28]

위의 사료를 보면 시조묘는 시조 박혁거세의 廟이며 시조신이 박혁거세임을 알 수 있다. 또한 1년에 四時로 이를 제사하며 친누이 阿老로 하여금 主祭하도록 했음을 알 수 있다. 이후 제8대 阿達羅王대에는 시조묘 重修 기사가 보인다.

> 十七年春二月 重修始祖廟 秋七月 京師地震 霜雹害穀 冬十月 百濟寇邊[29]

---

26) 名曰鼻荊 眞平大王聞其殊異 收養宮中 年至十五 授差執事 每夜逃去遠遊 王使勇士五十人守之 每飛過月城 西去荒川岸上(在京城西) 率鬼衆遊 勇士伏林中窺伺 鬼衆聞諸寺曉鍾各散 郎亦歸矣. (《三國遺事》 1, 紀異 2, 桃花女 鼻荊郎)

27) 《三國史記》 1, 新羅本紀 1, 南解次次雄.

28) 《三國史記》 32, 雜志 1, 祭祀.

29) 《三國史記》 2, 新羅本紀 2, 阿達羅尼師今.

아달라왕 17년 봄 2월에 시조묘를 중수하였는데 그 이유에 대해서는 아무런 언급이 없다. 한편 제21대 炤知王대에 이르면 시조묘에 守廟 20가를 증치하였다.

七年春二月 築仇伐城 夏四月 親祀始祖廟 增置守廟二十家 五月 百濟來聘[30)]

소지왕 7년 봄 2월에 구벌성을 수축하고 여름 4월에 시조묘에 친히 제사를 지낸 후 수묘 20가를 증치하였고, 5월에는 백제가 來聘하였다. 이때 수묘 20가를 증치한 데 대한 확실한 이유에 대해서는 언급이 없어 잘 알 수가 없다. 다만 수묘 20가를 증치하였다는 것을 볼 때 이전에도 守廟家가 있었다는 것을 알 수 있으며, '守廟'가 '守墓'와 같은 의미로 사용되었을 것으로 추측할 수 있다.

이와 같이 王廟를 王陵으로 인식한 것은 未鄒王陵의 경우에서도 볼 수 있다.

元君乃每欹鰥枕悲歎良多 隔二五歲 以獻帝立安四年己卯三月二十三日 而殂落壽一百五十八歲矣 國中之人若亡 天只悲慟甚於后崩之日 遂於闕之艮方平地 造立殯宮高一丈周三百步而葬之 號首陵王廟也 自嗣子居登王 洎九代孫仇衡之享是廟 須以每歲孟春三之日七之日 仲夏重五之日 仲秋初五之日十五之日 豊潔之奠 相繼不絶[31)]

위의 사료에서 金首露王陵을 王廟라고 하여 陵과 廟가 같음을 알 수 있다. 그렇다면 박혁거세 시조묘는 박혁거세의 왕릉이라 볼 수 있으며 따라서 오릉이 시조묘라고 볼 수 있다. 이러한 이해는 다음의 사료에서도 확인된다.

---

30) 《三國史記》 3, 新羅本紀 3, 炤知麻立干.

31) 《三國遺事》 2, 紀異 2, 駕洛國記.

是以邦人懷德 與三山同祀而不墜 躋秩于五陵之上 稱大廟云[32]

미추왕릉을 大祀인 三山과 같은 격으로 제사 지내고 이를 오릉의 위에 놓으며 대묘라 칭하였다. 따라서 미추왕릉은 대묘이며, 오릉은 시조묘임을 알 수 있다. 시조묘는 바로 오릉이라는 것을 확인할 수가 있는 것이다.

그러면 왜 시조묘가 하나의 능이 아니고 다섯 개의 능이 되었을까? 이는 통일 이후 五廟制의 영향으로 김씨 왕실의 왕묘가 오묘가 될 때 박씨 왕실의 왕묘도 오묘로 되면서 왕릉이 된 것으로 생각된다. 신라의 경우 오묘제가 시행된 것은 神文王대가 처음이며 제도화된 것은 惠恭王대 이후이다.[33] 그러므로 시조묘가 오릉으로 된 것은 신문왕대와 혜공왕대 사이의 시기라고 생각한다.

한편 상대인들이 오릉의 무덤 그 자체를 시조묘로 하였는지 오릉 근처에 따로 건물을 지어 시조묘로 하였는지 지금으로서는 알 수가 없다. 다만 김수로왕릉의 경우를 보면 무덤 옆에 건물을 지어 시조묘로 한 것을 알 수 있다.

고구려의 경우는 왕릉 자체를 왕묘로 하였던 것 같다.

皝從之 發美川王廟〔墓〕載其尸 收其府庫累世之寶 虜男女五萬餘口 燒其宮室 毁丸都城而還[34]

慕容이 환도성을 치고 돌아갈 때 후환을 없애기 위해 美川王廟에서 미천왕의 시신을 파서 싣고 갔다는 이야기다. 여기서 시체를 파낸 미천왕릉을 '美川王

32) 《三國遺事》1, 紀異 1, 味鄒王竹葉軍.

33) 최광식, 1994, 앞의 책.

34) 《三國史記》18, 高句麗本紀 6, 故國原王 12年.

廟'라고 표현하고 있어, 왕릉 자체를 왕묘로 인식하고 있음을 볼 수 있다. 중국 길림성 집안시에 있는 장군총의 맨 꼭대기에는 건물이 있었던 흔적으로 보이는 기둥구멍자리가 있다. 또 태왕릉에서 불과 200여 미터 떨어진 곳의 적석총 위에도 수많은 기왓장이 흩어져 있다. 따라서 이 적석총 위에도 역시 건물이 있었다는 것을 알 수 있다. 장군총과 적석총 위에 있는 것은 고인의 사당으로 생각되므로 고구려의 사당은 무덤 위에 있었던 것을 알 수 있다. 그러다 차츰 무덤 옆으로 위치가 옮겨진 것이다. 따라서 이 사당이 왕릉의 廟임을 알 수 있다. 태왕릉의 경우에도 석실 안에 집 모양의 또 하나의 석실이 존재하는데, 이것도 일종의 王廟라고 볼 수 있을 것 같다.

### 3. 神宮

《삼국사기》를 보면 소지왕 9년에 신궁을 설치한 기사가 기록되어 있다.

> 九年春二月 置神宮於奈乙 奈乙始祖初生之處也 三月 始置四方郵驛 命所司修理官道 秋七月 葺月城 冬十月 雷[35)]

소지왕 9년 봄 2월에 시조가 처음 태어난 곳인 奈乙에 신궁을 설치하였다. 소지왕 7년 4월 시조묘에 수묘 20가를 증치하고 나서 2년 뒤인 9년 2월에 신궁을 설치하였으며, 신궁을 설치하고 난 다음 해 정월에 왕이 月城으로 移宮하였으므로 이는 매우 의도적인 일이었다고 생각한다. 또한 신궁을 설치한 다음

35) 《三國史記》 3, 新羅本紀 3, 炤知麻立干 9年.

해에 內殿 焚修僧과 宮主와의 간통 사건이 발생하였는데 이는 토착신앙과 불교와의 사상적 갈등문제가 발생한 것을 보여 주는 것이라 하겠다. 여기서 사건의 시기가 소지왕 10년이라는 점이 매우 흥미로운데, 이 시기는 처음 나을에 신궁을 설치하고 난 9년 2월의 바로 다음 해이다. 즉 사상적 통일을 위하여 천지신을 모신 신궁을 설치하였으나 다음 해에 불교와의 사상적 갈등문제가 발생하게 된 것이다. 결국 여기에서 내전의 분수승을 죽임으로써 사건을 일단락 짓게 되는데, 이것은 아직 자체적으로 사상적 통일을 기하지 못한 과도기였기 때문이다. 따라서 소지왕 17년 정월에 왕이 친히 신궁에 제사를 지냄으로써 새로운 각오를 다짐하고자 했던 것이다.[36)]

그런데 《삼국사기》 제사지를 보면 신궁이 제22대 지증왕대에 설치된 것으로 기록되어 있다.

第二十二代智證王 於始祖誕降之地奈乙 創立神宮 以享之[37)]

같은 《삼국사기》에서, 본기에서는 신궁이 제21대 소지왕 9년에 설치된 것으로 되어 있고, 제사지에서는 제22대 지증왕대에 설치된 것으로 다르게 기록되어 있다. 이는 소지왕대에 처음으로 설치하여 왕이 친히 제사를 지냈으나 아직 제도화되지 않았다가 지증왕대부터 즉위 직후에 행하는 제도로 된 것이라 생각한다.[38)]

---

36) 최광식, 1983, 〈신라의 신궁 설치에 대한 신고찰〉, 《韓國史硏究》 43.
37) 《三國史記》 32, 雜志 1, 祭祀.
38) 최광식, 1983, 앞의 논문.

신궁이 설치된 이후에는 시조묘에서 이루어지던 제사가 신궁에 대한 제사로 옮겨 갔다. 그러나 신궁이 설치되고 나서 시조묘가 없어졌다는 기록은 없으며, 제40대 애장왕대, 제41대 헌덕왕대, 제42대 흥덕왕대에는 시조묘에 왕이 배알한 기록이 나타나 있다. 신궁이 설치된 이후에도 시조묘는 그대로 있으며 다만 국가제사의 중심이 바뀌게 된 것이다.

제사지를 살펴보면 신라의 제사제도가 시조묘에서 오묘로, 신궁에서 사직으로 변화하였다는 것을 알 수 있다.[39] 그러나 신라본기를 보면 오묘나 사직이 설치된 이후에도 시조묘와 신궁의 제사에 대한 기록이 있다.[40] 시조묘에서 오묘로, 신궁에서 사직으로 변화했다고 한 것은 제사지를 분석한 내용으로, 그것은 기본적으로 제도상 그러했다는 것이다. 신라본기에 의하면 통일기 이후에도 시조묘와 신궁에 대한 제사는 그대로 유지되었다. 이것은 신라문화의 특징으로 제도와 실제가 다른 점을 보여 주는 것이라 하겠다. 즉 제도상으로는 중국을 의식하여 시조묘 대신 오묘로, 신궁 대신 사직으로 제도화가 이루어졌지만 신라는 자신들의 독자적 제사인 시조묘와 신궁에 계속해서 제사를 지냈던 것이다.[41]

그러면 신궁은 어디에 설치하였을까? 종래의 대표적인 견해는 나을을 지금의 蘿井과 같은 것으로 보는 것이다.[42] 이 외 나을을 奈歷과 관련시켜 狼山에 있다고 추정하거나[43] 奈已, 奈靈과 관련시켜 지금의 소백산맥 일대의 영

39) 최광식, 1994, 앞의 책.

40) 서영대, 1985, 〈삼국사기와 원시종교〉, 《歷史學報》 105.

41) 최광식, 1994, 〈토착신앙과 제사의례〉, 《한국사》 3, 한길사.

42) 이병도, 1977, 《國譯 三國史記》, 을유문화사.

주 지역에 있었다고 보기도 한다.[44] 그러나 나을은 시조 혁거세가 탄강한 곳으로 역시 陽山으로 보아야 하기 때문에[45] 남산자락에서 찾아보아야 할 것이다.

필자는 남산 자락에서 신궁에 걸맞은 지명으로 都堂山을 주목한 바 있다. 도당굿이란 마을의 태평과 풍요를 목적으로 몇 년마다 정월에 정기적으로 경기 지방에서 행하는 굿이다. 도당굿의 특징은 여성이 제의의 중심이며 남녀노소 모두 참여하여 함께 먹고 마시고 가무를 행하는 축제의 성격이 강하다. 따라서 신궁에서 천신에 제사를 지내고 여성이 제의를 주관하며 모든 제사의례의 중심이 된다는 데서 그 상관성을 찾아볼 수 있다. 더구나 주위에 天官寺址, 天恩寺址 등 하늘과 관련된 절터가 있으며 四祭寺址가 있기도 하다. 사제사는 나라에서 네 가지의 큰 제사를 지내던 절이라는 견해가 있으나[46] 일년에 四時로 제사하는 절이라는 의미일 것이다. 《삼국사기》 제사지에 시조혁거세묘를 세우고 친누이 아노로서 일년에 사시로 제사하게 하였다는 기록과 관련시킬 수 있다. 또한 가까운 계곡의 이름이 王井谷으로 '임금의 우물'이란 곧 蘿井을 뜻하는 것이라 생각된다.

한편 신궁의 위치를 임금의 즉위의례를 행한 장소라는 의미에서 접근해

---

43) 문경현, 1991, 〈신라의 산악 숭배와 산신〉, 《新羅文化祭學術發表會論文集》 12(신라사상의 재조명).

44) 강종훈, 2000, 《신라상고사연구》, 서울대학교출판부.

45) 高墟村長蘇伐公 望楊山麓 蘿井傍林間 有馬跪而嘶 則往觀之. (《三國史記》 1, 新羅本紀 1, 始祖 赫居世居西干)

46) 윤경열, 1993, 《경주남산 겨레의 땅 부처님 땅》, 불지사.

보았다. 《삼국사기》 신라본기에서 신궁에 제사한 기록을 살펴보면 대개 즉위 직후 정월에 제사한 것으로 나타나 있다.[47] 따라서 신궁에 대한 제사는 왕의 즉위의례로서 행해진 것을 알 수 있다. 그러면 왕의 즉위의례가 거행된 곳은 어디겠는가? 《東京通誌》[48]를 보면 陶唐山에서 즉위의례가 이루어졌다는 기록이 보인다.

> 陶唐山 在府南五里 一名檣頭山 卽鄕校案 山不甚高 環列如屛風 世傳新羅禪代之時必於此山 高麗時有東都 爲舟形而此山爲檣 新羅將有再興之讖 故斷其東岸云[49]

따라서 즉위의례가 이루어진 신궁을 도당산으로 비정하였던 것이다. 陶唐은 堯임금의 성씨로 陶땅은 요임금이 처음 封地를 받은 곳이며, 唐땅은 요임금이 나라를 세울 때 도읍한 곳이다.[50] 그리고 도당산이라는 명칭은 중국 堯舜의 禪位처럼 신라에서도 왕위를 禪讓할 때 꼭 이 산에서 儀式이 베풀어졌다는 데서 생긴 것[51]이라 생각되기 때문이다. 도당산은 월성에서 남산자락의 가장 가까운 구릉으로 평평한 대지가 군데군데 남아 있으며, 특히 북쪽 성내는 당시의 중요 건물이 있던 것으로 믿어지고 있다.[52] 또 나정이나 계림숲들이 모두

---

47) 《삼국사기》 신라본기에 기록된 왕이 친히 제사한 기사 48회 중 즉위 직후에 거행한 것이 40회이다.

48) 《東京通誌》는 仁祖 대 이후 여러 차게 증보되었던 《東京雜記》를 1933년 이름을 고쳐 간행한 것이다.

49) 《東京通誌》 4, 山川.

50) 堯初爲唐侯 後爲天子都唐 故曰陶唐. (《蔡傳》)

51) 박방룡, 1985, 〈도성 · 성지〉, 《韓國史論》 15, 국사편찬위원회.

52) 박방룡, 1985, 앞의 논문.

이 부근에 있으며 이 산봉우리에서 남쪽을 바라보면 나정이 발 아래 보인다.[53] 왕성이 월성으로 옮겨지면서 신궁도 이곳에 옮겨졌을 것이다.[54]

최근 경주 蘿井에서 팔각건물지가 발굴되면서 나정과 신궁의 관계에 대해서도 다시 논의가 활발해지고 있다. 나정은 신라 시조인 박혁거세의 탄강전설이 깃든 우물지로, 낮은 평지성 구릉을 형성하고 있으며 경주 남산의 서쪽 자락에 해당한다. 주변에는 五陵을 비롯해 창림사지, 금광사지 등 많은 유적이 분포하고 있다. 우물 주변에는 울창한 소나무 숲이 우거져 있었으며 발굴 전에는 후대에 설치된 담장이 둘러져 있었다.

2002년 1차 조사에서 팔각건물지가 조사되고 2차 조사에서는 팔각건물지를 둘러싼 담장지와 청동기시대 주거지 2동이 확인되었다. 3차 조사에서는 담장지를 집중 발굴함과 동시에 팔각건물지 남쪽과 동쪽에서 부속건물지를 조사하였으며 2005년 4차 조사에서는 팔각건물지 하부의 우물지와 이를 둘러싼 溝狀遺構, 목책 등이 발굴되었다. 또 주변과 담장하부에서 청동기시대 주거지와 초기철기시대 및 삼국시대의 수혈이 확인되었다. 나정과 관련된 시설은 우물지, 원형건물지, 팔각건물지, 1열의 석열과 적심 등인데 이들 시설은 순서대로 만들어진 것으로 추정된다.[55]

우물지는 팔각건물지의 남동쪽 하층에서 조사되었는데 주변에 기둥구멍이 있고 외곽에는 구상유구와 목책시설이 하나의 세트로 구성되어 있다. 우물

53) 慶州市, 1979, 《慶州南山古蹟巡禮》.

54) 강종원, 1992, 〈신라 왕경의 형성과정〉, 《百濟硏究》 23.

55) 중앙문화재연구원, 2005, 《慶州 蘿井－신화에서 역사로》(제1회 중앙문화재연구원 학술대회).

지의 평면 형태는 타원형으로 길이 4.3m, 너비 2.5m, 깊이 1.7m 정도이다. 바닥 중앙부에서 지름 1.5m의 원형 우물이 확인되는데 바닥에는 강돌이 정연하게 깔려 있다. 상부에는 우물을 복토할 때 사용된 판석이 1장 덮여 있었으며 우물의 북쪽에 이곳으로 내려오기 위한 너비 40cm 정도의 통로가 경사지게 마련되어 있었다.

우물지를 중심으로 돌아가는 기둥구멍은 평면 원형의 형태로 상부에 우물지를 보호하기 위한 시설물이 있었던 것으로 추정된다. 또 우물지 외곽으로 5m 떨어진 지점에 너비 2m, 깊이 최고 1.5m 정도의 원형 溝가 돌아가는데 그 남동쪽 일부가 완전히 돌아가지 않고 있어 그곳이 출입시설로 판단된다. 후에 구상유구를 복토한 후 만들어진 원형건물지는 현재 일부 초석과 적심석이 남아 있다. 이는 기존 우물지를 중심으로 초석을 사용한 건물지를 세웠던 것으로 보이지만 파괴가 심해 세부적인 성격을 알 수 없다.

팔각건물지는 우물지를 복토한 후 약간 북쪽으로 이동하여 축조된 것으로, 한 변이 8m 내외이고 동서 · 남북 길이가 각 20m이다. 내부에는 크기 20cm 정도의 강돌을 사용해 4.5m 간격으로 4개의 적심을 배치하였다. 중앙에는 竪穴이 있는데 보고자는 기존 우물지를 복토하면서 그 상징적 기능을 대체할 목적으로 조성되었을 것이라고 보았으나 중심 기둥구멍으로 보는 견해도 있다. 그리고 남쪽 중앙부에는 길이 14m, 너비 2.3m 내외의 보도시설과 이와 연접하여 계단지로 추정되는 석열이 확인되었다. 팔각건물지의 주변에는 담장이 있고 담장지를 따라 안팎으로 배수로가 확인된다.

이 건물지의 축조연대를 밝힐 만한 직접적인 유물은 출토되지 않았지만,

복토된 우물지에서 목재와 명문기와가 나와 이를 통해 대략적인 건립연대를 추정할 수 있다. 수습된 목재의 방사성 탄소연대측정 결과는 480~630년으로 늦어도 7세기 중엽에는 우물지가 폐기되었음을 알 수 있으며, '儀鳳四年皆土'라는 명문이 새겨진 기와를 통해 문무왕 19년(679)에 우물이 복토되었음을 추정할 수 있다.

나정의 수혈유구와 우물지, 팔각건물지 등은 이곳이 신라의 신성한 장소로서 제사가 거행되던 곳이었음을 알려 준다. 특히 우물지 남쪽 초기철기시대에 해당하는 수혈유구에서 두형토기편이 출토되었는데 이는 제사용 토기로 이곳에서 일찍부터 제사가 이루어졌음을 알 수 있다. 또 나정 유적의 북서모서리에는 삼국시대의 수혈 6기가 분포하고 있다. 평면은 말각장방형 또는 원형으로 내부에서는 고배, 장경호, 개배, 원통형토기, 완, 토제구슬, 방추차, 어망추, 원반형 토제품, 토우편, 수정 등이 출토되었다. 이 역시 제사와 관련된 유구와 유물로 판단된다.

따라서 나정은 유적 전체가 제사와 관련되어 있다고 할 수 있다. 특히 팔각형 건물은 신성한 장소에 독특하고 웅장한 건물로 축조됨으로써 독립성과 신성성, 상징성을 모두 가지고 있었다. 때문에 이 발굴결과를 《삼국사기》 소지마립간 9년조의 奈乙이라는 지명과 연관시켜 이 나정의 팔각건물지를 신궁으로 보는 견해가 설득력을 얻는 듯하다. 그러나 이를 토대로 신궁의 주신이 시조신이었다고 섣불리 결론 내릴 수는 없다. 팔각형 건물은 건축형식상으로 종묘가 될 수 없다는 지적이 있으며, 신궁의 주신은 천지신일 가능성이 높다. 따라서 신궁의 주신을 시조신으로 해석하려는 것은 신중을 기해야 할 것이다.

# 제3장 신라와 당의 대사·중사·소사 비교연구

신라의 제사제도에 대해서는 《삼국사기》 제사지에 간략하나마 기록되어 있으며, 《삼국사기》 신라본기에도 신왕의 즉위와 관련하여 제사에 대한 기록이 남아 있다. 따라서 여태까지는 《삼국사기》 제사지와 신라본기를 통하여 신라의 제사제도에 대한 연구가 이루어졌다. 그러나 워낙 자료가 영성하여 그 내용을 제대로 파악하기가 어려우며, 그 구체적인 의례에 접근하기는 더욱 어려운 실정이다.

그런데 《삼국사기》 제사지에 기록되어 있는 신라의 제사제도는 唐의 제사제도를 수용하여 정비한 것이다. 따라서 당의 제사제도를 파악하여 신라 제사제도의 내용을 이해하는 데 원용할 수 있다고 생각한다. 또한 당의 제사제도가 신라의 제사제도에 수용된 부분과 수용되지 않은 부분을 파악하여 신라 제사제도의 특징을 파악할 수 있을 것이다. 여기에서 신라와 당의 제사제도를 비교할 필요성이 제기된다. 특히 신라의 대사·중사·소사는 당의 대사·중사·소사 제도를 받아들여 체계화한 것이다. 그러나 신라의 대사·중사·소사는 당의 그것과 다른 점이 많으므로 이를 비교하여 신라 제사제도의 특징을 살펴보고자 한다.

이를 위해 먼저 唐令의 祠令條를 통하여 당의 대사·중사·소사에 대해 살펴보고 다음으로 신라의 제사지를 통하여 대사·중사·소사에 대해 살펴보도록 하겠다. 이렇게 당과 신라의 대사·중사·소사를 비교하여 당과 신라의 대사·중사·소사의 공통점과 차이점을 알아보고자 한다. 이를 통하여 신라 제사제도와 토착신앙의 특징이 드러날 수 있을 것이다.

이미 당, 신라, 일본의 제사제도의 비교를 시도한 논고가 있으나[1] 대사·중사·소사의 대상신을 비교하여 피상적인 고찰에 그쳤고 그나마 주로 일본 연구자들에 의해 당과 일본의 국가제사를 비교하는 연구가 많았다. 더구나 그 차이점을 정치적인 문제로만 파악한 것은 문제가 있다고 본다. 다만 최근에 율령 국가체제의 수립이라는 입장에서 신라와 일본이 당의 국가제사체계를 어떻게 적용하고 체계화하는지에 대해 보다 세밀하게 접근한 연구가 나와 주목된다.[2]

---

1) 井上秀雄, 1984, 〈新羅の律令制の收容とその國家·社會との關係〉, 《中國律令制の展開とその國家·社會との關係−周邊諸地域の登場を含めて》(唐代史硏究會報告 第5集). 井上秀雄, 1993, 〈新羅祭祀の特徵〉, 《古代東アジアの文化交流》, 溪水社. 三橋健, 1994, 〈日本の神祇令と中國の祠令·朝鮮の祭祀志〉, 《季刊日本思想史》 44, ペリカン社.

2) 나희라, 2004, 〈7~8세기 唐, 新羅, 日本의 國家祭祀體系 비교〉, 《대외문물교류연구》 3.

여기서는 당의 사령조와 신라의 제사지를 면밀히 검토하여 대사·중사·소사의 차이뿐만 아니라 祭儀의 차이를 살펴봄으로써 신라시대 신앙의 특징을 알아보고자 한다. 따라서 당의 사령과 신라의 제사지뿐만 아니라 《삼국사기》의 본기와 《삼국유사》의 신앙 관련 자료를 검토하여 제사의 제도적 측면뿐 아니라 실제 운영과 그 근간인 신앙에 대하여 살펴보고자 한다.

## 1. 당과 신라의 대사

唐令의 祠令條를 보면 당의 대사는 昊天上帝, 五方上帝, 皇地祇, 神州, 宗廟를 대상으로 하고 있다.[3] 호천상제는 天神이며, 오방상제는 오행사상에 근거한 天의 五方에 있는 신이다. 皇地祇는 호천상제에 대응하는 地神이고, 신주는 황제가 사는 곳의 땅으로 지신의 일종이다. 宗廟는 조상의 제사를 행하는 건물이지만 여기서는 唐朝의 조상과 이미 작고한 황제를 의미한다.[4] 따라서 대사의 대상은 천신과 지신 및 조상신이라는 것을 알 수 있다.

한편 신라의 대사는 習比部에 있는 奈歷, 切也火郡에 있는 骨火, 大城郡에 있는 穴禮의 三山으로 山神을 모신다.[5] 여기서 나력은 명활산, 골화는 영천시 완산동에 있는 금강산이며, 혈례는 1989년 영일군 신광면 냉수리에서 발견된 〈영일냉수리신라비〉가 있는 뒷산의 어래산이다.[6]

---

3) 國有大祀中祀小祀 昊天上帝 五方上帝 皇地祇 宗廟 皆爲大祀. (《唐令拾遺》2條)
4) 金子修一, 1976, 〈唐代の大祀・中祀・小祀について〉, 《高知大學學術研究報告》25-2.
5) 三山以下 名山大川 分爲大中小祀 大祀三山 一奈歷(習比部) 二骨火(切也火郡) 三穴禮(大城郡). (《三國史記》32, 雜志 1, 祭祀)

신라의 대사 · 중사 · 소사의 제사체계는 당나라의 그것을 받아들였으면서도 대사 · 중사 · 소사의 대상을 달리하였다. 당에서는 천신과 지신 및 조상신을 가장 중요한 제사의 대상으로 삼아 대사로서 받들었는데 신라는 삼산을 대사로 삼아 받들었다. 그렇다고 신라가 천신과 지신 및 조상신에 대한 제사를 지내지 않은 것은 아니다. 《삼국사기》 제사지를 보면 맨 처음 종묘의 제도를 논한 다음에 三山 이하 名山大川을 나누어 대 · 중 · 소사로 삼는다고 하였다. 따라서 신라에서는 명산대천보다 종묘가 더 중요시되었음을 알 수 있다. 신라는 당의 대 · 중 · 소사와 달리 명산대천만을 대 · 중 · 소사로 편제하였다.

신라 삼산의 위치로 비정된 경주의 명활산과 영천의 골화산, 안강의 혈례산은 모두 경주와 경주를 둘러싼 지역에 위치하여, 결국 경주를 방호하는 역할을 하고 있다. 《삼국유사》 김유신조[7]에 보이는 '護國三神'이라는 표현에서도 알 수 있듯이 삼산의 신은 국가를 수호하는 신임을 알 수 있다. 그런데 그 호국하는 방법이 상징적일 뿐 아니라 실제적이기도 하다. 명활산이나 혈례산, 골화산은 모두 적을 방호하는 데 필요한 전략적 의미를 지니고 있다. 특히 왕이 있는 왕경을 수호하는 신앙적, 전략적 호국신이 깃들여져 있는 것이다.[8]

신라 제사지에서 三山五岳 이하 명산대천을 대 · 중 · 소사로 제사하였다는 기록 앞에는 종묘의 제도를 살펴본다고 하면서 始祖廟, 神宮, 五廟, 社稷, 八禮, 先農, 中農, 後農, 風伯, 雨師, 靈星에 대한 제사를 기록하고 있다. 특히

---

6) 최광식, 1994, 《고대 한국의 국가와 제사》, 한길사.

7) 我等 奈林穴禮骨火等 三所護國之神. (《三國遺事》 1, 紀異 1, 金庾信)

8) 최광식, 1994, 〈신라 대사 · 중사 · 소사 제장 연구〉, 《역사민속학》 4.

종묘의 제도라고 할 수 있는 부분은 시조묘, 신궁, 오묘, 사직 등이다. 따라서 여기서 종묘는 단지 조상신을 모신 祠堂이라는 좁은 의미가 아니라 제사제도 전반에 대한 넓은 의미로 쓰였음을 알 수 있다. 그러나 시조묘, 신궁, 오묘, 사직, 팔자, 선농, 중농, 후농, 풍백, 우사, 영성에 대한 제사는 신라의 대사에는 포함되지 않으며 이러한 편제는 신라의 독자적인 제사체계이다. 신라는 지방세력의 편제라는 정치적 이유[9]와 더불어 재래 토착신앙의 유지를 위해 당과는 다른 대·중·소사 체계를 성립시켰던 것으로 보인다.

## 2. 당과 신라의 중사

당의 사령은 日月, 星辰, 社稷, 先代帝王, 鎭, 海, 瀆, 帝社, 先蠶, 孔宣父, 齊太公, 諸太子廟를 중사로 규정하고 있다.[10] 일월에 대한 제사는 사령 제14조[11]와 제15조[12]에서 규정하고 있다. 춘분에 동교에서 朝日에 대한 제사를 지내며, 추분에 서교에서 夕月에 대한 제사를 지낸다. 한편 신라의 제사지에는 日月에 대한 제사가 대사·중사·소사의 뒤에 別祀로서 기재되어 있는데 文熱林에서 日月祭를 행하는 것으로 되어 있다.[13]

---

9) 濱田耕策, 1984, 〈新羅の祀典と名山大川の祭祀〉, 《呴沫集》 4(2002, 《新羅國史の研究》, 79쪽 재수록). 나희라, 2003, 《신라의 국가제사》, 지식산업사.

10) 日月 星辰 社稷 先代帝王 岳 鎭 海 瀆 帝社 先蠶 孔宣父 齊太公 諸太子廟 並爲中祀. (《唐令拾遺》 2條)

11) 春分祀朝日於東郊. (《唐令拾遺》 14條)

12) 秋分祀夕月於西郊. (《唐令拾遺》 15條)

13) 文熱林行日月祭. (《三國史記》 32, 雜志 1, 祭祀)

당령 4조[14]를 보면 星辰에 대한 제사는 매년 동지에 圜丘에서 호천상제에 대한 제사를 지낼 때 天文을 모두 從祀하는 것으로 되어 있다. 二月 內官 中官 外官 및 重星을 모두 從祀하는데 五方帝와 日月 七坐는 壇의 第二等에, 內官 五星 이하 五十五坐는 第三等에, 二十八宿 이하 百三十五坐는 第四等에, 外官 百一十二坐는 外壝의 안에, 衆星 三白六十坐는 外壝의 밖에 配坐한다. 신라의 제사지에는 성신에 대한 제사가 대사 · 중사 · 소사의 뒤에 별사로서 기재되어 있는데 靈廟寺 남쪽에서 五星祭를 행하였다.[15] 즉 신라에서 五星은 중사가 아닌 별사로서 편성되었으며, 이외의 다른 별에 대한 제사는 제사지에 나타나 있지 않다.

사직에 대한 제사는 제22조[16]에 중춘과 중추 상술일에 태사에 제사를 지내며 후토씨를 배향하고, 태직에도 제사를 지내며 후직씨를 배향하는 것으로 되어 있다. 신라에서는 제37대 선덕왕에 이르러 사직단을 세웠다.[17]

선대제왕에 대해서는 제27조[18]에 규정하고 있는데 3년마다 한 번 제사를 지내며 2월에 太牢를 희생으로 하고, 사관은 장관으로 충당하며, 순임금은

14) 日月內官外官 及衆星皆從祀 其五方帝急日月七坐 在壇第二等 內官五星以下五十五坐 在第三等 二十八宿以下百三十五坐 在四等 外官百一十二坐 在外壝之內 衆星蔘白六拾坐 在外壝之外. (《唐令拾遺》 4條)

15) 靈廟寺南 行五星祭. (《三國史記》 32, 雜志 1, 祭祀)

16) 仲春仲秋上戊 祭太社以后土氏配 祭太稷以后稷氏配. (《唐令拾遺》 22條)

17) 至第三十七代宣德王 立社稷壇. (《三國史記》 32, 雜志 1, 祭祀)

18) 先代帝王 每三年一享 以仲春之月 牲用太牢 祀官以長官充 若有故 遣上佐行事 帝高辛氏于頓丘 唐堯于平陽 稷卨配 帝舜于河東 皐繇配 夏禹于安邑 伯益配 商湯于偃師 伊尹配 周文王于酆 太公配 周武王于鄗 周公召公配 漢高祖于長陵 蕭何配. (《唐令拾遺》 27條)

하동에서 고요를 배향하며, 하우는 안읍에서 백익을 배향하며, 상은 언사에서 이윤을 배향하며, 주문왕은 풍에서 태공을 배향하며, 주무왕은 호에서 주공소공을 배향하며, 한고조는 장릉에서 소하를 배향한다. 신라에서는 선대제왕에 대한 제사는 보이지 않고 단지 신라의 왕에 대해서만 제사를 지냈다.

鎭, 海, 瀆에 대한 祭祀는 제23조[19]에 규정하고 있다. 五岳, 四鎭, 四海, 四瀆에 대한 제사는 해마다 한 번씩 지내는데 각기 五郊에서 迎氣日에 제사를 지낸다. 東岳의 岱山은 兗州에서, 東鎭의 沂山은 沂州에서, 東海는 萊州에서, 東瀆의 大淮는 唐州에서, 南岳의 衡山과 南鎭의 會稽山은 越州에서, 南海는 廣州에서, 南瀆의 大江은 益州에서, 中岳의 嵩山은 洛州에서, 西岳의 華山은 華州에서, 西鎭의 吳山은 隴州에서, 西海와 西瀆의 大河는 同州에서, 北岳의 恒山은 定州에서, 北鎭의 醫無閭山은 營州에서, 北海 및 北瀆의 大濟는 洛州에서 제사를 지낸다. 犧牲은 모두 太牢를 사용하며, 祀官은 當界의 都督과 刺史로서 충당한다. 《대당개원례》에서는 입춘, 입하, 입추, 입동으로 나누어 서술하고 술, 脯, 醢의 제물을 예시하고 사관이 유고한 경우 上佐를 보내 제사를 지낸다는 내용을 보충하고 있다.

신라의 중사는 五岳, 四鎭, 四瀆, 및 표제가 없는 6곳의 제장으로 구성되어 있으며[20] 오악이 가장 먼저 기재되어 있어 중사 중 가장 중요한 제사임을 알

---

19) 立春之日 祭東岳泰山於兗州 東鎭沂山於沂州 東海於萊州 東瀆淮於唐州 立夏之日 祭男岳衡山於衡州 南鎭會稽山於越州 南海於光州 南瀆江於益州 季夏土王日 祭中岳嵩山於河南府 立秋之日 祭西岳華山於華州 西鎭吳山於隴州 西海及西瀆河於同州 立冬之日 祭北岳恒山於定州 北鎭醫無閭於營州 北海及北瀆祭於河南府 其祭用酒脯醢牲饌太牢 祀官當界都督刺史充 有故遣上佐行事. (《唐令拾遺》 23條)

수 있다. 오악 중 가장 먼저 기재된 것은 동쪽의 토함산으로 대성군에 있으며, 남쪽의 지리산은 정주에 있고 서쪽의 계룡산은 웅천주에 있다. 그리고 북쪽의 태백산은 날이군에 있으며 가운데의 중악은 부악으로 공산이라고도 하며 압독군에 있다. 다음으로 사진이 기재되어 있는데 당에서는 오악과 사진의 9군데 제장을 9주에 하나씩 배치하였으나[21] 신라는 그러한 기준에 따르지 않고 신라 나름대로의 기준에 따라 편성하였다. 동쪽의 온말근은 아곡정에 있으며, 남쪽의 해치야리는 실제라고도 하는데 추화군에 있으며, 서쪽의 가야갑악은 마시산군에 있으며, 북쪽의 웅곡악은 비열홀군에 있다.

사진 다음으로 사해가 기재되어 있다. 동쪽의 아등변은 근오형변이라고도 하는데 퇴화군에 있고, 남쪽의 형변은 거칠산군에 있으며, 서쪽의 미릉변은 시산군에 있고, 북쪽의 비례산은 실직군에 있다. 다음에는 사독이 기재되어 있는데 동쪽의 토지하는 참포라고도 하고 퇴화군에 있으며, 남쪽의 황산하는 삽량주에 있고, 서쪽의 웅천하는 웅천주에, 북쪽의 한산하는 한산주에 있다.

사독 다음에 표제명이 없는 6군데의 제장이 실려 있다. 이에 대하여 소사의 것이 잘못해서 중사에 실렸다는 견해[22]도 있으나 사전이 성립한 이후 뒤에

---

20) 中祀 五岳 東吐含山(大城郡) 南地理山(菁州) 西鷄龍山(熊川州) 北太伯山(奈已郡) 中父岳(一云公山 押督郡) 四鎭 東溫沫懃(牙谷停) 南海恥也里(一云悉帝 推火郡) 西加耶岬岳(馬尸山郡) 北熊谷岳(比烈忽郡) 四海 東阿等邊(一云斤烏兄邊 退火郡) 南兄邊(居柒山郡) 西未陵邊(屎山郡) 北非禮山(悉直郡) 四瀆 東吐只河(一云槧浦 退火郡) 南黃山河(歃良州) 西熊川河(熊川州) 北漢山河(漢山州) 俗離山(三年山郡) 推心(大加耶郡) 上助音居西(西林郡) 烏西岳(結巳郡) 北兄山城(大城郡) 淸海鎭(助音島). (《三國史記》 32, 雜志 1, 祭祀)

21) 古典研究會, 1981, 《大唐開元禮》 35, 吉禮 祭五岳四鎭.

22) 이기백, 1972, 〈신라 오악의 성립과 그 의의〉, 《진단학보》 33(1974, 《신라정치사회사

추가 편입된 것이라는 견해[23]도 있다. 먼저 속리악이 삼년산군에 있고, 추심은 대가야군에 있으며, 상조음거서는 서림군에 있다. 오서악은 결사군에 있고, 북형산성은 대성군에 있으며, 청해진은 조음도에 있다. 청해진이 신라 하대에 설치되었기 때문에 사전도 신라 하대에 성립된 것으로 보기도 한다. 그러나 신라의 사전은 신문왕 5년(675)에서 성덕왕 34년(735) 사이에 성립된 것으로 보는 것이 옳을 듯하다.[24] 특히 성덕왕 12년 전사서가 설치[25]된 후 대사 · 중사 · 소사에 대한 사전체제가 이루어졌다고 생각한다. 그 후 신라의 국가적 필요에 따라 하나씩 도입된 것으로 보아야 할 것이다. 청해진이 중사의 맨 마지막에 기재되어 있는 것을 볼 때 신라의 사전은 청해진이 설치된 시기에 마지막으로 재정비되었다고 볼 수 있다.

帝社는 신농을 말한다. 당 사령 제25조[26]는 1월 길해일에 후토씨에 제사를 지내는데 구룡씨를 배향하는 것으로 되어 있으나 《대당개원례》에서는 1월 길해일에 선농씨에 제사하며 후토씨를 배향하는 것으로 되어 있다. 한편 신라의 제사지에는 대사 · 중사 · 소사의 앞에 선농 · 중농 · 후농에 대한 제사가 언급되어 있다. 입춘 후 해일에 명활산의 남쪽 웅살곡에서 선농제를 지내고, 입하 후 해일에 신성의 북문에서 중농제를 지내며 입추 후 해일에 산원에서

---

연구》, 일조각 재수록).

23) 浜田耕策, 1984, 앞의 논문.

24) 井上秀雄, 1993, 앞의 논문.

25) 十二年春二月 置典祀署 使入唐朝貢 玄宗御樓門以見之. (《三國史記》8, 新羅本紀 8, 聖德王 12년)

26) 孟春吉亥 祀后土 以勾龍氏配 孟春吉亥 享先農 后稷配. (《唐令拾遺》25條)

후농제를 지낸다.[27] 신라는 당과 달리 중농과 후농에 대한 제사가 있었으며 제사를 지내는 달이 당에서는 음력 1월 길해일인데 대하여 신라에서는 양력 입춘 후 해일로 되어 있다. 이것은 당의 선농제를 제도적으로 수용하였지만 신라 전통의 농경의례를 그대로 유지하였기 때문이라 생각한다. 농경을 시작하기 전에 선농제를, 농경을 하는 중간에 중농제를, 농경을 마치고 후농제를 지낸 것이다.

先蠶에 대한 제사는 제26조[28]에 규정되어 있는데 3월 길사일에 서교에서 선잠씨에 제사하는 것으로 되어 있다. 신라에서는 선잠에 대한 제사가 제사지에 기재되어 있지 않다. 그렇다고 신라에서 누에치는 것을 소홀히 한 것은 아니다. 박혁거세가 알영과 함께 육부를 순행할 때 농경과 누에치기를 독려한 것을 볼 수 있다.[29]

공선부에 대한 제사는 제29조[30]에 규정되어 있는데 儒教式 제사로 聖人에 대한 제사를 규정하고 있다. 춘분과 추분의 上丁日에 공선부에 제사를 지내는데 顏回를 배향하여 태뢰로 제사하며 登歌 軒縣의 음악과 六佾의 무용을 하는데 만약 대제사가 겹치면 中丁日에 행한다. 그러나 신라에는 공선부에 대한 제사, 제태공에 대한 제사, 제태자묘에 대한 제사가 없다. 신라는 아직 유교식

---

27) 立春後亥日 明活山南熊殺谷 祭先農 立夏後亥日 新城北門 祭中農 立秋後亥日 菻園 祭後農. (《三國史記》 32, 雜志 1, 祭祀)

28) 季春吉巳 享先蠶於西郊. (《唐令拾遺》 26條)

29) 十七年 王巡撫六部 妃閼英從焉 勸督農桑 以盡地理. (《三國史記》 1, 新羅本紀 1, 始祖 赫居世居西干)

30) 春秋二分之月上丁 釋奠于先聖孔宣父 以先師顏回配 祭以太牢 樂用登歌軒縣六佾之舞 若與大祭祀相遇 則改用中丁. (《唐令拾遺》 29條)

제사를 지내지 않았음을 알 수 있다.

앞에서 본 바와 같이 신라의 중사는 오악, 사진, 사해, 사독 및 표제가 없는 6곳의 제사로 되어 있다. 오악은 통일전쟁 이전의 오악과 통일전쟁 이후의 오악으로 나누어 볼 수 있다. 통일전쟁 이전의 오악은 경주를 둘러싼 요충지인 반면에 통일전쟁 이후의 오악은 상징적 의미가 크다. 사진은 변방에 위치하여 전략적인 요충지에 자리 잡고 있다. 동쪽의 온말근은 울산에 위치하고, 남쪽의 해치야리는 밀양에 위치하여 일본의 침략을 경계하는 의미가 있는 듯하며, 서쪽의 가야갑악은 서해변에 위치하여 당을 경계하는 듯하다. 북쪽의 웅곡악은 안변에 있어 발해와 경계를 이루는 지역에 위치하고 있다.[31]

당에서는 오악과 사진이 주마다 하나씩 설치되었는데 신라는 한 개주에 두 군데가 있는 주도 있고, 한 개주에 하나도 없는 주가 있다. 사독도 전략적으로 적을 방호하기 좋은 곳에 위치하고 있다. 표제명이 없는 여섯 지역의 제장도 전략적으로 요충지에 해당하는 데 위치하고 있다. 맨 뒤의 청해진은 두말할 필요도 없을 것이다.

이 여섯 곳의 제장이 소사에 기재되어야 하는데 잘못되어 중사에 기재되었다는 견해가 있으나,[32] 이곳들 역시 신라의 중사에 포함되어 있었을 것이라 생각된다. 청해진이 설치된 무진주에는 중사에 해당하는 제장이 청해진밖에는 없다. 따라서 신라는 처음에 중사의 제장을 주마다 하나씩 두는 원칙을 따르지는 않았으나, 여기서 빠진 곳을 나중에 보충하여 결국 한 주에 하나 이상의

---

31) 최광식, 1994, 〈신라 대사 · 중사 · 소사의 제장 연구〉, 《역사민속학》 4.
32) 이기백, 1972, 앞의 논문.

제장을 설치한 것으로 보아야 할 것 같다. 이처럼 중사의 제장은 국토의 주위를 둘러가며 국경을 이루고 있는 양상을 보이고 있다.

### 3. 당과 신라의 소사

당의 소사는 司中, 司命, 風師, 雨師, 靈星, 山林, 川澤으로 구성되어 있으며, 州縣의 社稷과 釋奠 및 諸神祠를 소사의 예에 준하였다.[33] 제19조[34]는 입동 후 해일에 국성의 서북에서 사중, 사명, 사인, 사록에 제사하는 것으로 되어 있다. 신라의 제사지에는 사중과 사명에 대한 제사에 대해 언급이 없다.

풍사에 대한 제사는 제16조[35]에 입춘 후 축일에 국성의 동북에서 풍사에 대해 제사하는 것으로 되어 있다. 신라의 제사지에는 대사 · 중사 · 소사 앞에 기재되어 있는데 입춘 후 축일에 견수곡문에서 풍백에 제사를 지낸다고 되어 있다.[36] 제일이 입춘 후 축일로 되어 있어 제장도 같은 방향이라고 추정한다면 견수곡문도 왕경의 동북쪽에 있다고 볼 수 있겠다. 다만 당의 사령에서는 풍사로 되어 있는데 대하여 신라의 제사지에는 풍백으로 되어 있다. 풍백은 단군신화에 운사, 우사와 함께 나타나 있는 존재로 농경과 깊은 관련이 있다.

우사에 대한 제사는 제17조에 규정되어 있는데 입하 후 신일에 국성의 서남

33) 司中 司命 風師 靈星 山林 川澤等 並爲小祀 州縣社稷 釋奠 及諸神祠 亦准小祀例. (《唐令拾遺》 2條)

34) 立冬後亥日 祀司中司命司人司祿於國城西北. (《唐令拾遺》 19條)

35) 立春後丑日 祀風師於國城東北. (《唐令拾遺》 16條)

36) 立春後丑日 犬首谷門 祭風伯. (《三國史記》 32, 雜志 1, 祭祀)

에서 우사에 제사를 지내는 것으로 되어 있다. 신라의 제사지에는 풍백에 대한 제사에 이어 기재되어 있다. 입하 후 신일에 탁저에서 우사에 제사를 지낸다.[37] 제일이 입하 후 신일로 같으므로 제장도 같은 방향으로 추정한다면 탁저도 왕경의 서남쪽에서 찾아보아야 할 것 같다. 우사도 풍백과 운사와 함께 단군 신화에 나타나 있는 존재로 농경과 깊은 관련이 있다.

영성에 대한 제사는 제18조[38]에 규정되어 있는데 입추 후 진일에 국성의 동남에서 영성에 대한 제사를 지내는 것으로 되어 있다. 신라의 제사지에는 우사에 대한 제사에 이어 기재되어 있다. 입추 후 진일에 본피유촌에서 영성에 제사를 지낸다.[39] 제일이 입추 후 진일로 같으므로 제장인 본피유촌도 왕경의 동남쪽에 있을 것으로 추정할 수 있다. 영성에 대한 제사는 일찍이 《삼국지》 동이전[40]에 나타나 있으며, 《삼국사기》 제사지에는 《後漢書》와 《梁書》, 《唐書》를 인용하여 언급하고 있다.[41]

산림과 천택에 대한 제사에 대한 규정은 따로 보이지 않고 제13조[42] 납제에

---

37) 立夏後申日 卓渚 祭雨師. (《三國史記》 32, 雜志 1, 祭祀)

38) 立秋後辰日 祀靈星於國城東南. (《唐令拾遺》 18條)

39) 立秋後辰日 本彼遊村 祭靈星. (《三國史記》 32, 雜志 1, 祭祀)

40) 涓奴部本國主 今雖不爲王 適統大人 得稱古鄒加 亦得立宗廟 祠靈星社稷. (《三國志》 30, 魏書 30, 烏丸鮮卑東夷傳, 高句麗)

41) 後漢書云 高句麗好祠鬼神社稷靈星 〔…〕 梁書云 高句麗於所居之左 立大屋祭鬼神 冬祠靈星社稷 〔…〕 唐書云 高句麗俗多淫祠 祀靈星及日 箕子可汗等神. (《三國史記》 32, 雜志 1, 祭祀)

42) 臘日蜡百神於南郊 大明夜明壇上 神農 伊祁 后稷 五官 五田畯 五星 十二辰 二十八宿 五岳 四鎭 四海 四瀆 五山 五川 五林 五澤 五丘 五陵 五墳 五衍 五原 五隰 五井泉 青龍 朱雀 麒麟 騶虞 玄武 五鱗 五羽 五贏 五毛 五介 五水庸 五坊 五郵表畷 五於菟 五貓 五昆蟲. (《唐令拾遺》 13條)

대한 규정에 산림과 천택에 대한 제사가 언급되어 있다. 12월 상인일에 남교에서 백신에게 납제를 지내는데 대명・야명을 단의 맨 위에 놓고, 신농, 이기, 후직, 오관, 오전준, 오성, 십이진, 28수, 오악, 사진, 사독, 오산, 오천, 오림, 오택, 오구, 오릉, 오분, 오연, 오원, 오습, 오정천, 청룡, 주작, 기린, 추우, 현무, 오인, 오우, 오리, 오모, 오개, 오수용, 오방, 오우표철, 오어토, 오묘, 오곤충에 제사를 지낸다. 여기서 오산, 오천, 오림, 오택 등을 볼 때 산과 수풀, 내와 못도 각각 다섯 곳을 정하여 제사를 지냈던 것으로 보인다. 신라의 제사지에는 四川上祭, 祈雨祭, 四大道祭가 山林과 川澤에서 이루어졌다. 四川上祭는 犬首, 文熱林, 青淵, 樸樹에서 이루어졌으며,[43] 祈雨祭는 惠樹에서 이루어졌다.[44] 四大道祭는 동쪽은 古里, 남쪽은 簷幷樹, 서쪽은 渚樹, 북쪽은 活併岐에서 이루어졌다.[45]

주현사직에 대한 제사는 제31조[46]에 있는데 주현은 서울과 같이 모두 사직을 두고 2월 상무일에 주현관이 친히 제사를 지내며, 8월 상수일에도 이와 같이 하였다고 규정하고 있다. 주현석전에 대해서는 제32조[47]에 규정되어 있는데 주현은 모두 공선부묘를 두고 안회를 배향하며, 2월 상정일에 주현관이 석전례를 행하며 8월 상정일에도 이와 같이 하였다고 되어 있다. 그러나 신라의

43) 四川上祭 一犬首 二文熱林 三青淵 四樸樹. (《三國史記》 32, 雜志 1, 祭祀)
44) 惠樹行祈雨祭. (《三國史記》 32, 雜志 1, 祭祀)
45) 四大道祭 東古里 南簷幷樹 西渚樹 北活併岐. (《三國史記》 32, 雜志 1, 祭祀)
46) 州縣皆置社稷 如京都之制 仲春上戊 州縣官親祭 仲秋上戊亦如之. (《唐令拾遺》 31條)
47) 州縣皆置孔宣父廟 以顔回配焉 仲春上丁 州縣官 行釋奠之禮 仲秋上丁亦如此. (《唐令拾遺》 32條)

제사지에는 주현에서 사직과 공선부에 제사를 행한 기록이 없다. 앞에서 보았듯이 儒教祭祀인 공선부의 제사는 왕경에서도 이루어지지 않았다.

한편 신라의 소사는 24곳의 제장이 열거되어 있다. 소사는 대사의 삼산이나 중사의 오악, 사진, 사해, 사독과 같이 성격이 유사한 것끼리 묶여지지 않고 나열되어 있다. 상악은 고성군에, 설악은 수성군에, 화악은 근평현에, 감악은 칠중성에, 부아악은 북한산주에, 월내악은 월내군에, 무진악은 무진주에, 서다산은 백해군에, 월형산은 내토군 사열이현에, 도서성은 만노군에, 동로악은 진례군 단천현에, 죽지는 급벌산군에, 웅지는 굴자군 웅지현에, 악발은 발악이라고도 하며 우진야군에, 우화는 생서량군 우화현에, 삼기는 대성군에, 훼황은 모량에, 고허는 사량에, 가아악은 삼년산군에, 파지곡원악은 아지현에, 비약산은 퇴화군에, 가림성은 가림현에, 가량악은 청주에, 서술은 모량에 있다.[48]

신라 소사의 제장은 거의 모두 그 지역의 鎭山으로 되어 있다. 소사의 제장이 진산이라는 것은 그 지역을 수호하는 산이라는 의미이며, 그 지역 방어의 의미를 갖고 있는 것이다. 대사의 제장은 왕실을, 중사의 제장은 국토방위를, 소사의 제장은 지역방호를 위한 목적으로 배치한 것을 알 수 있다. 문무왕이 유언으

---

48) 小祀 霜岳(高城郡) 雪岳(迨城郡) 花岳(斤平縣) 鉗岳(七重城) 負兒岳(北漢山州) 月奈岳(月奈郡) 武珍岳(武珍州) 西多山(伯海郡 難知可縣) 月兄山(奈吐郡 沙熱伊縣) 道西城(萬弩郡) 冬老岳(進禮郡 丹川縣) 竹旨(及伐山郡) 熊只(屈自郡 熊只縣) 岳髮(一云髮岳 于珍也郡) 于火(生西良郡 于火縣) 三岐(大城郡) 卉黃(牟梁) 高墟(沙梁) 嘉阿岳(三年山郡) 波只谷原岳(阿支縣) 非藥山(退火郡) 加林城(加林縣 一本有靈嵒山虞風山 無加林城) 加良岳(菁州) 西述(牟梁). (《三國史記》32, 雜志 1, 祭祀)

로 자신의 뼈를 동해구에 뿌려 달라고 한 것은 통일전쟁의 승리 후 남은 후환인 일본에 대한 경계를 게을리 하지 않게 하기 위해서였다.[49] 즉 뒤의 왕들이 선왕을 위하여 제사를 지내면서 선왕의 유지를 잊지 않게 하기 위함이며, 신앙적 의미와 전략적 의미를 함께 하기 위한 것이었다. 당이나 일본과 달리 대사·중사·소사를 전략적 요충지에 설치한 이유가 여기에 있는 것이다.[50]

왕경의 주변에는 본래 산성을 거점으로 하여 6기정이 설치되었다.[51] 동기정은 명활산을 거점으로 왕경의 동쪽을, 남기정은 남산성과 고허성을 거점으로 남쪽을, 서기정은 부산성을 거점으로 서쪽을, 북기정은 왕경의 북쪽을, 막야정은 안강 지방을, 중기정은 서형산성을 거점으로 하였다. 이곳의 산성이 모두 대사·중사·소사의 제장으로 편성되어 있는 것이다.

정복한 지역의 사상적 회유정책이나 위무정책이라면 정복한 나라에서 중요시한 명산대천을 사전체계에 편성시켰을 것이다. 그러나 고구려의 명산대천은 보이지 않으며, 백제의 가장 중요한 사비 지역 산천 역시 포함되지 않았다.[52] 백제 당시에는 일산, 부산, 오산이 백제의 삼산이었으며, 《신증동국여지승람》에 의하면 이들은 부여군에 위치한 것으로 되어 있다. 이 같은 사실을 통해 백제도 나름대로의 사전체계를 갖추고 있는 것을 알 수 있는데 여기의 삼산도 부여를 둘러싸고 부여를 방호하는 지역에 위치하고 있다. 이러한 백제

---

49) 秋七月一日 王薨諡曰文武 群臣以遺言 葬東海口大石上 俗傳王化爲龍 仍指其石爲大王岩 遺詔曰. (《三國史記》 7, 新羅本紀 7, 文武王 7年)

50) 최광식, 1994, 〈신라 대사 중사 소사의 제장 연구〉, 《역사민속학》 4.

51) 민덕식, 1987, 〈신라 왕경의 방비에 관한 고찰〉, 《史學硏究》 39.

52) 노중국, 1988, 〈통일기 신라의 백제고지지배〉, 《韓國古代史硏究》 1.

의 왕경을 방호하는 삼산이 신라의 대사 · 중사 · 소사에는 편성되지 않았던 것이다. 따라서 정복한 지역의 사상적 회유정책이나 위무정책에 의한 것이 아니라 국방상 목적에 따라 편성하였음을 알 수 있는 것이다.

## 4. 당과 신라의 제의 비교

제사지에는 壇과 堂의 高下와 壝門의 內外, 차례의 尊卑, 陣設과 登降의 절차, 尊爵, 籩豆, 犧牲, 册祝의 예는 알 수가 없으므로 다만 그 대략을 조잡하게 기록할 뿐이라고 하면서 祭日에 대해서만 언급하고 있다. 즉 1년에 오묘에 여섯 번 제사를 지내는데 정월 2일과 5일, 5월 5일, 7월 상순, 8월 1일과 15일에 행하는 것으로 되어 있다. 한편 당의 사령에는 제기와 제물, 희생, 제일, 제관 ,제의 과정이 잘 나타나 있는바 신라의 제사에 상당한 부분이 수용되었으리라 생각되므로 신라의 국가제사의 복원을 위하여 살펴볼 필요가 있다고 생각한다.

희생에 대해서는 제34조[53]에 기재되어 있는데 호천상제에 대한 제사는 倉犢 한 마리, 配帝 또한 한 마리, 五方上帝 五人祭는 각 方色 한 마리, 大明은 青犢 한 마리, 夜明은 白犢 한 마리, 皇地祇는 黃犢 한 마리, 配帝 또한 黃犢

53) 諸祀昊天上帝 皆用蒼犢一 配帝亦蒼犢一 五方上帝五人帝 各方色犢一 大明青犢一 夜明白犢一 皇地祇黃犢一 配帝亦黃犢一 神州黝犢一 配帝亦黝犢一 宗廟社稷帝社先蠶先代帝王五岳四鎮四海四瀆孔宣父齊太公諸太子廟 竝用太牢 若冬至祀圜丘 加羊九豕九 夏至祭方丘 加羊五豕五 蜡祭神農伊祁星辰以下 方別各用小牢 其方不熟則闕之 若行幸祭大山川 皆用太牢 祭中山川及州縣社稷釋奠 皆用小牢 其風師雨師靈星司中司命司人司祿 及行幸祭小山川 及馬祖馬社先牧馬步 各用羊一 軷祭用羝羊一. (《唐令拾遺》34條)

한 마리, 神州는 黝犢 한 마리, 宗廟, 社稷, 帝社, 先蠶, 先代帝王, 五岳, 四鎭, 四海, 四瀆, 孔宣府, 齊太公, 諸太子廟는 太牢를 사용한다. 동지에 圜久에 제사할 때는 양과 돼지 9마리를 더하고 하지에 方丘에 제사할 때에도 양과 돼지 5마리를 더한다. 神農, 伊祁, 星辰 이하는 방위별로 각 小牢를 사용하고 흉년이 들면 빼고, 순행시에 大山川에 제사를 지내는 데 太牢를 사용한다. 中山川과 州縣社稷, 釋奠은 모두 小牢를 쓰고, 풍사, 우사, 영성, 司中, 司命, 司人, 司祿 및 行幸하는 小山川 및 馬祖, 馬社, 先牧, 馬步는 각기 양 한 마리를 쓰며, 軷祭에는 숫양 한 마리를 사용한다. 신라의 제사지에는 牲牢에 대한 자료가 풍년에 太牢를 사용하고 흉년에는 小牢를 사용한다는 대목[54]뿐이다. 한편 〈울진봉평신라비〉와 〈영일냉수리신라비〉는 제의과정에서 소를 희생하는 내용이 새겨져 있다.[55]

제기와 제물에 대해서는 제35조[56]에 기재되어 있는데 제기는 籩과 豆를 각각 12개씩 사용하고 있다. 籩은 돌소금, 건어, 대추, 밤, 개암씨, 마름씨, 鹿脯,

54) 豊年用太牢 凶年用小牢. (《三國史記》 32, 雜志 1, 祭祀)

55) 煞牛祓誥故記. (〈영일냉수리신라비〉) 新羅六部煞斑牛. (〈울진봉평신라비〉) 신종원, 1990, 〈6세기 초 신라의 희생례〉, 《震檀學報》 70.

56) 諸祭器 用籩豆各十二者 籩實盛以石鹽乾魚乾棗栗黃榛子仁菱仁芡仁鹿脯白餠黑餠糗餌粉餈 其豆實以韭菹醓醢菁菹鹿醢芹菹兎醢筍菹魚醢脾析菹豚拍飴食糝食 用籩各十者 籩減糗餌粉餈 豆減飴食糝食 用籩豆各八者 籩又減白餠黑餠 其豆又減脾析菹豚拍 用籩豆各四者 籩實以石鹽乾棗栗黃鹿脯 其豆實以芹菹兎醢菁菹魚醢 用籩豆各二者 籩實以栗黃牛脯 豆實以葵菹鹿醢 用籩豆各一者籩實以牛脯豆實以鹿醢 其應用牛脯者 亦通用羊脯 用簋簠各一者 簋以稷飯 簠實以梁飯 用簋簠各二者 簠實以稷黍飯 簋實以稻梁飯 㼽實以大羹 鉶實以肉羹. (《唐令拾遺》 35條)

흰떡, 검은 떡, 볶은 쌀, 인절미를 채우고, 豆는 부추, 부추김치, 菁菹, 鹿醢, 미나리김치, 兎醢, 죽순김치, 魚醢, 곱창, 돼지갈비, 메밥, 국 등을 담는다. 籩豆 10개를 사용할 때는 변에서는 볶은 쌀과 인절미를, 豆에서는 메밥과 국을 감한다. 변두 8가지를 사용할 때는 변에서 흰떡과 검은 떡을, 두에서 곱창과 돼지갈비를 감한다. 변두 4가지를 사용할 때는 변에 돌소금, 대추, 밤, 鹿脯를, 두에는 미나리김치, 兎醢, 菁菹, 魚醢를 담는다. 변두 2가지를 사용할 때는 변에 밤과 牛脯를, 두에 아욱과 鹿醢를 담는다. 변두 하나를 사용할 때는 변에 牛脯, 두에 鹿醢를 담는다. 우포를 응용하여 羊脯를 통용한다. 簠簋 하나를 사용할 때는 簠에는 메밥을, 簋에는 찰밥을 담는다. 보궤 2개를 사용할 때는 궤에는 기장밥을, 보에는 도량밥을 담는다. 㽅에는 큰 국을, 鉶에는 고기국을 담는다. 신라의 제사지에서는 이에 대한 자세한 기록이 남아 있지 않아 그 구체적 실상을 알 수가 없다. 부안 죽막동에서 발견된 백제 국가제사의 제기를 통하여 유추할 수 있을 뿐이다.57)

제관에 대해서는 제36조58)에 기재되어 있는데 대사와 중사는 有司가 행사하고, 광록경이 태관령을 인솔하여 예궐하고 酺를 올린다. 신라 제사지에는 시조묘에 대한 제사를 아노가 주관한다고 되어 있을 뿐 다른 제사의 제관에 대한 기록이 없다. 다만 《삼국사기》 신라본기에 시조묘와 신궁에 대한 제사를 왕이 친히 지낸 것으로 되어 있다. 특히 즉위 직후에 왕이 시조묘와 신궁에 친히 제사를 지낸 것은 왕의 즉위의례라고 볼 수 있다.59) 통일 후 조묘에 대한

57) 국립전주박물관, 1994, 《부안 죽막동 제사유적》(국립전주박물관 학술조사보고 제1집).
58) 諸大祀中祀 有司行事 則光祿卿率太官令 詣闕進胙. (《唐令拾遺》 36條)

제사는 대신을 보내 제사를 지내게 한 경우도 있었다.[60)]

제의과정의 금기에 대해서는 제37조[61)]에 기재되어 있는데 대사는 제관이 모두 산제일 새벽에 상서성에 모여 서계를 받는다. 치제일에는 삼공이 도성에 안치하고, 所司가 포를 설하고, 그 나머지 관원으로 황성 내 본사가 있는 자는 본사에서 치제를 하고, 본사가 없는 자는 태상, 교사, 태묘, 재방에 안치하다가 모두 일출 전에 재소에 이른다. 제사 지내기 하루 전 각 재소에서 물시계가 삼각일 때 사소로 향하고, 새벽에 가는 길을 깨끗이 하고, 길거리에 흉하고 더러운 것과 상복을 보지 않고, 지나간 다음 임무를 행하거나 곡하는 소리가 들리지 않게 한다. 신라의 제사지에는 이러한 금기가 기록되어 있지 않다. 다만 고구려의 주통촌설화와 사금갑설화를 볼 때 제의과정에 있어 금기가 있었다는 것을 엿볼 수 있다.

祭日에 대해서는 제38조[62)]에 기재되어 있는데 대사는 散齋 4일이고 致祭 3일이고, 중사는 산재 3일이고 치제 2일이며, 소사는 산재 2일이고 치제 1일이

---

59) 최광식, 1983, 〈신라의 신궁 설치에 대한 신고찰〉, 《韓國史硏究》 43.

60) 七年夏四月 遣大臣於祖廟致祭曰 王某稽首再拜 謹言 太祖大王 眞智大王 文興大王 太宗大王 文武大王之靈. (《三國史記》 8, 新羅本紀 8, 神文王 7年)

61) 諸大祀 齋官皆散齋之日 平明集尙書省 受誓誡 其致齋日 三公於都省安置 所司鋪設 其餘官 皇城內有本司者 致齋於本司 無本司者於太常 郊祀太廟齋坊安置 皆日出前到齋所 至祀前一日 各從齋所 晝漏上水三刻 向祠所 仍令平明淸所行之路道次不得見諸凶穢衰絰 過訖任行 其哭泣之聲 聞於祭所者 權斷訖事. (《唐律拾遺》 37條)

62) 諸大祀 散齋四日 致祭三日 中祀 散齋三日 致齋二日 小祀 散齋二日 致齋一日 散齋之日 齋官晝理事如故 夜宿於家正寢 惟不得弔喪問疾 不判署刑殺文書 不決罰罪人 不作樂 不預穢惡之事 致齋惟事祀得行 其餘悉斷非應 散齋致齋者 惟淸齋一宿於本司及祠所. (《唐令拾遺》 38條)

다. 산재날에는 재관이 낮에 일을 그대로 처리하고, 밤에 집의 정침에서 잔다. 문상과 문병을 하지 않고, 刑殺문서에 서명하지 않고, 죄인을 벌하는 것을 결정하지 않고, 음악을 하지 않고, 穢惡의 일에 참예하지 않는다. 치제는 오직 제사의 일만 행하며 그 나머지 것은 끊고 응하지 않고, 산재자와 치제자는 본사와 사소에서 청결하게 하루 잠을 잔다. 신라의 제사지에는 오묘에 대한 제일만 기록되어 있는데 干支가 아니라 몇 월 며칠의 정확한 날짜가 정해져 있는 것이 특징이다. 〈울진봉평신라비〉에도 甲辰年 正月 十五日로 기록되어 있어 당시에 정확한 날짜가 정해져 있었다는 것을 알 수가 있다. 그리고 산재와 치제에 대한 개념도 통일 후에는 도입되었다는 것을 신문왕대 대신을 조묘에 보내 치제하였다는 기록을 통하여 알 수 있다.

제40조[63]는 제사의 진행에 관한 규정으로 모든 제사는 20일 이전에 所司가 祠部에 품의하고, 사부는 諸司에 반고한다. 제41조[64]는 제물의 검사에 대한 규정으로 제물과 제기는 제사 하루 전에 司官이 齋所에 보내고, 행사를 맡은 관원이 모두 監校하여 받는데 좋고 나쁜 뜻을 살핀다. 제45조[65]는 제기와 제복에 관한 폐기규정으로 모든 제기와 제복은 못 쓰게 된 것은 교체를 품의하고, 제기는 묻고, 제복은 태우는데 모두 長封과 같다. 위의 규정들은 신라의 제사지에는 보이지 않지만 신라의 제사가 구체적으로 어떻게 이루어졌는가를 연구하는 데 시사하는 바가 많다고 생각한다.

63) 諸祭祀 二十日以前 所司預申祠部 祠部頒告諸司.（《唐令拾遺》40條）
64) 諸饌供備祭 祀前一日 諸司官典送齋所 行事之官 並監檢對受 省其美惡之義.（《唐令拾遺》41條）
65) 諸祭器祭服有破弊 不任修理者 申替訖 器則埋地 服則燒之 皆長封.（《唐令拾遺》45條）

# 제4장 고대 국가제사의 체계와 성격

《삼국사기》 제사지에는 신라의 사전체계와 고구려, 백제의 제사제도가 기재되어 있다. 이 중 신라의 사전체계에 대해서는 고구려나 백제에 비해 많은 내용이 남아 있으며 이를 바탕으로 신라의 시조묘와 신궁, 오묘제 등의 종묘제를 비롯해 대사 · 중사 · 소사의 산천 제사 체계와 제장 등에 대한 연구가 활발하게 이루어졌다.

그에 비해 고구려나 백제에 관련된 내용은 일부 〈고기〉 내용을 제외하고는 대부분 중국 정사의 내용을 옮겨 놓은 것이다. 따라서 그 내용은 제사체계의 구체적인 모습을 보여 주지는 못한다. 그러나 고구려의 국가제사로는 제천의례인 동맹과 시조묘 제사 외에 태후묘 제사와 靈星, 社稷(國社) 등이 있었으며 《구당서》와 《신당서》에서는 '陰祀'라는 이름으로 몇몇 제사를 언급하고 있다. 그리고 백제 역시 시조묘 제사, 천지신 제사와 더불어 산천 제사 체계가 갖추어져 있었고 각종 기록과 발굴 결과를 통해 道祭나 河川祭도 행해졌음을 추측할 수 있다. 또 죽막동 유적을 통해 바다에 대한 제사도 이루어졌음을 알 수 있다. 따라서 고구려와 백제에서도 일정한 사전체계가 성립되어 있었으리라 생각된다.

《삼국사기》 제사지에 기록되어 있는 신라의 제사제도는 唐의 제사제도를 수용하여 정비한 것이지만, 당의 체계가 그대로 신라에 적용된 것은 아니다. 앞서 살펴본 대로 신라는 정치적 의도와 재래 토착신앙의 존속을 위해 당의 사전체계를 적절히 변형시켰다. 고구려와 백제도 그 내용을 알 수는 없지만 신라와 마찬가지로 독자적인 사전체계를 갖추고 있었을 것이다.

여기서는 먼저 《삼국사기》 제사지에서 많은 비중을 차지하고 있는 신라의 사전체계를 검토하고 이어서 고구려와 백제의 제사체계에 대해서도 살펴보겠다. 그리고 삼국의 제사체계를 비교하여 그 차이점과 특성을 정리해 보고자 한다. 삼국의 제의에 대한 기본적인 내용은 앞서 언급한 바 있으므로[1] 여기서는 먼저 신라의 사전체계를 정리하고 백제와 고구려에 대해서도 천지신 제사와 시조묘 제사, 산천 제사 이외의 여러 제사 내용을 포함한 제사체계를 살펴보도록 하겠다.

## 1. 신라의 제사체계

신라의 국가제사를 체계적으로 기록하고 있는 《삼국사기》 제사지를 면밀하

1) 본서 1부 1 · 2장과 2부 2 · 3장, 그리고 최광식, 1994, 《고대한국의 국가와 제사》 참조.

게 살펴보면 크게 4부분으로 구성되어 있다. 먼저 시조묘와 신궁 및 오묘와 사직에 대한 제사가 가장 먼저 기록되어 있다. 다음에 선농과 중농 및 후농 그리고 풍백, 우사, 영성 등 농경에 대한 제사가 제의 장소와 祭日과 함께 기록되어 있다. 뒤를 이어 名山大川에 대한 제사를 대사 · 중사 · 소사로 나누어 기록하고 있다. 끝으로 四城門祭와 四川上祭 등 別祀가 기록되어 있다. 따라서 신라의 제사체계는 시조묘와 신궁, 오묘와 사직에 대한 제사가 特祀로서의 위치를 차지하고, 그 뒤를 농경제사와 대사 · 중사 · 소사의 산천 제사, 그리고 別祀가 잇고 있다고 하겠다.

제사지는 "按新羅宗廟之制"라 하여 신라의 종묘제도를 살펴본다는 내용으로 시작하는데, 종묘의 제도라고 할 수 있는 부분은 시조묘, 오묘, 사직 등이다. 따라서 여기서 종묘는 단지 조상신을 모신 祠堂이라는 좁은 의미가 아니라 제사제도 전반에 대한 넓은 의미로 쓰였음을 알 수 있다. 먼저 시조묘, 오묘, 사직의 기록이 나오고 다음에 의례에 대한 내용이 소략하게 덧붙여져 있다. 그 내용을 살펴보면 다음과 같다.

> 然其壇堂之高下 壝門之內外 次位之尊卑 陳設登降之節 尊爵籩豆牲牢 册祝之禮 不可得而推也 但粗其大略云爾 一年六祭五廟 謂正月二日五日 五月五日 七月上旬 八月一日十五日[2)]

먼저 壇과 堂의 高下와 壝門의 內外, 차례의 尊卑, 陳設과 登降의 절차, 尊爵, 犧牲, 册祝의 禮에 대해서는 추측할 수 없고 다만 그 대략을 적을 뿐이라 하였

2) 《三國史記》 32, 雜志 1, 祭祀.

다. 먼저 오묘에는 1년에 여섯 번 제사하는데 그 제일은 정월 2일과 5일, 5월 5일, 7월 상순, 8월 1일과 15일로 되어 있다. 당의 사령에 나타난 어떤 제사에도 이러한 날짜가 나타나지 않는 것으로 보아 이는 신라 고유의 제일이며, 제일이 고정된 것을 보면 돌아가신 날에 제사를 지낸 것은 아님을 알 수 있다. 이상의 종묘 기록은 特祀의 위치에 해당된다고 하겠다.

다음으로 八禮祭, 先農祭, 中農祭, 後農祭, 風伯과 雨師 및 靈星에 대한 제사가 기록되어 있는데 이는 모두 농경의례에 속하는 것이다.

> 十二月寅日 新城北門祭八蜡 豊年用大牢 凶年用小牢 立春後亥日 明活山城熊殺谷祭先農 立夏後亥日 新城北門祭中農 立秋後亥日 菻園祭後農 立春後丑日 犬首谷門祭風伯 立夏後申日 卓渚祭雨師 立秋後辰日 本彼遊村祭靈星(檢諸禮典 只祭先農 無中農後農)[3]

12월 寅日 신성의 북문에서 팔사제를 지내는데 풍년에는 대뢰를, 흉년에는 소뢰를 사용한다고 되어 있다. 팔사제는 臘祭를 말하는바 농업에 관계되는 8신을 모시는 제사다. 당의 사령 제13조[4]에 납제에 대해 규정하고 있는데 당에서는 12월 上寅日 남교에서 백신에게 납제를 지냈다. 제사를 지내는 날이 같은 것을 볼 때 당의 제사를 수용한 것으로 보인다.

입춘 후 亥日에 명활성의 남쪽 웅살곡에서 선농에 제사를 지내고 입하 후

3) 《三國史記》 32, 雜志 1, 祭祀.

4) 臘日蜡百神於南郊 大明夜明壇上 神農 伊祁 后稷 五官 五田畯 五星 十二辰 二十八宿 五岳 四鎭 四海 四瀆 五山 五川 五林 五澤 五丘 五陵 五墳 五衍 五原 五隰 五井泉 青龍 朱雀 麒麟 騶虞 玄武 五鱗 五羽 五贏 五毛 五介 五水庸 五坊 五郵表畷 五於菟 五貓 五昆蟲. (《唐令拾遺》 13條)

해일에 新城 북문에서 중농에, 입추 후 해일에 蒜園에서 후농에 제사를 지낸 것으로 되어 있다. 그리고 禮典에는 선농만 있지 중농과 후농은 없다고 되어 있다고 주기되어 있는데 실제로 당에서는 선농씨에 대한 제사만 있었다.[5) ] 따라서 중농 및 후농에 대한 제사는 당 제사의 영향이 아니라 신라의 독자적인 농경의례라고 할 수 있다. 즉 삼한의 계절제에서 파종을 한 후 제천의례를 하고 농경을 마치고 또한 이와 같이 하였다는 전통을 이어 받았다고 할 수 있다. 따라서 농사를 짓기 전에 선농제를, 파종을 하고 나서 중농제를, 농사를 마치고 나서 후농제를 지낸 것이다. 여기서 제일이 亥日인 것이 공통점인데 이를 통해 돼지를 희생으로 하여 풍요를 빌고 감사하였다는 것을 유추할 수 있다. 고구려의 주통촌 설화[6)]와 신라의 사금갑 설화[7)]에서도 제사에 있어 돼지의 존재의 중요성을 엿볼 수 있다.

입춘 후 丑日에 견수곡문에서 풍백에 제사를 지냈는데 이는 당의 사령 제16조[8)]의 내용과 같다. 당의 풍백제사와 제일이 같고, 대상신도 같으므로 제장 역시 같다고 추정하면 견수곡문은 왕경의 동북쪽에 있다고 유추할 수 있다. 그리고 입하 후 신일에 탁저에서 우사에 제사를 지냈는데 이는 당의 사령 제17

---

5) 孟春吉亥 祀后土 以勾龍氏, 孟春吉亥 享先農 后稷配. (《唐令拾遺》 25條)

6) 十二年冬十一月 郊豕逸 掌者追之至酒桶村 躑躅不能 捉有一女子 年二十許 色美而艷笑 而前執之然後 追者得之 王聞而異之 欲見其女 微行夜至女家 使侍人說之 其家知王來 不敢拒 王入室 召其女欲御之 女告曰 大王之命不敢避 若幸而有子 願不見遺 王諾之 至丙夜 王起還宮. (《三國史記》 16, 高句麗本紀 4, 山上王 12年)

7) 第二十一毗處王(一作炤知王) 卽位十年戊辰 幸於天泉亭 時有烏與鼠來鳴 鼠作人語云 此烏去處尋之 王命騎士追之 南至避村 兩猪相鬪留連見之 忽失烏所在 徘徊路傍 時有老翁自池中出奉書 外面題云. (《三國遺事》 1, 紀異 1, 射琴匣)

8) 立春後丑日 祀風師於國城東北. (《唐令拾遺》 16條)

조[9])의 내용 그대로이다. 당에서는 입하 후 신일에 국성의 서남에서 우사에 대한 제사를 규정하고 있다. 역시 당과 제일이 같고, 대상신도 같으므로 제장인 탁저는 왕경의 서남에 위치한다고 추정할 수 있다. 풍백과 우사는 단군신화[10])에 나타나고 있어 매우 흥미롭다.

입추 후 진일 본피유촌에서 영성에 대한 제사를 지냈는데 이 역시 당 사령 제18조[11])의 내용 그대로다. 당에서는 입추 후 진일에 국성의 동남에서 영성에 대한 제사를 규정하고 있다. 제일과 대상신이 같으므로 본피유촌은 왕경의 동남쪽에 있었음을 알 수 있다. 영성은 곡식의 파종과 수확을 관장하는 별의 이름으로 영성에 대한 제사 역시 농경제사다.

다음은 대사 · 중사 · 소사에 대한 내용인데, 이는 명산대천을 나누어 편제한 것으로 대사에는 삼산, 중사에는 오악과 사진, 사해, 사독 그리고 소사에는 雪岳 이하 西術까지 산천이 속해 있다. 대사 · 중사 · 소사의 성격이나 그 제장은 앞서 살펴본 바 있으므로 여기서는 더 이상 언급하지 않겠다.

마지막 부분은 四城門祭, 部庭祭, 四川上祭, 四大道制와 壓丘祭, 辟氣祭에 대한 내용이다.

四城門祭 一大井門 二吐山良門 三習比門 四王后梯門 部庭祭 梁部 四川上祭 一犬首

9) 立夏後申日 祀雨師於國城西南. (《唐令拾遺》 17條)

10) 古記云 昔有桓因庶子桓雄 數意天下 貪求人世 父知子意 下視三危太伯 可以弘益人間 乃授天符印三箇 遣往理之 雄率徒三千 降於太伯山頂神壇樹下 謂之神市 是謂桓雄天王也 將風伯雨師雲師 而主穀主命主病主刑主善惡 凡主人間三百六十餘事 在世理化. (《三國遺事》 1, 紀異 1, 古朝鮮)

11) 立秋後辰日 祀靈星於國城東南. (《唐令拾遺》 18條)

二文熱林 三靑淵 四樸樹 文熱林行日月祭 靈廟寺南行五星祭 惠樹行祈雨祭 四大道祭 東古里 南簷幷樹 西渚樹 北活倂岐 壓丘祭 辟氣祭 上件或因別制 或因水旱 而行之者也[12]

사성문제는 대정문, 토산량문, 습비문, 왕후제문의 4성문에서 거행했던 제사로 금성의 4대 정문에서 행하는 제사를 말하는 듯하다. 부정제는 梁部에서 지낸다고 하였는데 그 성격을 분명히 알 수 없으나 가을 7월 16일부터 8월 15일까지 6부 뜰에서 길쌈을 하고 축제를 벌였다는 유리왕 9년의 嘉俳 기사가 이와 연관되는 듯하다. 혹은 사로국의 중핵이었던 喙部의 터줏대감신에 대한 제사일 것으로 추정하기도 한다.[13]

사천상제는 견수, 문열림, 청연, 박수의 물가에서 거행했던 제사로 여기에서 일월제, 오성제, 기우제를 지냈다고 하므로 자연 재해와 관련이 있을 것이다. 그리고 사대도제는 동쪽 고리, 남쪽 첨병수, 서쪽 저수, 북쪽 활병기의 4대 도에 대한 제사인데 그 성격을 자세히 알 수 없다. 압구제와 벽기제 역시 그 성격을 알기 어려운데, 압구제는 墳丘축조의식으로 보거나 구릉의 재액을 제거하는 祓祭로 보기도 한다. 그리고 벽기제는 4계절의 악한 기운을 쫓는 벽사의식으로 추정하기도 한다.[14]

이들 제사는 혹은 '별도의 제도'로 인해 혹은 水旱으로 인해 지냈던 것들이다. 別制가 어떤 내용인지 확실히 알 수 없으나 유교적 의례 규정에서 벗어나

---

12) 《三國史記》 32, 雜志 1, 祭祀.
13) 정구복 외, 1997, 《譯註 三國史記》 4—주석편(하), 한국정신문화연구원.
14) 정구복 외, 1997, 앞의 책.

있고 전통적 · 민속적 종교 전통에 기반을 둔 비정기적 제사를 묶은 규정이라 보는 견해가 있다.[15] 그리고 이들 제사가 신라의 사전체계에서 雜祀로 편제되었던 것이라 이해하고 있다.[16]

지금까지 제사지의 편제를 통해 신라의 사전체계를 살펴보았다. 우선 제사지에 가장 먼저 배치된 시조묘, 신궁, 오묘는 모든 제사의 위치 중 가장 상위를 차지하는 特祀라 할 수 있다. 그리고 그 뒤에 바로 여러 농경제의 내용이 나오는데 이를 통해 사직 역시 상위의 위치를 차지하고 있었음을 알 수 있다. 다음으로 대 · 중 · 소사에 대한 기록이 있는데 신라는 당의 대 · 중 · 소사 체계를 받아들였지만 당이 모든 국가제사를 대 · 중 · 소사로 편제한 것에 비해 신라는 산천 제사만을 대 · 중 · 소사에 편입시켰다. 대사는 왕실을, 중사는 국토방위를 소사의 제장은 지역방호를 목적으로 배치되어 있었다. 그리고 마지막으로 별사라 할 수 있는 성문제, 부정제, 대도제 등이 하위를 차지하고 있었다.

## 2. 고구려와 백제의 제사체계

고구려와 백제는 자세한 기록이 없기 때문에 사전체계가 어떠했는지에 대해서는 알 길이 없다. 그러나 신라의 예에 비춰 보면 고구려나 백제도 중국의 예를 받아들여 일정한 사전체계를 갖추고 있었을 것으로 짐작된다. 그리고

15) 나희라, 2003, 앞의 책.

16) 신종원, 1984, 〈삼국사기 제사지 연구—신라사전의 연혁 · 내용 · 의의를 중심으로〉, 《史學研究》 38(1992, 《新羅初期佛教史研究》, 민족사 재수록).

신라와 마찬가지로 토착신앙을 반영하여 중국과는 조금 다른 독자적 체계를 만들었을 것이다.

고구려의 제사 중 가장 상위를 차지했던 것은 역시 제천의례인 동맹과 시조묘 제사라 할 수 있다. 그런데 고구려에서는 이들 제사와 더불어 태후묘 제사가 행해졌던 기록이 있다.

> 古記云 東明王十四年秋八月 王母柳花薨於東扶餘 其王金蛙以太后禮葬之 遂立神廟 太祖王六十九年冬十月 幸扶餘 祀太后廟[17)]

태후묘는 동명왕 14년 동부여에 세워졌으며 태조왕 69년에 제사가 행해졌다. 태조왕 69년 봄에는 한 유주자사 풍환, 현도태수 요광, 요동태수 채풍 등이 침략하였고, 여름 4월에는 선비와 전쟁이 있었다. 따라서 태조왕 역시 대외의 여러 전쟁 후 태후묘에 제사하고 백성을 위무하면서 내적인 결집력을 제고하려는 의도가 있었음을 알 수 있다. 백제에서도 국모묘 제사가 이루어지는데 이 역시 고구려의 영향을 받았을 것이다. 고구려에서는 제천의례인 동맹제 때 隧神에 대한 제사도 함께 했는데 이때의 수신은 지신(지모신)으로 유화를 형상화한 것이라 한다. 또 고구려에 주몽을 모시는 신묘와 더불어 유화를 모시는 신묘가 함께 있었다는 기록으로 보아 태후묘 제사 역시 시조묘 제사와 비슷한 위상을 가지고 있었을 것이다.

또 《위략》과 《삼국지》 동이전의 고구려조에는 고구려에 사직과 영성 신앙이 있음을 언급하고 있다.

---

17) 《三國史記》 32, 雜志 1, 祭祀.

其俗節食 好治宮室 於所居之左右立大屋 祭鬼神 又祀靈星社稷[18]

이 중 사직은 《삼국사기》 동천왕 21년조에서 사직을 옮겼다는 기록이 확인되므로 적어도 3세기 중 · 후반경에는 고구려에 사직이 존재했다고 할 수 있다. 한편 영성에 대한 기록은 《삼국사기》에는 보이지 않지만 《구당서》에 고구려의 영성에 대한 기록이 나타난다.

其俗多淫祀 事靈星神日神可汗神箕子神[19]

영성신은 일신, 가한신, 기자신 등과 함께 '음사'로 지칭되고 있는데 음사란 본래 유교의 예제에 맞지 않는 제사라는 의미다. 고구려의 영성 제사가 음사로 기록된 것은 당시 당나라가 중국적 천하질서를 강조했던 영향이 미친 것이라 보기도 하지만,[20] 고구려의 영성이 중국의 예제와 다른 전통적 신앙이었기 때문이라 이해할 수 있다.[21] 그러나 그것이 영성이라고 표현되었다는 점에서 중국의 영성 신앙과 유사한 점이 있을 것이며, 신라에서 영성제사가 종묘제사와 함께 대 · 중 · 소사의 상위에 위치했듯이 고구려에서도 중요하게 여겨졌을 것이다.

한편 고구려에서도 산천 제사가 일정하게 편제되었는지는 알 수 없지만

---

18) 《三國志》 30, 魏書 30, 烏丸鮮卑東夷傳, 高句麗.

19) 《舊唐書》 199, 列傳 149, 東夷, 高麗. 《新唐書》에도 이와 유사한 기록이 보인다.

20) 박승범, 2001, 〈고구려의 국가제사〉, 《史學志》 34.

21) 서영대, 2005, 〈고구려의 사직과 영성에 대하여〉, 《고구려의 사상과 문화》(연구총서 4), 고구려연구재단.

《삼국사기》 고구려본기에는 산상왕이 산천에 자식을 구하는 기사가 나오고 또 매년 3월 3일 낙랑의 언덕에 모여 사냥하고 하늘과 산천에 제사 드렸다는 기록이 있다. 따라서 이를 통해 고구려에서도 산천 제사가 행해졌음을 알 수 있다.

그리고 영성신과 함께 언급된 일신은 신라 사성문제의 일월제와 비슷한 성격을 가졌을 것으로 추측되며 가한은 이민족의 군장 명칭으로 단군을 지칭하는 것으로 보는 견해도 있다.[22] 기자묘는 중국계 및 토착 세력이 섬겼을 것이라고 추측하기도 한다. 이들 음사에 속한 제사는 그 성격을 뚜렷이 알 수 없어 고구려의 사전체계 내의 어느 곳에 위치하는지 알기 어렵지만, 신라의 別祀와 비슷한 성격이 아니었을까 생각된다. 그러나 고구려에서는 신라 제사지에 보이는 선농, 중농, 후농과 풍백, 우사 등에 대한 제사기록은 보이지 않는다.

백제의 사전체계에서는 천지신 제사와 시조묘 제사 그리고 국모묘 제사가 가장 중시되었을 것이다. 특히 백제의 경우 《삼국사기》 백제본기에 천지신 제사에 대한 기록이 보이고 있는데 이는 백제에서 천지제사가 중요하게 여겨졌다는 것을 의미한다. 이는 백제에서 천신과 오제신에 대해 제사했다는 《책부원귀》의 기록을 통해서도 확인된다. 그리고 《삼국유사》와 《삼국사기》에서 삼산과 북악의 기록이 확인되는 것으로 보아 백제의 산천 제사도 대사 · 중사 · 소사로 구분되어 있었을 것이다. 그리고 문헌에는 보이지 않지만 발굴을 통해 확인된 죽막동 제사유적은 신라의 사해와 유사한 성격으로 백제 산천 제사의 제장으로 편입되어 있었을 것이다.

---

22) 김성환, 1998, 〈고려시대 평양의 단군전승〉, 《문화사학》 10.

신라의 별사에 해당되는 백제의 제사는 문헌기록보다 고고학적 자료를 통해 찾을 수 있다. 우선 궁남지 수로의 발굴결과를 통해 川에 대한 제사가 백제에도 있었을 것이라 유추할 수 있다. 궁남지의 수로에서는 새 모양 목제품을 비롯해 蓋杯, 筒形器臺, 三足土器 등이 출토되었는데 새 모양 목제품은 종교적 상징물로 볼 수 있고, 토기 역시 제사의례와 관련된 것이다. 또 수로 북단에는 삼족토기, 호 등의 토기가 수로 바닥에 깔려 있는 상태로 출토되었는데 이 역시 제사와 같은 의도적인 행위에서 비롯된 것으로 보고 있다. 때문에 이곳에서 수로를 관장하는 수신이나 혹은 물을 관장하는 농경신에게 제사를 지냈던 것으로 추정된다.

또 능산리에서 출토된 목간을 통해서 백제의 道祭에 대해 논의하기도 한다. 능산리 출토 목간 중에서 각서와 묵서가 함께 사용된 '天'銘 남근형 목간은 제의와 관련된 것으로 보고 있다. 이 목간은 '天'자가 목간의 다른 글자들과 반대 방향으로 새겨져 있기 때문에 천지신 제사와 관련된 유물일 것이라 보기도 하지만[23] 이 목간에 있는 여러 글자 중 '道□立'이라는 묵서를 주목하여 백제에서도 도제가 있었을 것으로 추측하기도 한다. 즉 가운데 글자를 '礻'변에 '昜'이 결합된 글자로 읽고 이를 백제의 도제에 사용된 신주로 보는 것이다.[24] 이러한 견해는 목간 1개를 통한 추측에 불과하지만, 백제 제사체계의 일면을 짐작하는 데 많은 도움을 준다.

이상에서 고구려와 백제의 제사체계에 포함되었을 만한 제사의 모습을 살

23) 박중환, 2002, 〈부여 능산리발굴 목간 예보〉, 《韓國古代史硏究》 28.
24) 윤선태, 2004, 〈부여 능산리 출토 백제목간의 재검토〉, 《東國史學》 40.

펴보았다. 고구려와 백제의 제사체계 역시 신라와 유사하게 시조묘 제사가 상위에 위치했을 것이다. 그리고 고구려에서는 사직과 영성이, 백제에서는 천신과 함께 지신제사가 중시되는 것으로 보아 이들 제사 역시 가장 중요한 제사 중 하나로 취급되었을 것이다. 백제에서는 산천 제사가 확인되므로 신라와 비슷한 산천 제사 체계가 마련되어 있었을 것으로 생각되며 천상제나 도제 등이 별사로 편제되었을 것이다.

## 3. 삼국 제사체계의 특징

삼국의 제사체계는 하늘과 시조를 중시하고 산천 제사와 잡사를 편성하는 기본적인 구조는 유사하였지만 그 정치적 의도와 토착신앙의 영향으로 각자의 특성을 유지하고 있었다. 신라의 국가제사는 당의 제사제도를 수용하였기 때문에 당의 제사체계를 염두에 두면서 정비한 것이다. 그러나 종래의 토착적 제사체계를 유지하면서 당의 제사체계를 받아들였기 때문에 당의 그것과는 많은 차이점을 보이고 있다. 이것은 신라 고유신앙의 신관에 따른 제사를 무시할 수 없었기 때문이다. 당에서는 모든 제사를 대사와 중사 및 소사의 체계에 편성시켰지만 신라는 경내산천, 명산대천의 제사만을 대사와 중사 및 소사의 체계에 편성시켰다. 시조묘, 신궁, 오묘, 사직은 대・중・소사의 앞에 특사로서 편성하고, 농경제의인 팔사, 선농, 중농, 후농, 풍백, 우사, 영성에 대한 제사도 대・중・소사의 앞에 편성하였다. 신라의 국가제사는 농경제의를 중요시하였다는 것이 무엇보다도 중요한 특징이다.

신라에 비해 고구려나 백제의 제사에 대한 기록은 단편적이어서 그 제사 체계를 이해하는 것은 매우 어렵다. 다만 위의 기록을 종합적으로 검토해 보면 고구려에서는 천신에 대한 제사, 태후묘와 시조묘, 사직과 영성, 가한, 기자와 수신, 산천에 대한 제사가 이루어졌다는 것을 확인할 수 있다. 여기서 신라의 국가제사와 비교해 보면 천신에 대한 제사와 태후묘의 제사, 그리고 기자와 수신에 대한 제사가 고구려의 독특한 제사인 것을 알 수 있다. 한편 신라에 많이 나타나 있는 선농 등의 농경제의가 보이지 않는 것이 또한 특징이라 하겠다.

백제의 제사는 신라의 국가제사와 비교해 볼 때 천지신에 대한 제사가 두드러지는데 신라 신궁의 주신이 천지신이라면 마찬가지라 하겠다. 다만 제사지에는 농경제의와 명산대천에 대한 제사가 나타나 있지 않지만 《삼국지》 한전을 통해 유추해 보면 농사의 시작과 끝에 농경제의가 이루어졌을 것이다. 그리고 삼산과 북악의 기록을 통해 백제에서도 명산대천에 대한 제사를 대사와 중사 및 소사로 나누어 행하였다는 것을 유추할 수 있다. 이것은 부안 죽막동에서 발견된 백제의 국가제사 유적을 통해서도 알 수가 있다.[25] 그리고 오제지신의 명칭으로 볼 때 삼국 중 백제의 제사제도가 중국의 영향을 가장 많이 받았을 것으로 생각한다.

마지막으로 삼국의 제사체계 편성이 국토 전체의 방호와 밀접한 관계가 있었다는 점을 지적하고자 한다. 신라와 백제의 경우 명산대천에 대한 제사를 올리는 제장의 위치가 신앙적인 의미와 더불어 군사적 의미를 강하게 가지고

25) 최광식, 1998, 〈부안 죽막동 제사유적의 성격과 백제의 국가제사〉, 《부안 죽막동 제사유적 연구》, 국립전주박물관.

있었다. 신라의 대사인 삼산은 경주의 주변에 위치하여 국도 방위의 성격을 지니고 있었고, 중사에 속한 사해나 사독도 변방 방어의 기능을 가지고 있었다. 소사 역시 지역의 진산에 배치되어 지역 방호의 성격을 띠고 있었다. 백제의 경우도 삼산은 부여의 근방에 위치하고 있었으며 오악은 나라의 사방을 경계한다는 의미를 지니고 있었다. 이는 신라의 오악이 그 방면의 일정한 정치적 세력을 진압한다는 상징적인 의미를 지니고 나라의 각 방위를 수호하는 역할을 하였던 것과 마찬가지다.

고구려에서는 산천 제사의 제장을 구체적으로 확인하기 어렵지만 매년 3월 3일에 낙랑의 언덕에서 사냥을 하고 하늘과 산천에 제사 지냈다는 기록에서 제사와 군사의 밀접한 관계를 확인할 수 있다. 사냥은 왕과 군신의 유희이면서 동시에 군사훈련이기도 했기 때문이다. 또 고구려 요동성의 주몽사당은 외적의 침입을 대비한 제장이었다.

> 城有朱蒙祠 祠有鎖甲矛 妄言前燕世天所降[26)]

요동성에는 주몽의 사당이 있는데 그곳에는 쇠사슬과 갑옷, 가래, 창 등이 보관되어 있었다고 한다. 산성의 연구에서 산성과 제사와의 관련성에 대한 지적은 이미 있었거니와 하남 二聖山城, 익산 금마 오금산성에 위치한 백제의 보덕성 발굴에서도 성곽과 제사와의 관계가 밀접하다는 점이 밝혀진 바 있다.

고대의 산성은 주요 교통로에 가까우며 사방이 관망되는 험준한 지형을

---

26) 《三國史記》 21, 高句麗本紀 9, 寶藏王 4年.

택하여 최소한의 공력으로 수성과 공성에 유리하도록 하였다.[27] 《삼국사지》 제사지에 기록된 대사, 중사, 소사의 제장은 명산대천이라 하였지만, 이는 또한 야산으로 산성의 입지조건과 일치하는 곳이다. 산성 그 자체인 경우도 있고, 그 주위에 산성이나 토성이 자리 잡고 있는 곳도 있다. 따라서 삼국의 제사체계는 종교 신앙적 의미뿐만 아니라 정치적 · 군사적 의미도 함께 가지고 있었다고 할 수 있다.

신라의 제사체계는 당이나 일본이 令으로써 자세한 기록을 전하는데 비해 기록이 일찍부터 散逸되어 제사지에 제한적으로 전하고 있기 때문에 구체적인 내용까지 자세히 알기는 어렵다. 다만 앞의 검토를 통해 삼국의 국가제사가 기본적으로 시조묘 제사나 천지신 제사, 산천 제사와 이외의 별사 등으로 편제되어 유사한 구조를 가졌음을 확인할 수 있다. 그러나 정치적인 의도와 토착신앙의 영향으로 각 나라의 특성 또한 유지하고 있었다. 고구려에서는 태후묘 제사와 수신제사, 기자와 가한 등의 제사가 특징적이며 백제에서는 유독 천지신 제사가 강조되어 있었다. 고구려와 백제는 천신에 대한 제사가 명확히 기록되어 있으나 신라의 제사지에는 그렇지가 않다. 그러나 신궁의 주신은 천지신이었을 것이라 생각되므로 삼국 공통으로 천신에 대한 제사가 이루어졌다는 것을 알 수 있다.

그리고 백제와 신라는 명산대천에 대한 제사를 매우 중요시하였으며, 이는 신앙적일 뿐만 아니라 군사적 목적이 강하였다. 고구려의 경우 그 제장을 구체적으로 알 수 없으나 역시 군사적 성격의 제장이 존재함을 확인할 수 있다.

---

27) 박방룡, 1985, 〈도성, 성지〉, 《韓國史論》 15, 국사편찬위원회.

신라는 통일전쟁 후에는 당제의 수용으로 당의 제사체계를 따르기는 하였으나 종래의 고유한 전통을 유지하였으며, 유교식 제사를 지내지 않았다. 따라서 신라 중대에 유학이 국가이념이 되었다는 견해는 재고를 요하는 것이다. 만약 당시에 유교가 국가이념이 되었다면 국가제사로 석전제 등 유교식 제사를 지냈을 것이기 때문이다.

# III. 토착신앙과 불교의 관계

# 제1장 불교의 전래와 수용 및 공인

신라의 불교 전래와 수용 및 공인에 대해서는 종래 많은 연구[1)]가 진행되었으며, 이에 의해 한국고대사에 대한 새로운 지식과 고대사상에 대한 이해가 진전되었다. 그러나 신라의 불교연구는 그 전래와 수용 및 공인에 대한 개념을 분명히 하지 않아 혼동을 일으켰다. 이것은 지나치게 지배층 위주로 고대의 불교를 이해하려고 하였기 때문이라 하겠다. 불교의 전입 과정은 전해 주는 쪽의 입장

1) 이기백, 1954, 〈삼국시대의 불교전래와 그 사회적 성격〉, 《歷史學報》 6. 정중환, 1965, 〈신라의 불교전래와 그 현세사상〉, 《조명기박사불교사학논총》. 이병도, 1975, 〈신라불교의 침투과정과 이차돈 순교문제의 신고찰〉, 《大韓民國學術院論文集》 14. 김정배, 1975, 〈불교전입전의 한국상대 사회상〉, 《박길진박사화갑기념한국불교사상사논총》. 이기백, 1975, 〈신라초기불교와 귀족 세력〉, 《震檀學報》 40. 신종원, 1977, 〈신라의 불교전래와 그 수용과정에 대한 재검토〉, 《白山學報》 22. 김두진, 1981, 〈고대인의 신앙과 불교수용〉, 《한국사》 2, 국사편찬위원회. 최광식, 1981, 〈무속신앙이 한국불교에 끼친 영향〉, 《白山學報》 26.

에서 불교 전래, 받아들이는 쪽의 입장에서 불교 수용, 국가의 법제적 조치로서 불교 공인이라는 입장에서 나누어 살펴보아야 한다. 아울러 민간에서의 전래와 수용, 왕실에서의 전래와 수용을 나누어 보아야 실체에 접근할 수가 있다. 고구려와 백제의 경우 불교의 전래와 수용 및 공인과정이 비교적 뚜렷하므로 이를 먼저 살펴보는 것이 도움이 될 것이다.

## 1. 불교의 전래와 수용 및 공인에 대한 개념

고대사를 연구하는 데 있어 불교의 전래와 수용에 대한 해명은 일찍부터 중요한 화두로 떠올랐다. 이 문제는 단지 고대 불교사와 사상사를 밝히는 데 국한되지 않고, 고대사회와 고대국가의 형성 문제와 함께 한국고대사 연구에 있어 가장 중요한 문제로 대두되었다. 그러나 고대국가 형성 문제와 맞물려 연구가 진행되다 보니 일본학자들이 일본고대사를 연구하는 데 적용했던 불교의 위치를 그대로 한국고대사에 적용하는 오류를 범하였다. 즉 일본고대사에서 불교가 차지하는 위치와 그것을 밝히고자 한 틀을 한국고대사에 무비판적으로 대입한 것이다. 그러나 고대국가 형성에 대한 이론적 검토가 다양해지고 한국 고대국가 형성의 시기가 상향 조정됨에 따라 이에 대한 재검토가 불가피하게 되었다. 또한 민간에 전래·수용된 불교와 왕실에 전래·수용된 불교를 구분하지 않아 더욱 난맥상을 보이고 있다. 따라서 불교의 전래와 수용 및 공인에 대한 개념을 분명히 하고, 지배층과 피지배층으로 나누어 불교의 전래와 수용을 살펴보는 작업이 필요하다. 먼저 고구려와 백제의 불교 전래와 수용 및 공인과정을 살펴보도록 하겠다.

### 1) 고구려의 불교 전래와 수용 및 공인

문헌상 공식적으로 고구려에 불교가 처음으로 전래된 것은 소수림왕 2년(372)이다.

> 二年夏六月 秦王符堅遣使及浮屠順道 送佛像經文[2)]

소수림왕 2년에 전진의 왕 부견이 사신과 함께 승려 순도를 보내 불상과 불경을 보냈다. 그리고 2년 뒤인 소수림왕 4년(374)에는 아도스님이 왔다고 기록되어 있다.[3)] 이것은 어디까지나 왕실에 불교가 전래된 것을 보여 주고 있을 뿐이다. 왜냐하면 이전에 이미 고구려에 불교가 전해진 것을 부정할 수 없기 때문이다. 즉 순도스님이 고구려에 오기 6년 전인 366년에 죽은 진나라의 지둔스님이 이름을 알 수 없는 고구려 스님에게 편지를 보낸 사실이 있다.[4)] 고구려인 스님이 있다는 것은 이보다 훨씬 이전에 불교가 전래되었다는 것을 말해 준다. 따라서 적어도 4세기 전반기에 불교가 고구려에 전래되었다고 볼 수 있다. 다만 이때는 민간 베이스 차원에서 전래된 것을 의미하며, 순도스님이나 아도스님이 온 것은 왕실에 전래된 것을 의미한다. 그러나 순도스님과 아도스님이 왔다고 금방 불교가 수용되는 것은 아니다. 전래된 불교를 고구려

---

2) 《三國史記》 18, 高句麗本紀 6, 小獸林王 2年.

3) 四年 僧阿道來. (《三國史記》 18, 高句麗本紀 6, 小獸林王)

4) 晉支遁法師貽書云 上座竺法深. (《梁高僧傳》 4, 竺潛傳 및 《海東高僧傳》 1, 釋亡名傳)

가 적극적으로 받아들여야 수용되는 것이다.

그러한 면에서 볼 때 소수림왕 5년의 창사 기록을 주목할 만하다.

五年春二月 始創肖門寺以置順道 又創伊弗蘭寺以置阿道 此海東佛法之始[5)]

소수림왕 5년(375)에 처음으로 초문사를 창건하여 순도스님을 있게 하고 이불란사를 창건하여 아도스님을 있게 하였다고 하고, 이를 해동 불법의 시작이라고 기록하고 있다. 이와 같이 받아들이는 주체가 사찰을 창건하였다는 것이야말로 불교를 수용하였다고 할 수 있는 것이다. 외부로부터 전래된 불교를 받아들이는 쪽의 주체적 노력에 의하여 사찰이 창건된 것이다. 그리고 스님을 그 사찰에 머무르게 한 것은 전래된 불교를 받아들였다는 것을 의미하며, 전래된 불교의 포교를 인정한다는 뜻이라 하겠다. 그러나 사찰을 창건하고 스님을 머무르게 하였다고 불교가 공인되었다고 생각하는 것은 잘못이다. 왜냐하면 공인이란 법제적 조치가 따라야 하는 것이기 때문이다.

그런 면에서 법제적 조치를 기록하고 있는 고국양왕 9년의 기사를 주목할 필요가 있다.

九年三月 下敎崇信佛法求福 命有司 立國社 修宗廟[6)]

고국양왕 9년(392)[7)]에 왕이 불법을 믿고 복을 구하라고 하교하였다. '敎'란

---

5) 《三國史記》 18, 高句麗本紀 6, 小獸林王 5年.

6) 《三國史記》 18, 高句麗本紀 6, 故國壤王 9年.

7) 고국양왕은 사실상 7년밖에 재위하지 않았으므로 392년은 광개토왕 2년에 해당한다.

임금의 명령[8]을 의미하며 이는 법제적 조치에 해당하는 것이다. 임금의 명령은 법제적 조치이므로 이때에 고구려에 불교가 공인된 것으로 보아야 한다. 즉 고국양왕 말년에 고구려에 불교가 공인된 것으로 볼 수 있다.

소수림왕 2년(372) 순도가 불경과 불상을 갖고 온 것은 불교의 전래를 의미한다. 소수림왕 5년(375) 초문사와 이불란사를 지어 순도와 아도를 있게 한 것은 불교의 수용을 의미하는 것이다. 그리고 고국양왕 9년(392)에 왕이 불법을 믿고 복을 구하라고 명령을 내렸다는 것은 불교의 공인을 의미하는 것이다. 김부식은 《삼국사기》에서 이를 구분하여 단계적으로 기록하여 놓았다. 즉 소수림왕 2년(372) 순도에 의해 불교가 전래되었으며, 동왕 5년(375) 고구려가 불교를 수용하였고, 공인은 고국양왕 말년(391) 왕의 하교에 의해 이루어진 것이다. 그 후 광개토왕 2년(392) 평양에 9개의 사찰을 창건하였다.[9]

### 2) 백제의 불교 전래와 수용 및 공인

백제의 경우도 고구려의 경우와 같은 양상을 보이고 있다. 백제에 불교가 처음으로 전래된 것은 침류왕대이다.

> 元年九月 胡僧摩羅難陀自晉至 王迎之致宮內禮敬焉 佛法始於此[10]

---

그러나 고국양왕조에 기록되어 있으므로 고국양왕대의 사실로 보아야 할 것이다. 그러므로 고국양왕 말년(391년)으로 보는 것이 무난할 듯하다.

8) 신형식, 1981, 《三國史記 硏究》, 일지사.

9) 二年秋八月 百濟侵南邊 命將拒之 創九寺於平壤. (《三國史記》 18, 高句麗本紀 6, 廣開土王)

10) 《三國史記》 24, 百濟本紀 2, 枕流王 元年.

침류왕 원년(384)에 인도의 마라난타가 백제에 와서 불교를 전래하였다. 이 기사는 고구려에 순도가 불교를 전해 주었듯이 백제에 불교가 전래된 것을 의미하는 것이다. 백제는 마라난타가 온 다음 해(385)에 사찰을 창건하고 승려가 되는 것을 허가하였다.

二年春二月 創佛寺於漢山 度僧十人 冬十一月王薨[11)]

호승 마라난타가 불교를 전래한 다음 해 절을 한산에 창건하고, 10인이 승려가 되는 것을 허락하였다. 이와 같이 절을 창건하고 승려가 되는 것을 허락하였다는 것은 불교를 수용하였다는 것을 의미한다. 그렇다고 하여 이것이 곧 공인을 뜻하는 것은 아니다. 공인이란 고구려에서와 같이 법제적 조치가 뒤따라야 하는 것이다.

그런 면에서 《삼국유사》의 난타벽제조를 주목할 만하다.

又阿辛王卽位 大元十七年二月 下敎崇信佛法求福 摩羅難陀譯云童學[12)]

아신왕 즉위년(392)에 왕이 불법을 믿어 복을 구하라고 하교하였다. 이 기사는 고구려와 마찬가지로 법제적 조치이며, 백제의 불교 공인을 의미하는 것이다. 침류왕 원년(384)에 인도의 마라난타가 백제에 왔다는 것은 백제에 불교가 전래된 것을 의미한다. 침류왕 2년(385) 한산에 절을 짓고, 승려가 되는 것을 허락하였다는 것은 백제가 전래된 불교를 주체적으로 수용하였다는 것을 의

11) 《三國史記》 24, 百濟本紀 2, 枕流王 2年.

12) 《三國遺事》 3, 興法 3, 難陀闢濟.

미한다. 그리고 아신왕 즉위년(392) 왕이 불법을 믿고 복을 구하라고 하교하였다는 것은 백제에 불교가 공인되었다는 것을 의미한다. 즉 384년 불교가 동진으로부터 전래되고 385년 백제의 주체적 노력에 의해 불교가 수용되었으며, 392년 왕의 하교에 의해 불교가 공인된 것이다. 이것은 고구려에 불교가 전래되고, 수용되고, 공인되는 과정과 일치한다. 특히 고구려 고국양왕 9년(392) 왕이 불교를 믿어 복을 구할 것을 '下敎'한 《삼국사기》 기사와 백제 아신왕 원년(392) 왕이 불교를 믿어 복을 구할 것을 '下敎'한 《삼국유사》 기사는 국가의 법제적 조치를 강조하고 있는 것이다. 이는 크리스트교가 공인될 때 밀라노 칙령에 의해 이루어지는 것과 마찬가지다. 따라서 우리는 불교의 전래와 수용 및 공인이라는 개념을 분명히 구별하여야 하는 것이다.

## 2. 신라의 불교 전래

### 1) 민간의 불교전래

신라는 고구려와 백제보다 불교의 전래와 수용 및 공인에 대한 자료가 비교적 풍부하다. 그러나 신라의 불교 전래와 수용 및 공인의 계기를 포착해 내는 것이 쉽지가 않다. 그중 신라에 불교가 전래·수용된 것을 잘 보여 주는 것이 다음의 법흥왕대 기록이다.

> 十五年 肇行佛法 初訥祇王時 沙門墨胡子 自高句麗至一善郡 郡人毛禮於家中作窟室安置 於時梁遣使衣着香物 君臣不知其香名 與其所用 遣人齎香偏問 墨胡子見之稱其名目曰此焚之則香氣芬馥 所以達誠於神聖 所謂神聖未有過於三寶 一曰佛陀

二曰達磨三曰僧伽 若燒此發願則必有靈應 時王女病革 王使胡子焚香表誓 王女之病尋愈 王甚喜饋贈尤厚[13])

눌지왕대(417~457) 묵호자가 고구려로부터 신라의 일선군(선산군)에 이르러 모례의 집을 근거로 포교활동을 하였다. 이때 신라에 불교가 전래되었다고 볼 수 있는데 민간에 먼저 전래된 이후에 왕실에 전래되었다는 것을 알 수 있다.

그런데 종래에는 이 사료를 통해 신라에서 불교가 공인되었다고 보았다. 그 이유는 맨 처음의 '肇行佛法'이라는 구절을 불교가 공인된 것으로 잘못 이해했기 때문이다. 따라서 그 뒤에 기록된 이차돈의 순교 기사와 아울러 불교의 공식적 허용이라는 해석을 했던 것이다. 그러나 이차돈이 순교했다는 사실은 불교가 공인되기는커녕 오히려 불교가 핍박받고 있는 모습을 보여 주고 있다. 조선후기 천주교 박해 때 많은 사람들이 순교를 했는데, 우리는 이 순교사실 자체가 천주교의 공인이라고는 전혀 생각하지 않는다. 많은 순교자가 나온 후에 그 영향 및 결과로서 천주교가 공인된 것이다. 이차돈의 순교와 관련된 사정은 그 전하는 내용이 복잡하기 때문에 다음 2장에서 좀더 자세히 살펴보려고 한다.

'肇行佛法'의 해석에 있어서도 다른 사료와 비교 검토해 보면 그 의미를 보다 분명하게 이해할 수 있다. 고구려의 경우 소수림왕 5년(375) 초문사와 이불란사를 창건하고 순도와 아도를 각각 있게 한 것을 '海東佛法之始'라고 기록하고 있다. 앞에서도 언급했듯이 이 기사는 고구려가 불교를 수용한 것을 나타내는

---

13) 《三國史記》 4, 新羅本紀 4, 法興王 15年.

것이다. 따라서 '肇行佛法'이나 '佛法之始'는 불교의 공인을 의미하는 것이 아니다. 백제의 경우도 마찬가지로서 침류왕 원년(384) 마라난타가 백제에 불교를 전래해준 것을 '佛法始於此'로 표현하고 있다.

《삼국유사》에서도 초문사와 이불란사를 창건하고 아도와 순도를 각각 있게 한 것을 '高麗佛法之始'라고 표현하고 있다.[14] 그리고 이 기사가 실려 있는 조목의 명칭은 '順道肇麗'다. 따라서 '始'와 '肇'는 전래와 수용을 의미하는 것을 알 수 있다. 이것은 백제의 경우도 마찬가지로 침류왕 2년(375) 한산에 사찰을 창건하고 승려 10인을 허용한 것을 '百濟佛法之始'라고 표현하고 있다.[15] 따라서 '肇行佛法'을 불교의 공인으로 이해해야 할 하등의 이유가 없다. 오히려 이는 왕실의 불교 수용으로 이해해야 할 것이다.

### 2) 왕실의 불교 전래

신라의 왕실에 불교가 처음으로 전래된 것은 눌지왕대(417~457)다. 앞서 살펴본 법흥왕 15년 기록에 따르면 눌지왕대 사문 묵호자가 고구려로부터 일선군에 이르자 일선군 사람 모례가 자기 집에 굴실을 만들어 안치하였다. 이때 양나라에서 사신을 파견해 옷과 향을 보냈으나 그 쓰임새를 몰라 묵호자를 불러서 물어보았다. 그리고 왕녀의 병이 심하여 묵호자로 하여금 향을 피워 빌게 하였

---

14) 又四年甲戌 阿道來自晉 明年乙亥二月 創肖門寺 以置順道 又創伊弗蘭寺 以置阿道 此高麗佛法之始. (《三國遺事》 3, 興法 3, 順道肇麗)

15) 百濟本記云 第十五(僧傳云十四誤) 枕流王卽位甲申(東晉孝武帝太元九年) 胡僧摩羅難陀至自晉 迎置宮中禮敬 明年乙酉 創佛寺於新都漢山州 度僧十人 此百濟佛法之始. (《三國遺事》 3, 興法 3, 難陀闢濟)

더니 왕녀의 병이 나았다. 왕이 매우 기뻐하며 답례를 극진히 하였으나 묵호자는 모례에게 왕이 답례로 준 물품들을 주고는 사라져 버렸다. 결국 이를 통해 이 당시 신라 왕실에 불교가 처음으로 전래되었으나 수용되지는 못했음을 알 수 있다. 신라 왕실에 불교가 수용된 것은 소지왕대(479~499)에 이르러서다.

## 3. 신라의 불교수용

### 1) 민간의 불교수용

묵호자는 먼저 일선군에 이르러 포교활동을 하다가 왕실과 인연을 맺게 되었다. 이 일선군은 고구려와 가까워 고구려의 문화가 전래되는 통로가 되었다. 이 지역을 근거로 불교를 포교할 수 있었던 것은 이 지역이 신라의 변방지대였기 때문이라고 생각한다. 신라의 변방지대에서 부역에 시달리는 이 지역 백성들에게 불교는 심리적 위안을 주었던 것이다. 당시 이 지역은 고구려의 침입이 계속되어 축성작업이 잦았고, 천재지변으로 현실적 어려움을 겪고 있었던 것이다.

5세기의 고구려 침입기사를 살펴보면 다음과 같다. 먼저 눌지마립간대에 고구려가 북변으로 침입한 기사가 두 번 나타난다.

> 三十四年 秋七月 高句麗邊將 獵於悉直之原 何瑟羅城主三直 出兵掩殺之 麗王聞之 怒 使來告曰 孤與大王修好至歡也 今出兵殺我邊將 是何義耶 乃興師侵我 西邊 王卑辭謝之 乃歸
>
> 三十八年 秋七月 霜雹害穀 八月 高句麗侵北邊[16)]

자비마립간대에는 고구려가 말갈과 더불어 북변 실직성을 습격하였다.

十一年 春 高句麗與靺鞨 襲北邊悉直城[17)]

소지마립간대에는 고구려의 공격이 빈번하게 나타났다.

三年 三月 高句麗與靺鞨入北邊 取狐鳴等七城

六年 秋七月 高句麗侵北邊 我軍與百濟 合擊於母山城下 大破之

十一年 秋九月 高句麗襲北邊 至戈峴

十六年 秋七月 將軍實竹等與高句麗 戰薩水之原 不克 退保犬牙城 高句麗兵圍之 百濟王牟大 遣兵三千 救解圍

十八年秋七月 高句麗來攻牛山城 將軍實竹出擊 泥河上破之

十九年八月 高句麗攻陷牛山城[18)]

이러한 전쟁기사를 통해 당시의 정세를 파악할 수 있다. 신라에 의해 반도통일이 이루어질 때까지 삼국의 관계는 전쟁이 계속되었으며, 잠정적 평화나 동맹관계는 약세를 면하는 수단에 불과했다. 그러므로 안으로 백성을 다스리고 밖으로는 영토를 확장하는 정복전쟁이 계속되었다. 특히 5~6세기 신라는 고구려와 빈번한 군사적 충돌을 하게 되었다. 그런데 삼국에 있어서 정복전쟁은 특히 불교의 전입을 전후하여 치열한 양상을 띠었다.[19)] 이러한 정복전쟁은 당시 중요한 생산수단의 하나였다. 그래서 여러 국가들은 전쟁을 통해 국가의

16) 이상 《三國史記》 3, 新羅本紀 3, 訥祗痲立干.

17) 《三國史記》 3, 新羅本紀 3, 慈悲痲立干 11年.

18) 이상 《三國史記》 3, 新羅本紀 3, 炤知痲立干.

19) 김정배, 1975, 앞의 논문.

성장을 도모하였다. 그러나 끊임없이 지속되는 전쟁으로 군역의 부담을 지게 된 백성들은 생활의 기반을 잃게 되었다. 또한 전쟁터에서 그들은 항상 죽음에 대한 공포로 불안하였다. 전쟁으로 인한 정신적 · 물질적 피해는 새로운 가치관을 필요로 하게 되었다. 왕으로부터 백성에 이르기까지 종래 그들이 믿었던 신앙과 종교로는 이러한 어려움을 극복할 수 없었다. 이에 외부로부터 전래된 불교를 주체적으로 수용하게 되는 것이다.

특히 고구려와의 전쟁으로 현실생활에서 어려움을 겪고 있던 이 지역 백성들은 새로운 신앙인 불교에 가까워질 수 있었으리라 생각된다. 따라서 이 지역은 또한 소지왕대 아도화상이 와서 포교활동을 하는 근거지가 되는 것이다.

> 至毗處王時 有阿道一作我道和尙 與侍者三人 亦來毛禮家 儀表似墨胡子 住數年無病而死 其侍者三人留住 講讀經律 往往有信奉者[20)]

비처왕 때 아도화상이 신라에 와서 일선군을 중심으로 포교활동을 하였다. 일선군은 이미 불교를 포교할 수 있는 기반이 조성되고 있었던 것이다. 이미 묵호자가 와서 불교를 전래하였고 또한 이 지역 백성들이 불교를 주체적으로 수용하였다. 객관적 조건이 이미 성숙되었기 때문에 아도가 여기에 왔으며, 또한 포교활동을 할 수 있었던 것이다. 그리고 아도화상이 없어진 뒤에도 이 지역에서 포교활동이 계속되었다.

---

20) 《三國史記》 4, 新羅本紀 4, 法興王 15年.

### 2) 왕실의 불교 수용

신라 왕실에 불교가 전래된 것은 앞서 살펴보았듯이 눌지왕대이다. 그러나 그 당시 불교가 왕실에 의해 수용되지는 못했다. 왕실에 의해 수용된 모습을 살펴볼 수 있는 기록은 射琴匣 설화다.

> 第二十一 毗處王 一作炤知王 卽位十年戊辰 幸於天泉亭 時有烏與鼠來鳴 鼠作人語云 此烏去處尋之(或云 神德王欲行香興輪寺 路見衆鼠含尾 怪之而還占之 明日先鳴烏尋之云云 此說非也) 王命騎士追之 南至避村(今壤避寺村 在南山東麓) 兩猪相鬪留連見之 忽失烏所在 徘徊路傍 時有老翁 自池中出奉書 外面題云 開見二人死 不開一人死 使來獻之 王曰 與其二人死 莫若不開 但一人死耳 日官奏云 二人者庶民也 一人者王也 王然之開見 書中云 射琴匣 王入宮 見琴匣射之 乃內殿焚修僧 與宮主潛通而所奸也 二人伏誅 自爾國俗 每正月上亥上子上午等日 忌愼百事 不敢動作 以十五日爲烏忌之日 以飯祭之 至今行之 俚言 言悲愁而禁忌百事也 命其池曰書出池[21]

소지왕 10년(488)에 왕이 천천정에 순행하였을 때 까마귀와 쥐가 와서 울면서 까마귀가 가는 곳을 좇으라 하여, 왕이 기사를 시켜 이를 따르게 하였다. 기사가 피촌에 이르러 돼지 두 마리가 싸우는 것을 보다가 까마귀가 간 곳을 잃어버리고 길가를 배회하였다. 이때 노옹이 못에서 나와 글을 바쳤는데 겉봉에 '이를 열면 두 사람이 주고, 만약 열지 않으면 한 사람이 죽는다'고 쓰여 있었다. 왕이 열지 않으려 하자 일관이 '두 사람은 서민이며, 한 사람은 왕입니다'라고 주청하여 왕이 이를 열어 보았다. 글 중에 '거문고 갑을 쏘라'고 쓰여 있어 궁궐에 들어가 거문고 갑을 쏘니 내전 분수승과 궁주가 잠통을 하고 있었다.

---

21) 《三國遺事》 1, 紀異 1, 射琴匣.

이로부터 매년 정월 첫째 돼지날, 쥐날, 말날에 백사를 삼갔으며, 이로써 15일을 기하여 제사를 지냈는데 지금도 지내고 있다고 한다.

이 사료를 통해 소지왕 10년(488) 이전에 이미 왕실에서 불교를 수용한 것을 알 수 있다. 왜냐하면 궁궐 안 내전에 분수승이 존재하고 있기 때문이다. 내전 분수승이 존재한다는 것은 궁궐 안에 내불당이 존재했다는 것을 말해 주며, 내불당이 존재한다는 것은 이미 왕실에 불교가 수용된 결과라고 볼 수 있다.

이러한 기반 위에서 법흥왕이 불교를 공식적으로 공인하려고 애를 썼던 것이다. 그리고 왕실의 주체적 요구에 앞서 백성들의 불교 수용이 먼저 이루어졌다는 것을 간과해서는 안 된다. 왕실에서는 백성들이 수용하고 있는 불교를 받아들여 백성들을 통치하고, 또한 백성들과 연결하여 귀족을 누르려는 방편으로 불교를 수용하려한 것이다. 그러나 그러한 법흥왕의 의도는 쉽사리 이루어지지 않았다. 이러한 사정을 잘 보여 주는 것이 이차돈의 순교설화이다. 이차돈 설화는 사실 불교를 공인하려다 실패로 돌아갔다는 사실을 보여 주고 있다. 법흥왕과 이차돈은 불교를 공식적으로 수용하려 하였으나 이루어지지 않았던 것이다. 고구려나 백제의 경우는 왕실에서 사찰을 지어 불교를 수용하였다. 그러나 신라에서는 법흥왕이 사찰을 지으려 하였으나 결국 실패하였고, 더구나 불교를 공인하는 법제적 조치를 취했다는 대목은 찾아볼 수 없다. 따라서 법흥왕대에는 불교공인이 이루어지지 않았다고 할 수 있다.

## 4. 신라의 불교 공인

신라의 불교 공인은 법흥왕의 다음 대인 진흥왕대에 가서 이루어지게 된다.

> 五年 春二月 興輪寺成 三月 許人出家爲僧尼奉佛[22]

진흥왕 5년(544) 그동안 미뤄졌던 흥륜사의 창건이 이루어졌고, 출가하여 승려가 될 수 있도록 허용하였다. 신라의 경우는 고구려나 백제와 같은 '下敎' 기사가 보이지 않으나, 여기서 출가하여 부처를 받들게 '許'하는 것이 그 법제적 조치라 볼 수 있겠다. 결국 신라는 눌지왕대 불교가 처음 전래되었고, 소지왕대 이미 불교에 대한 이해가 상당히 이루어졌으며 법흥왕대 이를 공인하려 했으나 실패했다. 신라의 불교공인은 진흥왕 5년(544)에 흥륜사가 완성되고 승려의 출가를 허용하는 데서 이루어지는 것이다. 따라서 이후에야 비로소 왕실이 적극적으로 불교를 수용하게 된다. 진흥왕 10년에는 양나라에서 사신을 파견해 불사리를 보내 주었다.

> 十年 春 梁遣使與入學僧覺德 送佛舍利 王使百官 奉迎興輪寺前路[23]

이후 사찰을 짓고 큰 법회를 열고 중국에 유학하는 승려들에 대한 기사가 다음과 같이 나온다.

---

22) 《三國史記》 4, 新羅本紀 4, 眞興王 5年.
23) 《三國史記》 4, 新羅本紀 4, 眞興王 10年.

十四年 春二月 王命所司 築新宮於月城東 黃龍見其地 王疑之 改爲佛寺 賜號曰皇龍
二十六 年秋八月 陳遣使劉思與僧明觀 來聘 送釋氏經論千七百餘卷
三十三年 冬十月二十日 爲戰死士卒 設八關筵會於外寺 七日罷
三十七年 春 安弘法師 入隋求法 與胡僧毗摩羅等二僧廻 上稜伽勝經及佛舍利[24]

진흥왕 14년에는 왕이 월성의 동쪽에 새로운 궁궐을 지으려 하다가 그 땅에 황룡이 나타나자 불사를 일으켜 황룡사를 지었다. 26년에는 陳에서 사신이 승려 명관과 함께 來聘하고 더불어 불경을 가져왔다. 33년에는 전사자들을 위해 外寺에서 7일 동안 八關筵會를 열었으며 37년에는 安弘法師가 수나라에 들어가 불법을 배우고 胡僧 毗摩羅 등 두 승려와 함께 돌아와 稜伽經과 勝經 및 부처의 사리를 바쳤다. 이후 신라에서는 승관제도가 확립되고 호국법회가 이루어지며, 성전사원이 건립되는 7세기 중엽 신라의 국교화가 이루어지게 된다.

표 1. 삼국의 불교 전래와 수용 및 공인 연대표

| | | 고구려 | 백제 | 신라 |
|---|---|---|---|---|
| 전래 | 민간 | 366년 이전 | ? | 눌지왕대 묵호자 (417~457년) |
| | 왕실 | 372년(소수림왕 2년) | 384(침류왕 원년) | 〃 |
| 수용 | 민간 | 366년 이전 | ? | 소지왕대 아도 (479~499년) |
| | 왕실 | 375년(소수림왕 5년) | 385년(침류왕 2년) | 소지왕대 내전분수승 (479~499년) |
| 공인 | | 391년(고국양왕 말년) | 392년(아신왕 원년) | 544년(진흥왕 5년) |

24) 이상 《三國史記》 4, 新羅本紀 4, 眞興王.

외국으로부터 불교가 전래된 것과 이것을 그 사회가 주체적으로 수용하는 것, 그리고 국가가 이를 법제적으로 공인하는 것과는 개념상에 큰 차이가 있다. 그런 면에서 신라는 고구려와 백제에 비하여 불교가 전래된 것이 그렇게 늦었다고 할 수 없다. 이미 눌지왕 때 묵호자가 고구려로부터 와서 일선군 사람 모례의 집에서 포교활동을 하였으며, 양나라 사신이 왔을 때 왕실에 들어가 불교를 전하였다. 더구나 소지왕 때에는 내전에 분수승이 자리 잡고 있었다.

그렇다면 신라는 불교의 공인이 왜 늦어졌을까? 아마도 고구려나 백제에 비하여 토착신앙과의 대립과 갈등이 심하였기 때문일 것이다. 고구려나 백제는 이미 중국문화에 대해 익숙하였기 때문에 중국을 통해 들어온 불교에 대해 거부감이 적었다고 할 수 있다. 반면에 신라는 중국문화에 대한 경험이 적어 불교를 수용하는 데 많은 사상적 갈등을 겪게 된 것이다.

그러나 보다 중요한 문제는 신라가 토착신앙에 의해 사상적 통일을 이미 이루었기 때문이었다. 신라는 천지신을 모신 신궁을 설치하여 사상적 통일을 이미 이루었기 때문에 외래신앙인 불교에 대하여 대립과 갈등이 심했던 것이다. 더구나 이차돈이 사찰을 지으려다가 강력한 반발에 직면하였으며, 그러한 경험이 신라인으로 하여금 불교를 받아들이는 데 주저하게 하였던 것이다. 그러나 그러한 내부진통을 겪으며 신라의 독특한 불교를 발전시켜 나가게 되었다. 처음에는 토착신앙과 불교가 대립하였으나 차츰 융화하여 선·불 융화의 문화퓨전을 이루게 되었다.

진흥왕 5년(544)에 그동안 미루어졌던 흥륜사의 창건이 이루어졌으며 출가하여 승려가 되는 것을 허락하였다. 결국 신라는 소지왕 때에 불교가 처음으로 전래되었으며 법흥왕 때에 이를 공인하려 하였으나 실패하였다. 신라의 불교 공인은 진흥왕 5년(544)에 흥륜사가 완성되고, 승려의 출가를 허용한 데서 이루어진 것이다. 따라서 이후에야 왕실이 절을 짓고, 큰 법회를 열고, 중국에 스님들을 유학 보내는 등 적극적으로 불교를 발전시켰다.

# 제2장 이차돈의 순교설화

신라는 눌지왕대(417~457) 불교가 전래되었음에도 불구하고 근 100여 년이 지난 진흥왕 5년(544)이 되어서야 불교를 공인하게 된다. 신라에서는 고구려나 백제에 비해 불교 전래 후 공인되기까지의 시기가 더욱 오래 걸렸다. 이는 고구려나 백제와는 달리 신라의 불교 전래, 수용, 공인의 과정이 순탄하지 못했다는 것을 의미한다. 그 이유는 중국문화와의 접촉이 어려운 신라의 지리적인 특성과 더불어 토착적 성격이 짙은 사회 · 문화적 영향 때문일 것이다. 즉 불교 수용 이전에 이미 신라는 신궁을 통해 사상적 통일을 이루었기 때문에 신라에서는 불교의 전래와 수용 과정에서 토착신앙과 불교의 갈등양상이 두 나라에 비해 두드러졌다.

이러한 갈등양상이 잘 드러나는 것이 이차돈의 순교설화이다. 일반적으로 신라에서는 법흥왕대 이차돈이 순교하면서 이를 계기로 불교가 공인됨으로써 비로소 본격적으로 불교가 전개되었다고 보고 있다. 그러나 앞서 언급한 대로 《삼국사기》 법흥왕 15년조의 '肇行佛法'이라는 표현이 곧 불교의 공식적인 공인을 의미한다고 볼 수는 없으며 이차돈의 순교는 불교가 공인되는 모습이 아니라 핍박받는 모습을 전하는 것에 불과하다. 따라서 종래의 견해는 이차돈 순교설화를 단선적, 도식적으로 이해한 결과라 생각한다. 이차돈의 순교에 대한 전승은 복잡한 내용으로 여러 갈래가 전하고 있다. 때문에 그 설화의 내용을 보다 구체적으로 살펴볼 필요성이 제기된다. 그리고 이를 통해 신라의 불교 전래와 수용과정과 그 상황을 보다 구체적으로 알 수 있게 될 것이며 불교와 토착신앙과의 관계도 고찰할 수 있으리라 생각된다.

신라불교의 전래와 수용문제는 단지 불교사적인 면에서 뿐만 아니라 신라의 발전과정 및 한국 고대사회의 발전과정과 밀접한 관련하에 다루어져 왔다. 특히 불교전래 및 수용은 한국고대의 국가발전단계를 설정하는 데 있어서 중요한 요소로서 거론되었던 것이다. 그러나 불교전래 및 수용에 있어서 그 당시 사회의 관련성에 대해서 논의한다 하더라도 역시 불교전입 전 토착신앙과의 관계를 논하면서 거론되어야 한다. 불교가 전래되어 수용되기까지는 많은 시간이 필요하며 수용되었다 하더라도 사회의 일반에서는 그 이전부터 전해 내려온 토착신앙이 보편적이었을 것이기 때문이다. 새로운 문화와 사상이 들어오면 먼저 기존의 문화 · 사상과 충돌하지만 결국 그 사회에 뿌리를 내리기 위해서는 또한 기존의 토착문화 및 사상과 융화할 수밖에 없는 것이다.

이러한 관점에서 이차돈 순교설화에 대한 여러 사료를 검토하고 그 내용을 종합하여 이차돈의 순교에 얽힌 사정을 밝혀 보고자 한다. 먼저 《삼국사기》,

《해동고승전》, 《삼국유사》 및 金石文에 실려 있는 이차돈 순교설화의 내용을 각각 살펴보고 그 내용에서 중심이 되는 이차돈과 법흥왕의 관계를 파악할 것이다. 그리고 마지막으로 이차돈 설화가 갖는 정치적 · 사상사적 의미를 고찰하도록 하겠다.

## 1. 이차돈 순교에 대한 사료 검토

이차돈의 순교설화는 《삼국사기》, 《해동고승전》, 《삼국유사》 및 금석문에 실려 있다. 그런데 그 내용에 조금씩 차이가 있어 그 내용을 정리해 볼 필요가 있다. 먼저 《삼국사기》에 실려있는 설화를 검토해 보도록 하겠다.

### 1) 《삼국사기》 법흥왕 15년

> 15년(528) 불교를 처음으로 시행하였다. 〔…〕 이때 와서 왕 또한 불교를 일으키고자 하였으나 여러 신하들이 믿지 않고 이런 저런 불평을 많이 하였으므로 왕이 난처하였다. 왕의 근신 異次頓이 아뢰었다. "바라건대 하찮은 신의 목을 베어 사람들의 논의를 진정시키십시오." 왕이 대답하길, "본래 도를 일으키고자 함인데 죄 없는 사람을 죽이는 것은 잘못이다" 하니 이차돈이 대답하였다. "만약 도가 행해질 수 있다면 신은 죽어도 여한이 없겠습니다." 이에 왕이 여러 신하들을 불러 의견을 물으니 모두 말하였다. "지금 중들을 보니 깎은 머리에 이상한 옷을 입었고 말하는 논리가 기이하고 괴상하여 일상적인 도가 아닙니다. 지금 만약 이를 그대로 놓아두면 후회가 있을까 두렵습니다. 신 등은 비록 무거운 벌을 받더라도 감히 명을 받들지 못하겠습니다." 그러나 이차돈은 혼자 다음과 같이 말했다. "지금 여러 신하들의 말은 잘못된 것입니다. 非常한 사람이 있은 후에야 비상한 일이

있을 수 있습니다. 지금 듣건대 불교가 심오하다 하니, 믿지 않을 수 없습니다." 왕이 말하였다. "여러 사람들의 말이 견고하여 이를 깨뜨릴 수가 없는데, 유독 너만 다른 말을 하니 양쪽을 모두 따를 수는 없다." 드디어 이차돈을 관리에게 넘겨 죽이게 하였는데 이차돈이 죽음에 임해 말했다. "나는 佛法을 위해 刑을 당하는 것이니, 부처님께서 만약 신령스러움이 있다면 나의 죽음에 반드시 이상한 일이 있을 것이다." 목을 베자 잘린 곳에서 피가 솟구쳤는데 그 색이 우유빛처럼 희었다. 여러 사람들이 괴이하게 여겨 다시는 불교를 헐뜯지 않았다. (이는 김대문의 《鷄林雜傳》에 의거하여 쓴 것인데 韓奈麻 김용행이 지은 〈我道和尙碑〉와는 자못 다르다)1)

《삼국사기》는 法興王 15년(528)조에 佛法이 비로소 시행되었다(肇行佛法)는 사실을 기록하고 있다. 이때 왕이 불교를 일으키려 하였으나 여러 신하와 의견이 대립되었고 이차돈만이 이에 찬성하였다. 이에 왕은 두 의견을 모두 따를 수 없다 하여 이차돈을 참하였는데 이때 신이한 일이 일어나자 사람들이 더 이상 불교를 헐뜯지 않았다는 내용이다. '肇行佛法'과 이차돈 설화 사이에는 법흥왕대 이전 ①눌지왕 때 사문 묵호자가 왔었다는 내용, ②毗處王(炤知王) 때 阿道和尙이 왔었다는 사실이 간략하게 기록되어 있다. 《삼국사기》의 내용은 김대문의 《계림잡전》을 인용해 간단히 서술한 것으로 주에서는 〈아

---

1) 十五年 肇行佛法 〔…〕 至是 王亦欲興佛教 群臣不信 諜諜騰口舌 王難之 近臣異次頓 或云處道 奏曰 請斬小臣 以定衆議 王曰 本欲興道 而殺不辜非也 答曰 若道之得行 臣雖死無憾 王於是 召群臣問之 僉曰 今見僧徒 童頭異服 儀論奇詭 而非常道 今若縱之 恐有後悔 臣等雖卽重罪 不敢奉詔 異次頓獨曰 今群臣之言非也 夫有非常之人 然後有非常之事 今聞佛教淵奧 恐不可不信 王曰 衆人之言 牢不可破 汝獨異言 不能兩從遂下吏將誅之 異次頓臨死曰 我爲法就刑 佛若有神 吾死必育異事 及斬之 血從斷處湧 色白如乳 衆怪之 不復非毁佛事此據金大問鷄林雜傳所記書之 與韓奈麻金用行所撰我道和常碑 所錄殊異. (《三國史記》4, 新羅本紀 4, 法興王)

도화상비〉와 차이가 있음을 지적하고 있다. 이와 더불어 《해동고승전》, 《삼국유사》와도 약간의 차이점이 보인다. 그 내용은 《해동고승전》과 《삼국유사》를 살펴보면 알 수 있다.

### 2) 《海東高僧傳》 流通 法空

法空은 신라 23대 법흥왕이다. 이름은 원종으로 지증왕의 원자이고 어머니는 연제부인이다. 왕은 키가 7척이었으며 너그러이 백성을 사랑하고 신성하여 백성이 널리 믿었다. 3년에 용이 楊井에 나타났고 4년에 兵部를 설치하였으며 7년에 율령을 반포하고 처음으로 백관 朱紫의 秩을 만들었다. 즉위 이래 매양 불법을 일으키고자 하였으나 군신들이 말이 많아 그 일이 어려웠다. 그러나 阿道의 지극한 소원을 생각하여 신하들을 불러 묻기를 "聖祖 미추왕께서 아도와 함께 처음으로 불법을 펴시다가 큰 공을 이루지 못하고 돌아가시매 부처님의 妙化가 막혀 행해지지 못했으니 나는 매우 슬프게 생각한다. 그러니 마땅히 큰 절을 세우고 다시 불상을 조성하여 선왕의 공덕을 좇으려 하는데 그대들의 생각은 어떠한가?" 하였다. 대신 恭謁 등이 간해 말하기를 "근년에 흉년이 들어 백성이 편안하지 못한데다 이웃나라 군사들이 국경을 침범하여 전쟁이 쉬지 않고 있는데 어느 겨를에 백성을 괴롭히는 役事를 일으켜 쓸데없는 집을 지으려 하십니까?" 하였다. 왕은 좌우 신하들의 믿음이 없음을 안타깝게 여겨 탄식하여 말하기를 "과인이 不德으로 왕위를 이어 음양이 조화롭지 못하고 백성이 편안하지 못하여 신하가 거스르고 따르지 않으니 누가 능히 묘법으로 미혹한 부류를 깨우칠 사람이 있겠는가?" 하였으나 오래도록 대답하는 자가 없었다.

16년에 이르러 內史舍人 朴厭髑(혹은 異次頓, 居次頓이라 한다)이라는 사람이 있었는데 나이가 26세로 정직했다. 마음이 진실하고 생각이 깊었으며 의를 보면 용기를 떨쳤다. 왕의 큰 소원을 돕고자 몰래 아뢰기를 "왕께서 만일 불교를 일으키시려 한다면 청컨대 신이 거짓으로 왕명이라 하여 有司에게 전하되 '왕께서 佛事

를 일으키려 하신다' 하겠습니다. 이렇게 하면 군신들이 반드시 간할 것이니 이때 바로 칙령을 내리시되 '나는 그런 영을 내린 일이 없는데 누가 거짓으로 왕명이라 꾸며대었는가' 하십시오. 그러면 그들이 반드시 신의 죄를 탄핵할 것입니다. 이때 왕께서 탄핵하는 신하들의 말이 옳다고 하면 그들은 복종할 것입니다" 하였다. 왕이 말하기를 "저들은 이미 완고하고 오만하니 비록 그대를 죽인다 한들 어찌 복종하겠는가?" 하니 염촉이 아뢰기를 "大聖의 教는 天神이 받드는 바이니 만일 소신을 참하면 당연히 천지의 이변이 있을 것입니다. 과연 이변이 있다면 누가 감히 오만을 부리며 거역하겠습니까?" 하였다. 왕이 말하기를 "본래 이로움을 일으키고 해를 없애려 하는 것인데 도리어 충신을 죽이면 어찌 홍교의 뜻에 상함이 없겠는가?" 하니 이차돈이 아뢰기를 "살신성인은 신하의 大節입니다. 하물며 佛日이 恒明하고 皇圖가 愈永하면 비록 죽더라도 오래 사는 것입니다" 하였다. 왕이 상을 후하게 내리고 말하기를 "너는 布衣지만 뜻은 錦繡를 품었구나" 하고 이에 염촉과 더불어 큰 맹세를 깊이 맺었다.

드디어 그 뜻을 전해 "천경림에 절을 지으려 하니 執事들은 칙령을 받들어 공사를 일으키라" 하였다. 조정의 신하들이 과연 면전에서 쟁론하자 왕은 "나는 그런 영을 내린 적이 없다" 하였다. 염촉이 이에 크게 외치기를 "신이 실로 그렇게 한 것입니다. 만약 이 법을 행하면 온 나라가 태평할 것입니다. 진실로 경제에 유익하다면 비록 國命을 거짓으로 꾸몄다고 하더라도 무슨 죄가 되겠습니까?" 하였다. 이때 신하들을 모아 이 일에 대해 물으니 모두 말하기를 "지금 승려들을 보면 까까머리에 이상한 옷을 입고 기이한 설을 논하니 常道가 아닙니다. 만약 갑자기 이를 따른다면 후회가 있을까 두려우니 신 등은 비록 죽더라도 감히 詔를 받들 수 없습니다" 하였다. 염촉이 분연히 말하기를 "지금 군신의 말은 잘못된 것입니다. 대개 비상한 사람이 있은 연후에 비상한 일이 있으니 내가 들어 보건대 불교는 淵奧하여 행하지 않을 수 없습니다. 또한 참새가 어찌 鴻鵠의 뜻을 알겠습니까?" 하였다. 이에 왕은 이르기를 "여러 사람들의 말은 완강하여 깨뜨릴 수 없고 너는 혼자 다른 말을 하니 양쪽 말을 모두 좇을 수는 없다" 하고 드디어 형리에게 넘겨 장차 죽이려 하였다. 염촉이 하늘에 고하여 맹세하기를 "나는 불법을 위해 죽으니 널리 의리가 일어날 것이다. 부처님이 만일 신성함이 있으면 내 죽음에 반드시 신이한 일이 있을 것이다” 하였다. 염촉을 참하자 그 머리가 날아가 금강산 정상에 떨어지고 흰 젖이 목 벤 곳에서 수십 길로 뿜어져 나왔다. 햇빛이 어두워지고 하늘에서 妙花가 내렸으며 땅은 크게 진동하였다. 군신과 士庶들이 모두 위로는 하늘의 변이를 두려워하고 아래로는 사인이 법을 중히 여겨 목숨을 버린 것을 애통해 하면서 서로 슬퍼하여 곡하였다. 드디어 유체를 받들어 금강산에 장례하였다. 이때 군신이 맹세하여 말하길 “지금 이후에는 불법을 받들고 승려가 되겠습니다. 이 맹세를 어기면 明神이 우리를 죽일 것입니다” 하였다. 〔…〕 이해에 살생을 금하는 令을 내렸다. (국사 및 옛 전기를 참고하여 商量하여 적는다)

21년에 천경림의 나무를 베고 그곳에 精舍를 세우려고 터를 닦다가 柱礎와 石龕 및 섬돌들을 발견하여 얻으니 과연 이곳이 옛날 招提의 옛터였다. 대들보용 나무는 모두 이 숲에서 나왔다. 공사를 마치자 왕은 왕위를 사양하고 승려가 되어 이름을 법공이라 고치고 三衣와 瓦鉢을 念持하고 높고 원대한 志行으로 일체중생을 자비로 대하였다. 이로 인해 그 절 이름을 大王興輪寺라 하였으니 이는 대왕이 머물러 있는 곳이었기 때문이다. 이것이 신라가 절을 창건한 시초이다. 왕비 또한 부처를 신봉하여 비구니가 되어 영흥사에 머물렀다. 이로부터 큰 불사를 일으켰으므로 왕의 시호를 법흥이라 한 것은 헛된 찬사가 아니다. 〔…〕 아도비를 살펴보면 법흥왕은 출가하여 법명은 法雲, 자는 法空이라 하였다고 하나, 지금 국사와 수이전을 살펴 법공·법운 2전으로 나누었으니 옛것을 좋아하는 사람들은 자세히 살펴보기 바란다.2)

---

2) 釋法空 新羅第二十三主法興王也 名原宗 智證王元子 母延帝夫人 王身長七尺寬厚愛人 乃神乃聖 彰信兆民 三年龍現楊井中 四年始置兵部 七年頒示律令 始制百官朱紫之秩 卽位已來 每欲興佛法 群臣諜諜騰口舌 王難之 然念阿道之至願 乃召群臣 問曰 聖祖味雛與阿道 肇宣佛教 大功未集而崩 能仁妙化 渴而不行 朕甚痛焉 當立大伽藍 重興像設 其克從先王之烈 其如卿等何 大臣恭謁等諫曰 近者 年不登 民不安 加以隣兵犯境 師旅未息 奚暇勞民作役 作無用之屋哉 王憫左右無信 歎曰 寡人以不德 刀承大寶 陰陽不序 黎民未安 故臣下逆而不從 誰能以妙法之術 曉喩迷人者乎 久無應者 至十六年 有內史舍人朴厭髑 或云異次頓 或云居次頓 年二十六 匪直也人 秉心塞淵 奮見義之勇 欲助弘願 密奏曰 陛下若欲興佛教 臣請僞傳王命於有司曰 王欲創佛事 如此卽群臣必諫 當卽下勅曰 朕無此令 誰矯命耶 彼等 當

高麗 高宗 2년(1215)에 覺訓이 찬한 《해동고승전》 법공조에도 이차돈 순교 설화가 실려 있다. 이 사료에는 먼저 법공(법흥왕)의 가계 및 왕의 성격과 병부 설치, 율령반포 및 백관질서제정 등을 싣고 왕이 불법을 일으키려 했으나 군신들의 반대로 이루지 못했다는 내용을 기록하고 있다. 법흥왕 16년(529)에 이르러 舍人 朴厭觸(혹은 異次頓, 혹은 居次頓)이 순교하는데, 순교의 이유는 이차돈이 "創寺於天鏡林"이라 교명하였기 때문이다. 이 내용은 《삼국사기》에 나오지 않는 것이다. 이차돈이 순교한 연도도 《삼국사기》에는 법흥왕 15년으로 《해동고승전》에는 법흥왕 16년으로 되어 있어 차이가 있다. 그리고 이차돈의 이름을 박염촉이라 한 것도 《삼국사기》에는 없는 내용이다. 또 《삼국사

---

劾臣罪 若可其奏 彼當服矣 王曰 彼旣頑傲 雖殺卿何服 曰 大聖之教 天神所奉 若斬小臣 當有天地之異 果若有變 誰敢違傲 王曰 本欲興利除害 反賊忠臣 可無傷乎 曰 殺身成仁 人臣大節 況佛日恒明 皇圖愈永 雖死之日 猷生之年 王大加嗟賞曰 汝是布衣 意懷錦繡 乃與厭觸 深結洪誓 遂傳宣曰 創寺於天鏡林 執事者奉勅興功 廷臣果面折廷諍 王曰 朕不出令 觸乃昌言曰 臣固爲之 若行此法 擧國泰安 苟有益於經濟 雖矯國令 何罪 於是大會群臣問之 僉曰 令見僧徒 童頭毁服 議論奇詭 而非常道 若忽從之 恐有後悔 臣等 雖死罪 不敢奉詔 觸奮曰 今群臣之言 非也 夫有非常之人 而後有非常之事 吾聞佛教淵奥 不可不行 且雀焉知鴻鵠之志哉 王曰 衆人之言 牢不可破 汝獨異言 不能兩從 遂下吏將誅 觸告天誓曰 我爲法就刑 庶興義利 佛若有神 吾死當有異事 及斬 其頭飛至金剛山頂落焉 白乳從斷處湧出 高數十丈 日色昏黑 天雨妙花 地大震動 君臣士庶 咸皆上畏天變 下慟舍人重法隕命 相向擧哀而哭 遂奉遺體 營葬金剛山 禮也 于時 君臣盟曰 自今而後 奉佛歸僧 有愉此盟 明神殛之〔…〕是年 下令禁殺生 按國史及古諸傳商量而述 二十一年 伐木天鏡林 欲立精舍 掃地得柱礎石龕及階陛 果是往昔招提舊基 樑棟之用 皆出此林 工旣告畢 王遜位爲僧 改名法空 念三衣瓦鉢 志行高遠 慈悲一切 因名其寺 曰大王興輪寺 以大王所住故也 此新羅創寺之始 王妃亦奉佛爲比丘尼 住永興寺焉 自此啓興大事 故王之謚曰法興 非虛美也〔…〕按阿道碑 法興王出家 法名法雲 字法空 今按國史及殊異傳 分立二傳 諸好古者 請詳檢焉. (《海東高僧傳》 1, 流通 1, 法空)

기》에서는 이차돈 순교 이후 사람들이 불교를 비방하지 않았다고 간략히 기술한 반면 《해동고승전》에서는 이차돈 순교 이후 법흥왕 21년 천경림에 대왕흥륜사를 창건한 내용과 법흥왕과 그 왕비가 왕위를 버리고 불교에 귀의했다는 내용을 첨가해 이차돈의 순교 이후 신라에서 불교가 널리 신봉되었음을 강조하고 있다.

### 3) 《삼국유사》 원종흥법 염촉멸신

新羅本紀에 보면 법흥대왕이 즉위한 14년(527)에 신하 異次頓이 佛法을 위해서 자기 몸을 죽이니 곧 蕭梁 普通 8년 丁未(527)에 西天竺의 달마대사가 金陵에 온 해다. 이해에 낭지법사도 또한 영취산에 살면서 도량을 열었으니 불교의 흥하고 쇠하는 것도 반드시 遠近에서 한 시기에 서로 감응한다는 것을 이 일로 인해서 알 수가 있다.

元和 연간에 南澗寺의 중 一念이 〈髑香墳禮佛結社文〉을 지었는데, 이 사실이 자세히 실려 있으니 그 대략은 이러하다. 일찍이 법흥대왕이 紫極殿에서 왕위에 올랐을 때에 동쪽 지역을 살펴보고 말했다. "예전에 한 明帝가 꿈에 감응되어 불법이 동쪽으로 흘러들어 왔다. 내가 왕위에 오른 뒤로 백성들을 위해 복을 닦고 죄를 없앨 곳을 마련하려 한다." 이에 조신들(鄕傳에서는 工目, 謁恭 등이라 했다)은 왕의 깊은 뜻을 헤아리지 못하고 오직 나라를 다스리는 대의만을 지켜 절을 세우겠다는 신령스러운 생각에 따르지 않았다. 대왕은 탄식하길, "아아! 나는 덕이 없는 사람으로 왕업을 이어받아 위로는 음양의 조화가 모자라고 아래로는 백성들의 즐겨하는 일이 없어서 정사를 닦는 여가에 불교에 마음을 두었으니 그 누가 나의 일을 함께 할 것인가" 하였다.

이때 小臣이 있었는데 성은 박이요, 자는 염촉(혹은 異次라 하고 또는 伊處라고도 하니 方音이 다르기 때문이며, 漢語로 번역하여 厭라 한다. 髑·頓·道·覩·獨 등은 모두 쓰는 사람의 편의에 따른 것으로, 곧 조사이다. 지금 위 글자는 번역하고 아래 글자는 번역하지 않았기 때문에 厭觸이라 하고, 또는 厭覩 등으로 쓴 것이다)인데, 그의 아버지는 자세히 알 수 없다. 조부는 阿珍宗으로 습보갈문왕의 아들이다. (신라의 官爵은 도합 17등급인데 그 넷째를 파진찬, 또는 아진찬이라고도 한다. 宗은 그 이름이며, 습보도 역시 이름이다. 신라 사람은 추봉한 왕을 모두 갈문왕이라고 했으니 그 까닭은 史臣도 역시 자세히 모른다고 했다. 또 김용행이 지은 아도비를 상고해 보면, 舍人은 그때 나이 26세였고, 아버지는 吉升, 조부는 功漢, 曾祖는 乞解大王이라 했다) 그는 竹栢과 같은 바탕에 水鏡과 같은 뜻을 품었으며, 積善한 집의 증손으로서 궁내의 爪牙가 되기를 바랐고, 聖朝의 충신으로서 河清에 登侍할 것을 기대했다. 그때 나이 22세로서 사인(신라 官爵에 大舍 · 小舍 등이 있으니 대개 下士의 등급이다)의 직책에 있었는데, 왕의 얼굴을 쳐다보고는 그 심정을 눈치 채고 아뢰었다. "신이 듣건대, 옛 사람은 천한 사람에게도 계교를 물었다 하오니 신은 큰 죄를 무릅쓰고 아뢰니다" 하고 말했다. "나라를 위해 몸을 바치는 것은 신하로서의 큰 절개이옵고 임금을 위해 목숨을 바치는 것은 백성의 곧은 의리입니다. 거짓으로 말씀을 전했다고 해서 신의 목을 베시면 만민이 굴복하여 감히 왕의 말씀을 어기지 못할 것입니다." 왕이 말했다. "살을 베어 저울로 달아서 장차 새 한 마리를 살리려 했고 피를 뿌려 목숨을 끊어서 일곱 마리 짐승을 스스로 불쌍히 여겼다. 나의 뜻은 사람을 이롭게 하는 것인데 어찌 죄 없는 사람을 죽이겠느냐. 너는 비록 공덕을 남기려 하지만 죽음을 피하는 것만 못할 것이다." 사인이 말했다. "일체를 버리기 어려운 것은 신명에 지나지 않으며, 소신이 저녁에 죽어서 불교가 아침에 행해진다면 佛日은 다시 성행하고 임금께서는 길이 편안하실 것입니다." 왕이 말했다. "난새와 봉새의 새끼는 어려도 하늘을 뚫을 듯한 마음이 있고 鴻鵠의 새끼는 나면서부터 물결을 깨칠 기세를 품었다 하니 네가 그렇게 할 수 있다면 가히 大士의 행동이라 할 수 있겠다."

이에 대왕이 잠시 위의를 갖추어 동서남북으로 風霜과 같은 무시무시한 형구를 벌려 놓고 군신을 불러들여 "그대들은 내가 精舍를 조성하려는데 고의로 머뭇거린다"고 하였다. (향전에는 厭觸이 왕명으로 절을 창건하라는 뜻을 전달하니 군신이 와서 간하거늘 왕이 觸에게 責怒하여 왕명을 거짓으로 전했다고 刑罪한 것이라 하였다) 이에 군신이 벌벌 떨고 급히 맹서하고 손으로 동서를 가리키니 왕이 사인을 불러 문책하였다. 사인이 실색하여 아무 말도 못하였다. 대왕이 분노하여 참하라고 명하니 有司가 관아로 묶어갔다. 사인이 誓文을 짓고 獄吏가 참하니 흰 젖이 한 길이나 솟았고(鄕傳에는 사인이 맹서하되 "大聖法王이 불교를 일으키고자 하므로 신명을 돌보지 않고 결연을 버리니 하늘은 군서를 내려 인민에게 두루 보이소서" 하였다. 이에 그 머리가 날아가 金剛山頂에 떨어졌다고 한다) 하늘은 사방이 어두워 저녁의 빛을 감추고 땅이 진동하고 비가 뚝뚝 떨어졌다. 甘泉이 갑자기 말라서 물고기와 자라가 다투어 뛰고 곧은 나무가 저절로 부러져서 원숭이들이 떼지어 울었다. 春宮에서 말고삐를 나란히 하고 놀던 동무들은 피눈물을 흘리면서 서로 돌아보고 月庭에서 소매를 마주하던 친구들은 창자가 끊어지는 듯한 이별을 애석해 하여, 관을 쳐다보고 우는 소리가 마치 부모를 잃은 것과 같았다. 그들은 모두 말했다. "개자추가 다리의 살을 벤 일도 염촉의 苦節에 비할 수 없으며, 홍연이 배를 가른 일도 어찌 그의 장렬함에 비할 수 있으랴. 이것은 곧 대왕의 신력을 붙들어서 아도의 본심을 성취시킨 것이니 참으로 성자로다." 임금은 슬퍼하여 눈물이 곤룡포를 적시고 재상들은 근심하여 진땀이 선면에까지 흘렀다. 드디어 北山의 西嶺(곧 金剛山이다. 傳에는 머리가 날아가 떨어진 곳에다 장사하였다는데 여기에는 그런 말이 없으니 무슨 까닭인가?)에 장사하였다. 內人들은 이를 슬퍼하여 勝地를 택하여 절을 세우고 刺楸寺라 이름하였다. 진흥대왕 즉위 5년 甲子(544)에 大興輪寺를 이룩하였다. (國史와 향전에 의하면 실상 법흥왕 丁未에 開役하고 21년 乙卯에 크게 天鏡林을 採伐하여 工役을 시작하였는데 棟樑의 材를 모두 거기서 넉넉히 취하였고 階礎와 石龕도 다 갖추었다. 진흥왕 甲子에 절이 낙성되었으므로 甲子라고 한 것이니 僧傳에 7年이라 한 것은 잘못이다)[3)]

---

3) 新羅本紀 法興大王卽位十四年 小臣異次頓爲法滅身 卽蕭梁普通八年丁未 西竺達摩來金陵之歲也 是年朗智法師 亦始住靈鷲山開法 則大教興衰 必遠近相感一時 於此可信 元和中 南澗寺沙門一念 撰髑香墳禮佛結社文 載此事甚詳 其略曰昔在法興大王垂拱紫極之殿 俯察扶桑之域 以謂昔漢明感夢 佛法東流 寡人自登位願爲蒼生 欲造修福滅罪之處 於是朝臣 鄕傳云 工目謁恭等 未測深意 唯遵理國之大義 不從建寺之神略 大王嘆曰 於戱 寡人以不德 丕承大業 上虧陰陽之造化 下無黎庶之勸 萬機之暇 留心釋風 誰與爲伴 有內養者 姓朴字厭髑 惑作異次 惑云伊處方音之別也 譯云厭也 髑頓道覩獨等皆隨書者之便 乃助辭也 今譯上不譯下 故云厭髑 又厭覩等也 其父未詳 祖阿珍宗 卽習寬葛文王之子也(新羅官爵凡十七級其

《삼국유사》에는 元和 中(806~820)에 南澗寺 沙門 一念이 찬한《觸香墳禮佛結社文》을 요약하여 기재하였다. 그러나 일연은 향전과 아도비, 국사, 해동고승전 등의 내용을 협주에 함께 적어 놓았다. 창사에 반대하는 조신의 이름이나 이차돈의 가계, 천경림에서의 창사와 흥륜사 낙성연대 등이 그것이다. 그리고 인용하지는 않았지만《해동고승전》과 동일하게 법흥왕이 흥륜사를 세운

---

第四曰波珍飡 亦云阿珍飡也 宗其名也 習寶亦名也 羅人凡追封王者 皆稱葛文王 其實史臣亦云未群 又按金用行撰阿道碑 舍人時年二十六 夫吉升 祖功漢 曾祖乞解大王) 挺竹柏而質 抱水鏡而爲志 積善曾孫 望宮內之爪牙 聖祖忠臣 企河淸之登侍 時年二十二 當充舍人 羅爵有大舍小舍等 蓋下土之秩 瞻仰龍顔 知情擊目 奏云 臣聞古人問策芻蕘願以危罪啓諮 王曰 非爾所爲 舍人曰 爲國亡身 臣之大節 爲君盡命 民之直義 以謬傳辭 刑臣斬首 則萬民咸伏 不敢違教 王曰 解肉枰軀 將贖一鳥 洒血催命 自怜七獸 朕意利人 何殺無罪 汝雖作功德 不如避罪 舍人曰 一切難捨 不過身命 然小臣夕死 大殺朝行佛日再中 聖主長安 王曰 鸞鳳之子 幼有凌宵之心 鴻鵠之兒 生懷截波之勢 爾得如是 可謂大士之行乎 於焉大王權整威儀 風刀東西 霜仗南北 以召群臣 乃問 卿等於我欲造精舍 故作留難 鄕傳云 髑爲以王命傳下興工創寺之意 群臣來諫 王乃責努於髑 刑以僞傳王命 於是 群臣戰戰兢懼 倧㣙作誓 指手東西 王喚舍人而詰之 舍人失色 無辭以對 大王忿怒 勅令斬之 有司縛到衙下 舍人作誓 獄吏斬之 白乳湧出一丈 鄕傳云 舍人誓曰 大聖法王 欲興佛敎不顧身命 多却結緣天垂瑞祥 遍示人庶 於是 其頭飛出 落於金剛山頂云云 天四 斜景爲之晦明 地六震動 雨花爲之飄落 聖人哀戚 沾悲淚於龍衣 冢宰憂傷 流輕汗於蟬冕 甘泉忽渴 魚鼈爭躍 直木先折 猿猱群鳴 春宮連鑣之侶 泣血相顧 月庭交袖之朋 斷腸惜別 望柩聞聲 如喪考批 咸謂子推割股 未足比其苦節 弘演刳腹 拒能方其壯烈 此乃扶丹遲之信力 成阿道之本心 聖者也 遂乃葬北山之西嶺 卽金剛山也 傳云 頭飛落處 因葬其地 今不言何也 內人哀之 卜勝地 造蘭若 名曰 刺楸寺 於是家家作禮 必獲世榮 人人行道當曉法利 眞興大王卽位五年甲子 造大興輪寺 按國史與鄕傳 實法興王十四年丁未始開 二十一年乙卯大伐天鏡林始興工 梁棟之材皆於其林中取足 而階礎石龕皆有之 至眞興王五年甲子寺成 故云甲子 僧傳云七年誤. (《三國遺事》3, 興法 4, 原宗興法 厭髑滅身)

다음 왕위를 버리고 승려가 되었다는 내용도 기록하고 있다.

그런데 《삼국유사》와 《해동고승전》에서는 중요한 차이점이 발견된다. 《삼국유사》에는 교명이 아니라 창사공역을 고의로 늦추고 있는 책임을 물어 이차돈을 처형했다고 되어 있어 이차돈의 순교 이유가 《해동고승전》과 다르다. 즉 법흥왕이 창사의 명령을 사인을 통해 내렸는데도 조신들이 이를 지체시켰고 이 때문에 이차돈이 처형을 당했다는 것이다.[4] 그리고 이차돈의 순교 연대 역시 법흥왕이 즉위한 지 14년이라 하여 앞서 두 전승과는 차이가 있다.

또한 《삼국유사》에는 이차돈의 가계에 대해 기술되어 있는데 이차돈의 성은 박씨이고 이름은 염촉이며, 조부가 습보갈문왕의 아들이라 하였다. 《삼국사기》에 따르면 습보갈문왕은 지증왕의 아버지라 하였으므로 지증왕과 이차돈의 조부는 형제간이 된다. 따라서 지증왕의 원자인 법흥왕과 이차돈은 당숙과 조카 사이가 되는 것이다. 이에 따르면 이차돈의 성은 박씨가 아닌 김씨가 되어야 맞다. 한편 협주에 있는 김용행의 아도비에 따르면 염촉의 아버지는 吉升, 조부는 功漢, 曾祖는 乞解大王이라 하는데 흘해대왕은 탈해의 6세손이라 하므로 그 증손인 염촉 즉 기록에 따르면 이차돈은 석씨가 된다. 즉 이차돈은 박·석·김씨를 모두 칭하고 있는 것이다. 이 때문에 이차돈의 가계 자체는 후대의 부기일 가능성이 크다고 여겨지고 있다.[5]

4) 여기에 대해서 〈결사문〉의 내용은 9세기대의 인식으로 법흥왕 당시 왕권이 조신의 의견을 제압할 만큼 강력했던 것으로 이해하고 적은 것으로 보기도 한다. (李逢春, 2002, 〈興輪寺와 異次頓의 순교〉, 《新羅文化》 20).

5) 문경현, 1983, 〈新羅佛教肇行攷〉, 《新羅文化祭學術發表會論文集》 14(新羅佛教의 再照明).

### 4) 金石文

이차돈의 순교설화가 실려 있는 金石文이 두 가지 전하는 바 〈慶州栢栗寺石幢記〉와 〈桃李寺阿道和尙事蹟碑〉가 그것이다.

#### (1) 〈慶州栢栗寺石幢記〉

呼奈何天下□□□□□□□□□□□□□子□□□□□□□□□□□食
□□□□□□□□所計□□大意古人□言□問盖□□□□□君卽□□昔
日小兒非□所能厭敬□曰□□□□□可□□乎□□□□□□如白□子如是
豈非是乎□□天下佛敎流行□動之類□□□□國豊民安可通三韓□□四海厭
曰□列臣□□聞秘計□□□□北西之兵恒以四□□□□□予聞是已□□□
□□□□□□□□□爲權厭曰□□□(第三面)

君臣語諍而故謬□□吾頸臣民靡懈□敢違命君曰雖有此□豈敢□於無□之命
厭曰天下之□無□於□佛子之□無□□死□□雖死佛法流行□比小□□君□
小忘大可□□□□□則惺然歎厭曰□是布衣□懷□□□□在民心□□王□
□□□是□若如是者可謂大士乎王之□□□□必然□□衣□□於路寢佩劒之
士備於四方□□□臣□□則□北面而□王乃問曰臣等於吾以信佛法欲建塔□
故□簒賊諸臣□拜□□□(第四面)

曰臣等絶無如□逆意若有□□□□□盟王召□□□□□□無答王□告司□
於厭子□□而□揮淚北面□□□□□□□□□於□□告長劒命□時頸中白
乳一丈□□之□□□□□地爲云躍□□□□動殖不□□□□□□□□足
□□□□□屍北□立□西山彼法興王□□□□十五乙未年□□□□□永泰
□年丙牛□□□□□□□□□□更旋至□□□□□□□□中□□□□□
□□□□□□□□□但□□人家□□□(第五面)

□□□□如夢□魂□對曰□□□□□□□王城建□□□□□□□□□□
□□王□□□□□□□□□□□魂聞之□□□□□訣曰子與余□□□□
□□□□乎□□□□□□□□魂曰□敎之爲□□□□□□生□□到□□
□□□□□□□與其□命□比□魄聞□法□歎曰□聞□□□□□□□□
□爾□□□□□□□□國□□□□□□法主釋□□□□□□□□□□
□□□□□□□□□□□□□□□□□□□□(第六面)

이 碑는 元和 13年(818)에 건립된 것으로 사료 3)과 거의 같은 시대의 것이라서 내용이 대개 비슷한 것 같다. 물론 缺字가 많아 자세한 내용은 상고할 수 없으나 이차돈의 순교설화에 대해서는 추측할 수 있는 내용이 몇 가지 있다.

즉 이 기록에 의하면 왕이 불사를 일으키려고 한다고 거짓으로 전해 놓고서 그 공사를 구실로 臣等이 簒賊되었거나 簒賊를 도왔다고 추궁하였다. 이차돈은 簒逆의 책임을 묻자 대답하지 않았고 결국 왕의 문책을 자인한 셈이 되었다는 것이다.

### (2) 〈桃李寺阿道和尙事蹟碑〉

조선국 경상북도 선산부 냉산 도리사 아도화상 사적비 〔…〕 소지왕대 阿度라 칭하는 사람이 다시 암자로 돌아왔는데 그 모습이 묵호와 비슷하였다. 상서롭고 신이한 변이를 보였는데 더욱 특이함이 있었다. 혹은 빛을 발해 사방에 두루 덮이게 하였고, 혹은 高臺廣石 위에서 가부좌하고 공중에 오르기도 하는 등 영험하고 신이한 소문이 원근에 퍼졌다. 이때 신라왕에게 딸이 있었는데 병이 났으나 의약이 소용없었다. 이에 병을 치료할 수 있는 자를 구하도록 명하여 使者가 사방에 두루 다녔는데 어떤 사람이 모례의 집에 이르렀다. 모례가 이르기를 "우리집에 화상이 있는데 지식과 도가 신통하여 못하는 것이 없습니다." 사자가 뵙기를 청해

보고는 비상한 사람임을 알고 돌아와 국왕에게 보고하였다. 국왕이 즉시 불러 보고 딸의 병을 모두 말하니 아도가 말하길 “나에게 천경림을 주면 병이 나을 것입니다” 하였다. 왕이 여러 신에게 묻자 모두 말하기를 “이는 裨補로 만대에 전해오는 곳입니다. 상하가 함께하는 곳이니 어찌 중에게 주겠습니까?” 하였다. 아도가 말하길 “상제가 나에게 이 땅을 명하였으니 허락하지 않을 수 없을 것입니다” 하였으나 군신이 모두 이를 괴이하고 황탄한 말이라 믿을 수 없다고 하였다. 근신 이차돈이 홀로 말하길 “불법은 연오하니 청컨대 그 말을 따르십시오” 하였다. 왕이 그를 일러 요망하여 중생을 미혹시킨다 하고 형리를 시켜 장차 죽이려 하니 이차돈이 말하였다. “부처가 만약 신이함이 있다면 내가 죽거든 반드시 이적이 있을 것이다.” 이차돈을 베자 피가 하얀 것이 젖과 같았으며 머리가 스스로 공중을 날아 동문 밖 5리 强高峰 위에 떨어졌다. 화상이 따라 대광을 발하고 보배로운 빛이 하늘에 닿자 왕과 여러 신들이 신이하게 여겼다. 비로소 그 땅에 절을 짓고 이름을 白聿이라 하였다. 또한 천경림을 내려 절을 짓게 하고 화상을 받들어 모셨다. 곧 가사를 입고 拂子를 잡고 손을 모아 7일 동안 精勤하니 딸의 병에 차도가 있었다. 왕이 크게 기뻐하며 드디어 佛法을 받들었다. 7대가람을 지었는데 흥룡, 경림, 천강의 터였다. 興輪·黃龍·芬皇·靈妙·天王·靈巖 등의 사찰이 모두 일시에 만들어졌다. 이때 이래로 千寺萬刹이 곳곳에서 창건되니 불교가 드디어 크게 행해졌다.[6]

---

6) 朝鮮國慶尙道善山府冷山桃李寺阿道和尙事蹟碑〔…〕炤知王時稱阿度復還庵儀容似墨胡 現瑞神變 尤有異焉 或放光遍覆沙界 或於高臺廣石上 趺足騰空 靈異之聞播遠近 時羅王有一女病腹醫藥不能治 命求能已疾者 使者遍四方 或到毛禮家 禮曰我家有和尙 識道神通 無所不能 使者求見 知爲異人 還報國王 王馹召見之具道女病 阿度曰 與我天鏡林則病可 王問諸臣 皆曰 此乃裨補所流傳萬葉 上下共之 奚與僧 阿度曰 上帝命我此地不可不許 群臣皆以爲詭誕不可信 近臣異次頓獨曰 佛法淵奧 請從其言 王謂其妖妄惑衆 下吏將誅 頓曰 佛若有神 吾死必有異 及斬血白如乳 頭自飛空 墜于東門外五里强高峰上 和尙從放大光寶輝通天 王及諸臣異之 遂立寺其地 名以白聿 又賜敬林建刹 供奉和尙 卽着架裟 執拂子合手長詭七日精勤 女病已差 王大喜 遂崇佛法 建七大伽藍 其興龍敬林 天降之基 興輪 黃龍 芬皇靈妙 天王 靈嚴等刹 皆一時所建 自是千寺萬刹在在營創 佛敎遂大行. (〈桃李寺阿

이 비는 조선 仁祖 17년(1639)에 세운 것으로 비의 앞부분은 《삼국유사》와 《해동고승전》에 실려 있는 阿道의 기록과 비슷하다. 여기서 주목해야 할 것은 소지왕대 이후의 기록이다. 소지왕대에 이르러 아도라고 칭하는 자가 있는데 왕녀의 병을 계기로 여러 가지 사건이 일어났다. 여기에 이차돈이 개입되어 결국은 왕이 불교를 弘布하게 된다는 것이다.

그런데 이 사료에서 매우 중요한 부분을 발견할 수 있는데 이차돈의 사건은 천경림에 절을 지으려 한 데서 일어났다는 사실이다. 그리고 그 천경림은 오랫동안 裨補하는 곳으로 전해 내려온 토착신앙의 聖所임을 알 수 있다. 결국 토착신앙의 성소인 천경림에 불사를 일으키려는 데서 갈등과 마찰이 일어난 것임을 알 수 있다. 이차돈이 죽게 된 직접적인 이유가 바로 천경림에 불사를 일으키려는 데 있었던 것이다.

## 2. 이차돈과 법흥왕

앞 章에서 이차돈 설화에 대한 사료들을 검토해 본 결과 사료 모두가 이차돈의 순교를 다루고 있으나 그 내용에 조금씩 차이가 있음을 알 수 있다. 그중 이차돈과 법흥왕과의 관계가 가장 중요한 쟁점이라고 할 수 있다.

사료 1)에서는 왕이 불교를 일으키고자 하였으나 군신들이 반대하여 이루지 못했는데 이차돈이 죽음을 자처하여 興敎를 주장하였다. 이에 왕이 군신을 불러 의견을 물으니 모두 반대하고 오직 이차돈만이 흥교를 주장하여 결국

---

道和尙事蹟碑〉)

죽음을 당하고, 신이한 기적을 보여 다시는 불사를 험담하지 못하고 결국 불법이 시행되게 되었다고 하였다. 사료 1)에 의하면 법흥왕과 이차돈은 흥교를 주장하고 군신들은 반대하여 대립되었는데 衆意에 밀려 왕이 하는 수 없이 密約대로 이차돈을 참하였다는 것이다. 그러나 이차돈 사후 신이한 기적으로 전세가 역전되어 왕의 주장대로 '肇行佛法' 되었다. 그렇다면 법흥왕과 이차돈이 이미 밀약할 때 신이한 기적이 일어날 줄 알았다는 점이 전제되어야 하는데 이 점이 석연치 않으며 더구나 이러한 신이한 기적을 사실로 받아들일 수가 없다.

그런데 사료 1)은 김대문의 《계림잡전》에 기록되어 있는 것으로 奈麻 金用行이 찬한 〈阿道和尙碑〉에 기록된 것과 매우 다르다고 했다. 사료 2)가 그것으로 《해동고승전》 법공조에 실려 있다. 이차돈이 법흥왕에게 密奏하여, 자기가 有司에게 矯命하여 불사를 일으키면 군신들이 반대하게 될 것인바 그때 왕은 그런 명령을 내린 적이 없다고 하여 왕명이 준엄함을 보임으로써 왕권을 돈독히 하라 하였다. 그리고 사료 2)도 역시 사료 1)과 같이 신이한 기적으로 '조행불법'하게 된 것으로 기록되어 있다. 결국 矯命으로 왕명의 준엄함을 보이고 그것으로 '조행불법'하게 된 것이 아니고, 신이한 기적으로 '조행불법'하게 된 것은 사료 1)이나 사료 2) 모두 마찬가지다.

그런데 사료 2)에서 주목해야 할 부분은 이차돈이 유사에게 전한 교명의 내용이다. 천경림에 창사하라고 전하여 집사자가 興功을 받들게 되자 廷臣들이 이에 반대하고 나섰다. 여기서 왕과 군신들이 대립하게 되는 직접적인 동기는 천경림에 창사한다는 사실임을 상기하여야 하겠다. 즉 '조행불법' 문제는 이차돈순교 이후 문제가 되는 것이다. 순교를 하게 되는 직접적인 문제는 천경림에 창사한다는 사실이며 이것이 교명의 내용이다. 사료에서는 천경림에 창사한다는 사실이 미리 왕과 이차돈이 밀약하여 교명한 것으로 되어 있지만 이것은 후대에 법흥왕과 이차돈과의 관계를 우호적으로 서술할 필요에서 부회한 것이라 생각한다. 즉 법흥왕과 이차돈 모두 홍법하려는 의도는 갖고 있었기 때문에 불교가 수용된 이상 그 후에는 두 사람 사이의 관계를 굳이 나쁘게 표현하는 것보다 오히려 우호적 관계로 묘사하는 것이 보다 합리적이라고 생각했을 것이다.

그럼 법흥왕과 이차돈이 모두 홍법하려고 했는데 무슨 이유로 이차돈이 교명을 하였으며 그 교명의 내용은 무엇이었을까? 이 문제는 일단 뒤로 미루기로 하고 사료 3)에서 법흥왕과 이차돈과의 관계를 살펴보기로 하자.

법흥왕이 사원을 창건하려 하였으나 조신들은 治國하는 대의만 준수하여 왕의 뜻이 이루어지지 않자 이차돈이 이를 헤아리고 거짓 傳命한 죄로 자신을 참한다면 만민이 굴복하여 감히 教命을 어기지 못할 것이라 하였다. 이에 대왕이 잠시 위의를 갖추어 동서남북으로 풍상과 같은 무시무시한 형구를 벌려 놓고 군신을 불러 정사를 조성하려는데 고의로 머뭇거린다고 사인을 불러 문책하였다. 사인이 실색하여 아무 말도 못하자 대왕이 분노하여 참하라고 명하니 옥리가 참하였다.

사료 3)에서는 법흥왕과 이차돈이 사전에 모의한 것 같은 부분이 있기는 하나 매우 모순된 것 같으며 오히려 법흥왕과 이차돈 사이에는 이견이 있었던 것으로 사료된다. 여기에는 대왕의 왕명을 준엄한 것으로 보이기 위해서라는 의견이 있지만[7] 이것은 한 측면만을 이야기하는 것일 뿐 보다 궁극적인 문제 해결이 될 수 없다. 이 사료 3)에서 중요한 부분은 왕이 정사를 짓고자 하였는데 군신들이 머뭇거리고 있었다는 점으로 이 군신들 속에는 사실상 이차돈도 포함된다고 할 수 있다.

그럼 왕이 왜 머뭇거리고 있느냐고 했을 때 왜 군신들은 벌벌 떨고 더구나 이차돈은 실색하여 아무 말도 못했을까? 결국 王이 창사하고자 했는데 군신들은 완강히 반대하지 못하였고 다만 이 창사의 책임을 맡은 이차돈과 그 군신들 사이의 대립으로 창사가 늦어지고 있었다고 볼 수 있다. 그럼 창사하려는 왕명 때문에 군신들이 반대하지 못하다가 무엇 때문에 창사를 지연시키고 있었을까? 이것은 바로 이차돈의 교명 때문이라고밖에 생각할 수 없다. 이차돈은 창사하라는 왕명을 받들어 행하였는데 군신들이 반대하게 된 것은 창사한다는 그 자체가 문제가 아니라 창사하는 그 장소가 문제가 된 것이다.

이것을 보다 확실하게 묘사하고 있는 것이 사료 4)-(1)이다. 분명히 왕이 이차돈에게 違命에 대하여 엄중한 문책을 하고, 더구나 簒賊이라는 표현까지 사용하고 있다. 즉 법흥왕과 이차돈의 사전 밀약은 후대에 부회된 것이라 할 수 있으며 법흥왕과 이차돈이 흥교하려는 데 있어서는 의견을 같이 하였지만 방법상에 있어 무엇인가 차이가 있었고 그 차이가 '矯命' 내지 '違命'으로 나타난 것이라 할 수 있다.

사료 4)-(2)에서는 이 점이 더욱 선명하고 구체적으로 드러나 있다. 왕이 아도에게 왕녀의 병을 고치라고 하자 자기에게 천경림을 주면 병이 낫게 되리

---

7) 李丙燾, 1975, 앞의 논문.

라고 하였다. 이에 왕이 諸臣에게 물으니 모두 이곳은 만년이나 유전되어 온 비보이므로 줄 수 없다고 하였다. 그러나 오직 이차돈만이 불법은 淵奧하므로 아도의 말을 따르자고 주장하였다. 이에 왕은 요망되이 惑衆한다 하여 옥리에게 내려 죽이려고 하니 이차돈이 불법에 신이함이 있다면 반드시 기적이 있을 것이라 했는데 과연 이변이 일어났다. 왕 및 제신은 이상히 여겨 그 땅에 사찰을 세우고 白聿寺라 하였으며 천경림을 하사하여 사찰을 건립하였다. 이차돈은 천경림에 사찰을 세울 것을 주장하다 결국 왕과 군신들에 의해 참형을 당하게 된 것이다.

그렇다면 결국 사료 1) · 2) · 3) · 4)를 종합하여 보면 다음과 같은 스토리를 만들 수 있다. 법흥왕은 본디 불법을 존중하여 흥교할 뜻이 있었으나 군신들의 반대가 두려워 온건한 입장을 취하고 있었던바 흥교의 강경한 입장을 갖고 있는 이차돈에 의해 창사의 결심을 하고 이차돈에게 왕명을 내려 창사의 책임을 부여하였다. 군신들은 이러한 법흥왕의 창사에 대해 내심으로 반발하였지만 드러내고 강력히 반발하지는 않고 있었는데 토착신앙의 성소인 天敬林(天鏡林)에 창사하려 하자 강력히 반발하게 되고 이에 따라 창사가 지연되고 있었던 것이다.

왕이 창사가 늦어지는 이유를 알고 보니 이차돈이 왕의 허락도 받지 않고 멋대로 토착신앙의 성소인 천경림에 창사하게 된 데서 발단된 것이었다. 이에 왕은 토착신앙의 본거지인 천경림에 창사하였다는 데 대해 강력히 반발하고 나선 군신들이 의견을 도외시할 수 없었고, 더구나 자기와 의논 없이 천경림에 창사하고자 한 이차돈을 王의 입장에서 矯命罪로 다스리지 않을 수 없었던 것이다. 흥법의 온건파인 왕은 워낙 흥법문제에 있어서 군신들의 촉각이 날카로워 있었기 때문에 이차돈이 군신들의 신경을 건드려 가며 천경림에 창사하리라고는 생각하지 않았던 것이다. 반면에 강경파인 이차돈은 이왕 창사하려는 바에는 토착신앙의 본거지인 천경림에 창사함으로써 흥법의 의지를 보다 강력하게 나타내려 했던 것이다.

이에 군신들의 반발도 거세게 나오게 된 것이고 왕은 군신들의 반발을 일단 완화시키고 또 왕명의 준엄함을 보이기 위해 이차돈을 교명죄로 처형하지 않을 수 없었던 것이다. 즉 흥법에 대해 온건파인 법흥왕과 강경파인 이차돈의 의견 차이와, 흥법 자체에 대한 반대파인 군신들과의 사이의 갈등과 대립에서 이차돈이 순교하게 된 것이다.

## 3. 이차돈 순교의 의의

앞 장에서 살펴보았듯이 이차돈의 순교설화는 불교 흥법에 대해 강경파인 이차돈과 온건파인 법흥왕과의 갈등과 흥법 자체에 대한 반대파인 군신(귀족)과의 대립에서 야기된 것이라 하겠다. 그리고 이러한 사건이 야기된 가장 중요한 동기는 토착신앙의 성소인 천경림에 창사하려 하였다는 점에 있었음을 알 수 있었다. 이러한 이차돈 순교설화가 갖는 정치사적, 사상사적 의의는 다음과 같다.

### 1) 정치사적 의의

이차돈의 순교설화가 실려 있는 《삼국사기》 법흥왕조에 있어 순교 전후의 중요한 정치적 사건들을 살펴보면서 이차돈의 순교가 차지하는 정치사적 의의를 음미해 보고자 한다.

법흥왕 3년에는 이례적으로 신궁에 親祀하였으며 동왕 4년에는 兵部를 처음으로 설치하였다. 동왕 7년에는 율령을 반포하고 처음으로 백관의 공복과 朱紫의 질서를 제정하였다. 이러한 조치는 官府의 증설과 함께 중고기의 군현제 실시나 제도정비에 따른 왕권강화과정을 반영해 주고 있다.[8] 이러한 왕권강화과정은 이미 소지왕대부터 조짐을 보였으며 지증왕대를 거쳐 더욱 밀도 있게 진행되었는데 특히 신궁설치는 이러한 왕권강화과정의 상징적 표현이라고 할 수 있겠다.[9]

이러한 왕권강화과정은 불교공인 이후에도 계속되고 있다. 동왕 16년에는 살생을 금하는 교령을 내리고, 18년에는 제방을 수리하고 상대등을 설치하였다. 동왕 23년에는 처음으로 建元이라는 연호를 사용하였으며, 25년에는 外官으로 하여금 家率들을 거느리고 임지에 가는 것을 허용하는 교령을 내려 왕권이 보다 강화되고 안정되었음을 알 수 있다.

이러한 왕권강화과정으로서의 불교수용문제를 다루고 있는 점이 《해동고승전》에서도 보인다. 사료 2)를 보면 맨 앞에 법공의 가족 관계와 사람됨을 이야기하고는, 동왕 3년에 龍이 楊井 중에 나타났다는 瑞徵을 기록하고, 4년에

---

8) 申瀅植, 1981, 《三國史記 硏究》, 一潮閣.

9) 崔光植, 1983, 〈新羅의 神宮設置에 대한 新考察〉, 《韓國史硏究》 43.

는 병부를 처음으로 설치하였으며, 7년에는 율령을 반시하고 百官朱紫의 질서를 제정하였다는 왕권강화책을 제시한 뒤 '興佛法' 문제를 거론하고 있다.

그러나 불교의 전래를 절대적인 왕권을 중심으로 한 중앙집권적인 고대국가 형성의 관념적 표현으로 파악한 것은 문제가 있다고 하겠다. 이미 국가는 불교전래 이전에 성립되었기[10] 때문이다.

### 2) 사상사적 의의

종래에는 불교전래문제를 국가성립과 관련시켜 이를 고대국가 내지 중앙집권적 귀족국가의 국가이념으로서 파악하였다. 그러나 이미 불교 전래 이전에 국가가 성립되었으며 또한 국가체제강화에 따라 사상적 통일이 신궁설치로써 이루어졌다.[11] 이후 법흥왕대 이차돈이 순교한 이후 불교가 수용되었다는 것은 주지의 사실이다. 그러나 이미 수용 이전에 불교는 고구려나 백제와 마찬가지로 신라사회에 전래되어 있었다. 그러면 이차돈의 순교로써 수용을 가져오게 된 사상적 의미는 어디서 찾을 수 있을까?

앞에서 살펴보았듯이 이차돈이 순교하게 된 직접적인 동기는 토착신앙의 성소인 천경림에 불사를 일으키려는 데 있었다. 불교가 전래될 때는 토착신앙이 사회적으로 널리 일반화되어 있었고 국가적인 신앙이었다. 따라서 이러한 토착신앙을 사상적으로 통일하기 위해서 신궁을 세워 천지신에게 제사를 지냈던 것이다. 그러나 천지신을 모신 신궁을 설치함으로써 사상적 통일은 일단

10) 金貞培, 1975, 〈佛教 傳入 前의 韓國 上代 社會相〉, 《韓國佛教思想史》.
11) 崔光植, 1983, 앞의 논문.

도모할 수 있었지만 신라사회는 새로운 국가체제에 따르는 새로운 사상을 필요로 하고 있었던 것이다.

이러한 상황하에서 이미 전래되어 있던 불교가 새로운 통치이데올로기로서 등장하게 된 것이다. 그러나 토착신앙적 요소가 일반화되어 있었고 많은 지지 세력을 갖고 있던 당시에 불교를 국가의 지도이념으로 채택하기에는 많은 어려움이 따랐을 것이다. 여기에 법흥왕은 불교를 지도이념으로 하고자 하는 의도는 갖고 있었지만 과감하게 추진하지 못하고 있던 차에 이차돈이 왕의 의도를 짐작하고 강경한 방법을 취하였다. 즉 법흥왕과 이차돈 사이에 불사를 일으킬 것을 합의하여 이차돈에게 수행하도록 하였는데 이차돈은 이 기회에 불교를 지도이념으로 하기 위해서는 과감한 조치가 필요하다고 생각하여 토착신앙의 성소인 천경림에 창사를 시도하였던 것이다. 군신들은 불사를 일으키는 것 자체에조차 동의하지 않고 있던 차에 토착신앙의 성소인 천경림에 창사하려는 조치에 반발하여 王에게 강력하게 반발하고 나섰던 것이다. 이에 법흥왕으로서는 군신들의 강력한 반발에 일단 뒤로 물러날 수밖에 없었고, 더구나 자기와 창사에 대해서는 의논하였지만 토착신앙의 성소인 천경림에 창사한다는 데에 대해서는 의논된 것이 아니기 때문에 군신들의 의견을 듣지 않을 수 없었던 것이다. 즉 왕권의 존엄성을 보일 필요가 있었으며 아직 토착신앙 세력을 누를 만큼 불교 세력이 강하지 못하였다는 것을 알 수 있다.

이와 같이 아직 강력한 세력을 확보하지 못한 불교 세력이 결국 이차돈의 순교를 계기로 하여 왕권의 강화를 가져오는 결과를 낳게 되고, 또한 토착신앙의 성소인 천경림에 창사함으로써 불교가 수용되는 결과를 가져오게 되었던 것이다. 결국 이를 계기로 불교가 국가의 지도이념이 되고 이에 따라 불교 세력이 강화되어 토착신앙 세력보다 우위에 서게 되었다.

그러나 불교 세력이 점차 토착신앙 세력보다 우월적 위치에 서게 되었다고 해서, 이를 巫·佛 교대라고 평가하는 것[12]은 성급한 결론이라 하겠다. 왜냐하면 불교가 국가의 지도이념이 되어 정치적으로 토착신앙이 갖고 있던 위치를 결국 불교가 차지하게 되었지만, 이것은 통치이념으로서의 변화일 뿐 사상적으로는 두 개의 신앙이 마찰과 갈등을 겪으며 융화되었기 때문이다. 즉 불교가 공인된 이후에도 토착신앙적 요소는 다소 약화되기는 하였지만 그대로 지속되어 오히려 불교에서 배워 온 것도 있고 반대로 불교가 토착신앙의 제 요소와 융화하여 한국불교로서 토착화되어 갔던 것이다.

12) 李基白, 1975, 앞의 논문.

# 제3장 토착신앙과 불교의 융화
## —산신각과 장승을 중심으로

전국 어떤 사찰에 가더라도 불교 본연의 불사를 드리는 본당 이외에 토속신을 모신 冥府殿, 十王殿, 山神閣, 七星閣 등을 볼 수 있다. 이것은 불교가 인도, 중국, 한국에 있어서 각국의 토착신앙과 융화된 양상을 보여 주고 있는 것이다. 그중에서도 특히 산신을 모신 산신각은 우리나라 토착신앙과 불교가 융화된 양상을 나타내 주고 있는 좋은 예이다.

또한 산문 근처나 사찰 입구에서 장승이나 돌무더기의 존재를 볼 수 있다. 이러한 산신각이나 사찰입구의 장승은 한국사찰의 특징이라고 할 수 있으며, 모두 불교전입 이전의 토착신앙과의 융화된 양상이라고 할 수 있다. 이러한 융화의 현상은 가람의 배치뿐만 아니라 여러 면에서 찾아볼 수 있다. 寺刹緣起說話, 燃燈會, 八關會, 幀畵 등이 그것이다. 반면에 무속신앙 내에도 많은 불교적 요소가 융화되어 있는 예를 볼 수 있다. 무당의 巫衣, 巫具, 巫神圖, 巫俗用語

등이 그것이다. 이렇게 불교는 전입 이후 토착신앙과 상호 영향을 끼치고 융화되는 양상을 보였던 것이다.

무속신앙은 불교가 전입되기 이전의 토착신앙이므로 토착신앙의 입장에서 불교를 어떻게 변화시켰는가 하는 문제는 매우 중요한 문제라고 생각한다. 한 문화권의 기성문화가 어떤 외래문화에 의하여 변화를 일으킬 때 그 문화실체는 3단계의 질서 즉 재래문화의 질서, 외래문화의 질서, 그리고 양자의 문화복합을 겪게 된다.[1] 토착신앙과 외래신앙인 불교와의 융화현상은 양자의 문화복합현상의 좋은 예라고 하겠다.

그러나 기존의 연구는 불교의 입장에서 토착신앙을 어떻게 포용하였는가 하는 데 집중되어 왔다. 그 이유는 연구의 대부분이 불교학자들에 의해 이루어졌고 이러한 변화의 실체를 고찰할 수 있는 문헌자료가 영성하였기 때문이라고 생각한다. 이러한 경우 현존하는 민속의 자료와 그것의 古形을 엿볼 수 있는 문헌 기록을 비교 고찰하는 방법을 생각해 볼 수 있다. 또한 우리나라의 민속과 유사한 형태로서 보다 원형에 가깝게 잔존해 있다고 하는 만주와 몽고, 시베리아 제민족의 민속을 비교해 보는 것도 더욱 의미가 있으리라 생각한다.

여기서는 사원 내에 존재하는 산신각과 장승의 의미를 민속자료와 문헌기록을 통해 고찰하려고 한다. 또한 사찰의 가람배치와 토착신앙의 제당인 洞祭堂의 구조가 융화된 양상을 살펴보도록 하겠다. 가람과 동제당은 각각의 신앙체계를 잘 반영해 주고 있기 때문이다. 따라서 한국 불교사찰의 독특한 형태인 산신각과 장승을 무속신앙적 요소의 편린으로서가 아니라 본당을 중심으로

1) Malinowski, B, 1945, *The Dynamics of Culture Change*.

한 전체적 구조로서 파악하고, 마찬가지로 동제당의 전체적 구조와의 상관관계를 추구해 보겠다. 또한 산신각의 고형이라 생각되는 신당과 전국에 산재되어 있는 장승을 고찰함으로써 토착신앙의 제당을 규명해 보고자 한다.

## 1. 神堂과 山神閣

산신각은 전국 어느 사찰에서나 볼 수 있다. 만약 산신각이 전각으로 설치되어 있지 않다고 하더라도 산신탱화를 봉안하여 모시고 있다. 산신각은 본당(대웅전)의 위쪽에 자리 잡고 있으며, 어떤 사찰에는 두 개가 본당 위쪽 좌우에 설치되어 있는 경우도 있다. 전각 안에는 반드시 산신탱화나 칠성탱화, 독성탱화 등을 모시고 있다. 이와 유사한 형태로서 산신당이나 서낭당을 전국 각처에서 볼 수 있다. 산신각에 대한 고찰에 앞서 산신각의 고형이라 생각되는 신당[2]에 대해 먼저 검토하도록 하겠다.

### 1) 신당의 기원과 신앙내용

#### (1) 신당의 기원

신당의 유래는 《삼국지》 위지 동이전에서 찾아볼 수 있다.

---

2) 현존의 마을 祭堂은 산신당, 서낭당, 당집, 당산 등 여러 가지 명칭으로 불리고 있는데, 여기서는 장승과 솟대를 제외한 의미로서 神堂이라는 용어를 사용하고자 한다.

1) ① 其俗節食 好治宮室 於所居之左右立大屋 諸鬼神 又祀靈星社稷
② 其國東有大穴 名隨穴 十月國中大會 迎隨神還于國東上祭之 置木隨于神坐
③ 厚葬, 金銀財幣, 盡於送死, 積石爲封 列種松柏[3)]

2) 信鬼神 國邑各立一人主祭天神 名之天君 又諸國各有別邑 名之爲蘇塗 立大木 縣鈴鼓 事鬼神[4)]

귀신에 대해 제사를 행할 때 1) ①은 좌우에 大屋을 세우고 ②는 隨穴이라고 부르는 大穴에서 나무를 세우고, 2)는 삼한의 국읍에서 천군이 천신에게 제사하고, 별읍에서는 蘇塗에서 大木을 세워 귀신에게 제사하는 것을 보여 주고 있다. 즉 귀신에게 제사를 지낼 때는 대옥이나 혈 또는 소도라고 하는 일정한 곳에서 치제하고 있는 것이다. 아울러 제사를 올릴 때 神木이나 神樹가 세워지고 있는 것도 알 수가 있다.

그런데 자료 1) ③에 주목해 볼 필요가 있을 것 같다. 흔히 이 자료는 적석총의 연구에 많이 이용되어 왔다. 그러나 적석을 하고 송백의 나무를 심는 것은 민속상의 累石壇과 神樹의 형태를 상기시켜 준다. 더구나 서낭당이 고대인의 石葬이라는 전설이나, 원통하게 죽은 馬氏夫人의 亂石墓가 서낭당이 되었다는 전설[5)]은 양자 모두 墓와 관련된다는 점에서 사료의 형태가 민속상의 형태와 같은 기능을 가진 것으로 추측할 수 있다.

인접 북방민족의 민속에서 이와 유사한 형태인 鄂博(오보)의 기원을 알아보면 더욱 그 기원의 문제가 명확해진다. 오보와 서낭당은 형태상으로 볼 때 亂石

---

3) 《三國志》 30, 魏書 30, 烏丸鮮卑東夷傳, 高句麗.
4) 《三國志》 30, 魏書 30, 烏丸鮮卑東夷傳, 韓.
5) 金泰坤, 1970, 〈서낭堂硏究〉, 《漢坡李相玉博士 華甲紀念論文集》, 敎文社.

을 누적하여 壇을 만들고 통행시 禮帛을 걸며 木彫鳥杆을 세우는 점에서 일치한다고 하는데[6] 이 오보의 기원전설 가운데 불에 타서 죽은 거인의 유해 위에 분묘를 만들어 준 것이라는 전설[7]과 라마教의 高僧(또는 有德한 Shaman이라고도 함)이 圓寂하여 몽고인을 영구히 보호해 주기 때문에 부근의 丘上에 매장한 그 묘가 오보라는 전설이 있다.[8] 또한 목동이 양을 지키다 丘原에서 조는 사이에 이리떼에게 양을 잃고 자책과 책임감으로 자살하여 구상의 신이 되었는데 그 丘上神을 제하는 제단이 현금의 오보라는 전설[9]도 있다. 이러한 전설을 통해 볼 때 오보가 墓와 관계되는 점은 매우 확실하다고 생각한다. 따라서 大屋, 大穴, 大木, 積石과 神樹 모두 제의 대상이 된다고 할 수 있다.

그러면 이러한 神禮는 어떻게 유래되었을까? 손진태는 산에서 생활한 고대인들에게는 가장 위대한 신이 산신이었으므로, 그 嶺上의 경계를 지키는 신도 또한 산신이라고 생각하였을 것이며 그 누석단은 산신처소의 하나로서 신앙되어 왔다[10]고 하였다. 누석단의 기원을 경계표에서 유래[11]한 것으로 본 것이다.

그러나 고대사회에 있어서 인간의 신앙심은 이성보다는 감성적 현실성에 집착되었던 것을 생각하면 역시 그 기원은 종교심성에서 찾아야 할 것 같다.

---

6) 赤松智城·秋葉隆, 1941, 《滿蒙の民族と宗教》, 京都.

7) 細谷清, 1936, 《滿蒙民俗傳說》, 東京.

8) 上牧瀨三郎, 1940, 《ソロン族の社會》, 東京.

9) 上牧瀨三郎, 1940, 앞의 책.

10) 孫晋泰, 1948, 〈朝鮮의 累石壇과 蒙古의 鄂博에 就하여〉, 《朝鮮民族文化研究》, 乙酉文化社.

11) 金泰坤, 1970, 앞의 논문.

조지훈은 신당의 형태를 누석단 · 신수 · 당집의 기본형태로 규정하고, 이에 나타난 당신신앙의 신앙내용 곧 신앙심리는 천신이 산신과 통한다는 관념, 즉 상고인의 세계관이 天山-高山-人間이라는 3단계의 분포를 믿음으로부터 유래하였다고[12] 하여 종교신앙적 관심에서 그 기원을 논하였다. 산신신앙에서 한걸음 더 나아가 천신신앙과 관련을 시킨 것이다.

이러한 천신과의 교섭심리에서 신당의 기원을 밝힌 김태곤[13]은 신당을 전기의 천신과 次期의 산신, 樹神, 지신과의 복합형태로서 파악하였다. 즉 저지에 위치하는 관계상 산의 모형으로 누석단이 생기고 하늘과 누석단이 보다 가까이 접근하게 만들려는 심리작용으로 통행시 돌을 주워 얹고, 같은 심리에서 서낭목을 지정하여 신앙하였다고 한다. 양자 모두 천신하강의 편의를 위한 심리적 형태이며 서낭당은 천신의 轉變으로 산신, 수신, 지신이 복합된 서낭신의 거처라는 것이다.

결국 신당신앙은 천신신앙의 여러 형태로서 산신, 수신, 지신이 분화한 것이라 하겠다. 바꾸어 말하면 이렇게 造山이나 石積을 만들고 神樹로 정하는 것은 천신이 신당 안에 존재한다고 믿는 것으로 애니미즘Animism에서 테이즘Theism으로의 이행과정의 표현[14]이라 할 수 있겠다. 우리민족에게는 단군신화의 형성기에 이미 至高神으로서의 '하늘'에 대한 신앙이 원형적인 신의 심상으로 표현되어 왔다는 것을 인식해야 할 것이다.[15]

---

12) 趙芝薰, 1963, 〈累石壇 · 神樹 · 堂집 信仰研究〉, 《文理論集》(文學部篇) 제7집, 高大文理大.

13) 金泰坤, 1965, 〈韓國神堂研究〉, 《國語國文學》 29, 국어국문학회.

14) 趙芝薰, 1963, 앞의 논문.

### (2) 신당의 종류와 신앙내용

앞에서 신당에 대한 신앙은 누석단과 신수와 당집을 그 성역, 神林 또는 제단으로 삼고 있는 것을 보았다. 그중에서 당집형이 신당의 일반적 형태로 간주되고, 당의 자의상 당집형태를 전후로 草葺, 瓦家, 殿閣 등 옥의 뜻으로 간주되는 것이 상례다. 그러나 신수, 또는 신수와 누석단의 복합이나 누석단만의 형태 등을 서낭당으로, 신수 또는 신수와 제단의 복합이나 山上無形平土[16]만을 산신당 등으로 부르고 있다. 이러한 것을 보면 당은 특별히 社屋만을 지칭하는 것이 아니고 형태상의 제단, 당집 어느 것에나 통용되는 용어로서 壇, 堂의 복합적인 뜻을 내포한 것임을 알 수 있다.

이러한 '堂'의 종류와 분포는 매우 다양한데, 먼저 지역별 신당의 명칭을 살펴보면 〈표 1〉[17]과 같다. 경기도 지방에서는 산제당, 산신당이라는 명칭이 가장 많이 불리고, 강원도는 성황당이 압도적으로 많이 불리고 있으며 산제당이나 산신당과 상당을 같은 것으로 간주하면 성황당과 산신당이 가장 많이 불리고 있다. 충청북도는 성황당과 산신당이라는 명칭이 가장 많이 불리고 있으며, 강원도와 인접하여 강원도와 비슷한 것을 알 수 있는데 성황당의 명칭이 강원도에 비해 약세를 보이고 있다.

충청남도는 산신당(산제당 포함)의 명칭이 압도적이고, 전라북도는 당산

---

15) 琴章泰, 1978, 〈韓國 古代의 信仰과 祭儀–그 構造의 宗敎史學的 考察〉, 《同大論叢》 제8집.

16) 金泰坤, 1970, 〈國師堂信仰硏究〉, 《白山學報》 8.

17) 李杜鉉 외, 1969, 《部落祭堂》(民俗資料調査報告書 제39호), 文化財管理局. 이 보고서의 각 도별 통계를 참조하여 도표화한 것임.

표 1. 지역별 신당의 명칭

| | 경기 | 강원 | 충북 | 충남 | 경북 | 경남 | 전북 | 전남 | 계 |
|---|---|---|---|---|---|---|---|---|---|
| 山祭堂 | 84 | 41 | 72 | 79 | 50 | 60 | 37 | | 423 |
| 山神堂 | 72 | 41 | 21 | 24 | 48 | 40 | 16 | 18 | 280 |
| 성황당 | 24 | 735 | 126 | 4 | 302 | 61 | 8 | | 1,260 |
| 上堂 | 12 | 49 | 13 | 8 | 117 | 174 | 15 | 28 | 416 |
| 三神堂 | 8 | 18 | 11 | 4 | 81 | 32 | 5 | 15 | 174 |
| 下堂 | 2 | 1 | | 2 | 29 | 37 | | 7 | 78 |
| 祭堂 | | 28 | | | 122 | 199 | | 12 | 361 |
| 堂山 | | | | | 33 | 337 | 61 | 140 | 571 |
| 堂上 | | | | | | 111 | 15 | 3 | 129 |
| 골매기 | | | | | 28 | 48 | | | 76 |
| 탑 | | | 9 | | 54 | | | | 63 |
| 절룽당 | | | | | | 2 | | 3 | 5 |
| 堂木 | | | | | | 44 | | | 44 |
| 中堂 | | | | | 3 | | | | 3 |
| 神木 | | | | | 9 | | | | 9 |
| 수구당 | | | | | 13 | | | | 13 |
| 헌황당 | | | | | 18 | | | | 18 |
| 神堂 | | | | | 22 | | | | 22 |
| 수살 | | | 20 | | | | | | 20 |
| 당수나무 | | | | | 40 | | | | 40 |
| 수살탑 | | | 2 | | | | | | 2 |
| 洞祭堂 | | | | | 99 | | | | 99 |
| 장승 | | | 1 | | | | | | 1 |
| 선돌 | | | 1 | | | | | | 1 |
| 洞神堂 | | | | | 152 | | | | 152 |
| 수구멕이 | | | | | | 8 | | | 8 |
| 기타 | 123 | 168 | 58 | 67 | 866 | 893 | 103 | 288 | 2,566 |
| 계 | 325 | 1,081 | 334 | 188 | 2,086 | 2,046 | 260 | 514 | 6,834 |

(당상 포함)과 산제당(산신당 포함)이라는 명칭이 많고, 전라남도에도 당산이 압도적으로 많다. 충청도에서 산신당이라는 명칭이 압도적으로 많다가 전라도에 와서는 당산이라는 명칭이 많아지는 것을 볼 수 있다. 경상북도는 강원도와 마찬가지로 성황당의 명칭이 많으나 洞神的인 명칭이 다음으로 많은 것은

골매기가 동네의 수호신으로 특징화되고 있는 것과 관련이 있는 것 같다. 경상남도는 당산(당상 포함)이라는 것이 제일 많고 제당, 상당이라는 명칭도 많다. 당산이 제일 많은 것은 전남과 마찬가지이니 남부 지방에서는 당산이라는 명칭이 보편적이라 할 수 있겠다.

위와 같이 전국적인 신당의 명칭은 지역에 따라서 그 특징을 보이고 있는데 그 지역을 구분한다면 대개 3개 지역으로 나누어 볼 수 있다. 첫째 산신당의 명칭은 경기도와 충청도 서해안 지역이 중심이 되고, 둘째 성황당은 강원도와 경북 · 충북 등 산간 지역이 중심이고, 셋째 당산은 영호남 지역에서 널리 불린다.[18]

다음으로 신당의 형태와 분포를 당집과 그 외 여러 가지 형태의 두 가지로 나누어 살펴보면 〈표 2〉[19]와 같다. 〈표 2〉의 자료에 의하여 당집 형태보다 당집 이외의 여러 가지 형태가 압도적으로 많고 그중에서도 신수가 가장 많은 분포를 보이고 있음을 알 수 있다. 지역적으로는 형태에 따라 많은 차이가 보이지 않고, 초가보다는 瓦家가 더 많이 나타나고 있다. 하여간 신목이 신체를 겸한 형태가 대부분이고 신수와 당집이 분화하기 시작한 형태도 적지 않으나 신당 위주의 형태는 역시 그 수가 적다. 그것은 물론 다른 나라들처럼 우리 종교가 그 종교에서 파생 · 분화하는 예술품을 발전시키지 못하고 아직도 원시적인 종교형태에서 크게 벗어나지 못하고 있기 때문이라 하겠다.

그러나 이 계통의 신앙은 그 명칭과 형태의 다양성에도 불구하고 완전히

---

18) 李杜鉉 외, 1969, 앞의 책.

19) 李杜鉉 외, 1969, 앞의 책.

표 2. 신당의 형태와 분포

| | 諸形態 | | | | 당집 | | | 총계 |
|---|---|---|---|---|---|---|---|---|
| | 돌무더기 | 神樹 | 돌무더기신수 | 계 | 草家 | 瓦家 | 계 | |
| 경기 | 41 | 214 | 64 | 319 | 141 | 111 | 252 | 571 |
| 강원 | 93 | 416 | 206 | 715 | 183 | 244 | 427 | 1,142 |
| 충북 | 108 | 184 | 3 | 295 | 60 | 70 | 130 | 425 |
| 충남 | 22 | 55 | 11 | 88 | 48 | 52 | 100 | 188 |
| 전북 | 56 | 139 | 36 | 231 | 92 | 66 | 158 | 389 |
| 전남 | 105 | 264 | 66 | 435 | 17 | 138 | 155 | 590 |
| 경북 | 437 | 1,224 | 318 | 1,979 | 108 | 434 | 542 | 2,521 |
| 경남 | 333 | 1,041 | 443 | 1,817 | 36 | 574 | 610 | 2,427 |
| 계 | 862 | 2,496 | 704 | 4,062 | 649 | 1,115 | 1,764 | 5,826 |

공통된 형태의 누석단과 신수와 당집을 그 성역, 신림 또는 제단으로 삼고 있다는 점에서 일치한다. 뿐만 아니라 각각 상이한 명칭과 형태로 보이는 신앙대상과 신앙내용도 그것을 자세히 분석, 검토하여 비교해 보면 동일한 내용으로 되어있음을 발견할 수 있다.[20]

애초에는 신당과 신체를 겸했던 堂樹 나무에 조그만 건물이 생기기 시작하여 신체(신목)와 신당(건물)이 분화하기 시작하고, 그 신당이 커지고 신목이 노후해서 없어지거나 비중이 작아져서 점차 망각되고, 당건물 내부에서 당건물과 새로운 수요에 따르는 신체(神杆, 神鈴, 神旗, 巫神圖) 등이 분화하여 형성되었던 것이다.[21] 그러나 누석단, 신수, 당집 그 어느 것을 주로 하는 경우에도

20) 趙芝薰, 1963, 앞의 책.

21) 張籌根, 1964, 〈韓國의 神堂形態考〉, 《民族文化硏究》 1, 高麗大學校 民族文化硏究所.

신수와 누석단은 거의 함께 존재한다. 누석단을 서낭당이라 하는 경우에도 크든 작든 간에 신수가 누석단 옆에 서 있거나 속에 싸여 있으며 당집이 기와집으로 지어진 곳에도 누석단 또는 신수가 그와 함께 복합되는 것이 보통 형식[22]이기 때문이다.

그런데 이 누석단과 신수신앙은 우리나라뿐 아니라 중국의 동북 지방, 몽고, 시베리아 제종족의 민속 중에서도 유사한 것을 찾아 볼 수 있다. 몽고민속상의 오보는 碎石 또는 亂石을 누적한 것으로 대개는 峰嶺上에 있는 듯하고 그것은 신의 棲處이며 祠廟의 역임으로, 산신과 깊은 관계를 가졌다[23]고 한다. 또한 골디Goldi의 神杆 · 鳥杆 · 木偶의 결합, 오로치Oroches 및 오스티아크Ostiak의 鳥杆과 木偶의 결합, 몽고의 石績 · 神杆 · 鳥杆의 결합 등의 복합형식은 우리나라의 石績 · 鳥杆 · 木偶의 결합과 그 장소, 형식, 기능에 있어서 흡사하다[24]고 한다.

이와 같이 한반도, 중국 동북 지방 및 시베리아에 널리 분포된 이 신앙형태는 이들 문화의 횡적 유대를 보여 줄 뿐만 아니라 그 원류로서 원시 이래 고대를 거쳐 현대에 이르는 동일신앙 즉 샤머니즘의 종적 貫流를 증명하고 있는 것이다.

그러면 이러한 신당에 대한 신앙내용과 그에 따른 신당의 기능은 무엇인가 구명해 보도록 하자. 고대인들은 농경적 마을생활을 영위함에 있어서도 누석

---

22) 趙芝薰, 1966, 〈서낭竿攷〉, 《新羅伽倻文化》 1, 青丘大.
23) 孫晋泰, 1948, 〈朝鮮의 累石壇과 蒙古의 鄂博에 就하여〉, 앞의 책, 乙酉文化社.
24) 赤松智城 · 秋葉隆, 1941, 앞의 책.

단에 대한 경계관념이 있었기 때문에 전대의 누석단을 촌락의 遠近兩界에 만들어서 촌락수호신으로 하였다. 또한 사원에서도 이를 그 입구 또는 주위에 만들어서 사원 및 그 田土山林의 경계신 · 수호신으로 삼았다.[25)]

또한 하늘과 인간의 교섭처로서 높은 산을 숭배하였고, 우수한 治者, 將師는 산신이 되어 나라와 마을의 수호신이 된다고 믿었으므로 산신은 호국신 또는 마을의 수호신 곧 洞神, 堂神이 되었다[26)]고도 생각할 수 있다. 그러나 이러한 견해는 후기에 와서 경계표로서의 機能이 강화된 것에 따라 추론한 결과인 것 같다. 그 신앙의 원초적 내용은 역시 원시인의 신앙심리에서 찾아보아야 할 것이다.

프레이저Frazer에 의하면 튜턴Teuton어나 켈트Celt어에서 신전이나 제단을 뜻하는 단어는 어원적으로 숲과 동의어라 한다. 스웨덴Sweden의 고대종교 중심지였던 웁살라Upsala에는 신목이 서 있는 숲이 있었다 하며, 피니스크-우그리아르Finnisk-Ugriar족은 울타리 있는 숲 속에서 제의를 행했다[27)]고 한다. 또한 시베리아의 캄챠달인은 세메차Schemetsch 河岸 일대에 퍼진 縱林의 정령과 함께 살고 있어 나무 하나라도 감히 채벌하지 못할 뿐만 아니라 그것에 손을 대는 것도 생명을 내놓지 않으면 안 된다고 믿고 있다.[28)] 에벤크족Evenks의 샤먼의 주거Shaman Tent에서도 잡목으로 주위를 둘렀고 중앙에 大木을 세워 정령의 강림처로 숭배하고 있는 것을 볼 수 있다.[29)]

---

25) 孫晋泰, 1948, 앞의 논문.

26) 趙芝薰, 1963, 앞의 논문.

27) Frazer, J. G, 1942, ***The Golden Bough*** vol. 1, Abridged Edition, New York.

28) Nioradze, G., 1976, 《시베리아諸民族의 原始宗教》, 李弘稙 옮김, 新丘文化社.

엘리아데Eliade에 의하면 우주신은 천상계, 지상계, 지하계를 연결시켜 준다[30]고 하는바 山頂, 峰上을 대지의 중심[31]으로서의 하늘과 통로를 이룰 수 있는 신성한 장소로서 숭배하는 신앙현상은 종교사의 보편적 형태인 것이다.[32] 그러므로 신당신앙의 본질은 원시인의 천신과의 교섭심리에서 찾아볼 수 있는 것이다.

이러한 원초의 천신신앙이 역사적 환경과 사회적 변화에 따라 여러 가지 신앙형태로 분화하게 되는 것이다. 우리나라의 경우는 천신이 변하여 산신, 수신, 지신의 복합형태로서 지신계의 부락수호의 뜻을 내포하게 되었다는 것은 앞에서 이미 언급하였다.[33] 즉 이러한 산신숭배는 그 자체 종교적 · 주술적 성격을 갖는 것으로 마을이나 국가의 수호신이 대개 산악을 본거지로 삼고 있다는 데서 생긴 것이다.[34]

〈표 1〉에 의하면 上堂, 下堂의 명칭들이 나타나는바 이것은 신앙의 형태가 분화된 것을 반영하고 있는 것이다. 또한 신당의 기능에 있어서도 그것을 신의 처소로서 숭배하던 신앙에서 이제는 그들이 생활상의 소원을 당신에게 기원하는 것으로 바뀌게 되고, 외부의 침략을 방어하기 위한 경계수호적 기능도

---

29) Anisimov, A. F, 1972, "The Shaman's tent of the Evenks and the Origin of the Shamanistic Rite", ***Studies in Siberian Shamanism***, edited by Henry N. Michael, Artic Institute of North America, University of Toronto Press.

30) Eliade, M., 1972, ***Shamanism***, Princeton University Press, New York.

31) Eliade, M., 1979, 《宇宙와 歷史》, 鄭鎭弘 옮김, 現代思想社.

32) 琴章泰, 1978, 앞의 논문.

33) 金泰坤, 1965, 앞의 논문.

34) 李基東, 1976, 〈新羅 花郎徒의 起源에 대한 一考察〉, 《歷史學報》 69.

포함하게 된다. 그리고 촌락전체의 수호를 목적으로 하는 退厄, 질병의 퇴치, 招福, 행운 등의 기원은 그 촌락민의 연중행사가 됨으로써, 동류의식에 의한 심적 유대와 단결력을 촉진시키는 기능을 담당하게 된 것이다.[35)]

이렇게 촌락민 전체의 정신적 지주인 신당신앙은 외래종교인 불교의 신앙체계를 토착신앙의 세계에 끌어들여 민간신앙의 대상이 되게 함으로써 토착신앙 기능의 다양화를 가져오게 되었다. 사찰 내의 산신각과 칠성각, 사찰입구의 서낭당과 장승 솟대는 토착신앙의 이러한 다양화 과정에서 이루어진 것이다.

### 2) 산신각의 성립과 성격

神樹에서 누석, 신수, 당집의 형태로 발전해 온 당신앙은 그 고유의 신앙형태를 유지하여 현재에 이르고 있다. 한편 불교문화와 융화하여 사찰과 함께 병존하여 가람을 구성하는 중요한 요소가 되기도 하였다. 여기서는 이러한 산신각이 불교사찰과 관련을 보이고 있는 기록을 통해 그 성립의 배경을 살피고 신앙내용과 그 기능에 대해 알아보도록 하겠다.

#### (1) 산신각의 성립

한 문화권의 기성문화가 어떤 외래문화에 의하여 변화를 일으킬 때 초기에 있어서는 둘 사이에 대립이 일어나지만, 양자가 적응할 수 있는 사회적 요인이 인정될 때 문화의 변화가 일어난다. 변화는 그 자체로서의 탄력을 얻어 독자적

---

35) 金泰坤, 1970, 앞의 논문.

인 과정과 실체가 되고 재래의 것도 외래의 것도 아닌 문화의 결정력을 가지게 된다.[36)]

우리의 무속신앙이 불교화한 것과 불교신앙이 무속화된 것은 그 좋은 예다. 전자의 경우는 桓因天帝가 불교의 帝釋天 곧 帝釋桓因의 신앙으로, 國祖 단군이 독성님 또는 불교적 산신으로 변화하는 과정에서,[37)] 후자의 경우는 불교적인 미륵신앙이 화랑국선으로 변화하는 과정에서[38)] 볼 수 있다. 불교사찰에서 보이는 산신각의 존재도 이러한 선불융화의 일단인 것이다. 즉 고대의 성역이던 신당과 불교 가람과의 융화현상의 결과이기 때문이다. 그러면 고대의 성역과 사찰과의 관련을 엿볼 수 있는 기록을 살펴보자.

> 按阿道本碑云 〔…〕 母謂曰 此國于今不知佛法 爾後三阡餘月 鷄林有聖王出 大興佛教 其京都內有七處伽藍之墟 一曰 金橋東 天鏡林 今興輪寺 金橋謂西川之橋 俗訛乎云松橋也 寺自我道始基 而中廢 至法興王丁未草創 乙卯大開 眞興王畢成 二曰 三川肢 今永興寺 與興輪開同代 三曰 龍宮南 今皇龍寺 眞興王癸酉始開 四曰 龍宮北 今芬皇寺 善德王甲午始開 五曰 沙川尾 今靈妙寺 善德王乙未始開 六曰 神遊林 今天王寺 文武王己卯開 七曰 壻請田 今曇巖寺 皆前佛時伽藍之墟 法水長流之地[39)]

여기의 天鏡林, 三川岐, 龍宮南, 龍宮北, 沙川尾, 神遊林 및 壻請田 등은 고대신앙에 있어서 신성 지역, 삼한시대에 소도로 불리던 지역들이었다고 지적된

---

36) Malinowski, B., 1945, 앞의 책.

37) 李喜秀, 1971, 《土着化過程에서 본 韓國佛教》, 佛書普及社.

38) 金庠基, 1969, 〈花郎과 彌勒信仰에 대하여〉, 《李弘稙博士回甲紀念 韓國史學論叢》.

39) 《三國遺事》 3, 興法 3, 阿道基羅.

바 있다.[40] 삼한과 소도의 관련문제는 소도에 대한 해석에 따라서 달라지겠지만 어쨌든 위 기록의 前佛七處伽籃之墟는 사원 건립 이전부터 토착신앙의 거점일 가능성이 크다. 특히 '林', '川' 등이 붙은 곳은 더욱 종교적 성역일 가능성이 짙은 지명이라 한다.[41]

그렇다면 이미 토착신앙에 의해 신성시되고 있는 성역에 사찰이 들어서게 되었다는 이야기가 성립된다. 아울러 다음의 사료는 산신과 佛에 대한 신앙이 함께 이루어지는 것을 잘 보여 주고 있다.

> 眞平王朝 有比丘尼名智惠 多賢行 住安興寺 擬新修佛殿而力未也 夢一女仙 風儀倬約 珠翠飾髮 來慰曰 我是仙桃山神母也 喜汝欲修佛殿 願施金十斤以助之 宜取金於予座下 粧點主尊三像 壁上繪五十三佛 六類聖衆 及諸天神 五岳神君 羅時五岳 謂東吐含山 南智異山 西鷄龍 北太伯 中父岳 亦云公山也 每春秋二季之十日 叢會善南善女 廣爲一切含靈設占祭法會以爲恒規 本朝屈弗池龍 託夢於帝 請於靈鷲山 張開藥師道場 平海途 其事亦同 惠乃驚覺 率徒往神祠 座下 堀得黃金一百六十兩 克就乃功 皆依神母所諭其事唯存 而法事廢矣[42]

이상의 내용을 정리하면 ① 仙桃山에 山神, 神母의 신사가 있었다. ② 산신, 신모의 도움으로 불전을 수리할 수 있었다. ③ 불상과 아울러 壁上에 53佛과 六類聖衆 諸天神과 五岳神君을 그려서 받들며 占祭法會를 베풀어 항규로 삼으라 하였다. ④ 일연은 고려시대에도 이런 사례가 있었음을 주기하고 있다.

---

40) 李基白, 1978, 〈三國時代 佛教受容과 그 社會的 意義〉, 《新羅時代의 國家佛教와 儒教》, 韓國研究院.

41) 金宅圭, 1974, 〈新羅 및 古代日本의 神佛習合에 대하여〉, 《韓日古代文化交涉史研究》, 乙酉文化社.

42) 《三國遺事》 5, 感通 7, 仙桃聖母隨喜佛事.

진평왕대(579~631)의 이 기사는 산신과 비구니, 신사와 불전, 불상과 천신, 산신탱화가 융화하고 있는 면을 잘 나타내 주고 있는 것이다.

일연이 주기한 오악에 대해 보면 산신과 불사와의 관계를 좀더 자세히 알 수 있다. 일연은 오악을 《삼국사기》 제사지에서 보이는 오악으로 설명하였으나 이기백에 의하면 安興寺의 비구니 智惠가 모시었다는 오악신군은 이미 통일전쟁 전에 경주평야를 중심으로 한 지역의 오악에 있는 산신이었다고 한다.[43] 《신증동국여지승람》의 경주 산천조[44]에 의하면 선도산이 西嶽으로 되어 있음을 볼 수 있다. 김택규는 중앙에 위치한 왕실을 포함하는 5성역을 가정하여 이 지역이 오늘날 가장 풍부하게 佛蹟을 남기고 있음에 의거, 신라로부터 내려오던 성지가 불교와 융화한 것으로 밝힌 바 있다.[45]

한편 《삼국사기》 제사지의 오악에는 각기 산신이 있었고 이 산신들을 彫像하여 모시는 사당이 있었으며 오악에 대한 제사는 곧 이 산신들에 대한 제사였다고 한다. 특히 의상이 傳敎케 했다는 10刹이 또한 오악과 깊은 관련을 맺고 있음은 주목할 만하다.[46] 결국 통일전쟁 전의 경주평야를 中心으로 한 지역의 오악과 《삼국사기》 제사지에 보이는 오악 모두가 산신신앙과 불교에 깊은 관련을 맺고 있는 것이다. 더구나 禪宗이 도입된 9세기 이후 산지가람으로 발전

---

43) 李基白, 1972, 〈新羅五岳의 成立과 그 意義〉, 《震檀學報》 33(1974, 《新羅政治社會史研究》, 一潮閣 재수록).

44) 土含山(在府東三十里 新羅稱東嶽爲中祀) 金剛山(在府北七里 新羅號北嶽) 仙桃山(在府西七里 新羅號西嶽 或稱西述或稱西兄或稱西鳶) 金鰲山(一名南山 在府南六里). (《新增東國輿地勝覽》 21, 慶州府 山川)

45) 金宅圭, 1974, 앞의 논문.

46) 李基白, 1972, 앞의 논문

하게 되었던바 산신신앙과 불교와의 융화관계는 새로운 발전과 전개의 소지를 지니게 되는 것이다.[47] 산신이 사원에서 신앙의 대상이 되는 것은 이러한 산지의 가람건립과정에서 이루어지고 있는 것이다.

### (2) 산신각의 종류와 성격

현존하는 산신각의 명칭은 다양하며 또한 그에 따른 신앙의 숭배대상도 분화되어 있다. 그러나 그러한 다양한 가운데서도 공통점을 또한 찾을 수가 있는 것이며 이것에 대한 해답은 산신신앙과 불교와의 관계를 명료하게 밝혀 줄 것이다. 먼저 그 명칭과 종류를 살펴보면 〈표 3〉[48]과 같다.

표 3. 산신각의 지역별 명칭

| 教區本寺名 | 所在地 | 創建 | 名稱 |
|---|---|---|---|
| 奉元寺 | 서울 서대문구 鞍山 | 889 | 七星閣 |
| 神興寺 | 강원 양양 설악산 | 652 | 獨聖殿 |
| 法住寺 | 충북 보은 속리산 | 554 | 三聖閣 |
| 麻谷寺 | 충남 공주 태화산 | 641 | 山神閣 |
| 桐華寺 | 경북 달성 팔공산 | 833 | 山神閣 · 七星閣 |
| 梵魚寺 | 부산 동래 금정산 | 678 | 獨聖殿 · 山靈閣 |
| 通度寺 | 경남 양산 영취산 | 646 | 山神閣 · 三聖閣 |
| 金山寺 | 전북 김제 무악산 | 600 | 七星閣 |
| 大興寺 | 전남 해남 두륜산 | 羅末 | 七星殿 |
| 奉先寺 | 경기 양주 운악산 | 1469 | 山神閣 · 獨聖閣 · 北斗閣 |

47) 洪潤植, 1974, 〈韓國佛教儀禮〉, 《韓國佛教》, 圓光大學校 宗教問題研究所.

48) 전국 교구 본사급 사찰 25개 본사 중 각 도에서 임의로 각 1개 본사를 조사대상으로 하였다.

산신각 이외에 칠성각, 독성각, 삼성각, 산령각, 북두각 등의 명칭이 보인다. 이 외에도 여러 가지 명칭이 있지만 모시는 신은 산신, 칠성, 독성으로 나누어져 있다. 이 셋의 존재를 총칭해서 삼성이라 부른다. 그러면 이들 삼성(산신, 칠성, 독성)의 신앙내용은 무엇일까?

산신신앙은 앞에서 본 바와 같이 천신신앙과 연결되어 있다. 단군신화, 시조신화, 창사연기설화, 삼산오악의 제사, 훈요십조 등에 나타나는 우리에게 가장 익숙한 신앙이며, 조선조 산신제의 기록은 말할 것도 없고 오늘날 행해지고 있는 洞祭의 중심을 이루고 있는 것이다. 그런데 불교가 들어온 뒤 산악을 점령하고 절을 지을 때 국조 仙皇堂과 아울러 산신당도 모시게 된 것이다.[49]

독성이란 말은 獨覺佛을 의미하는데 無佛世에 자기 홀로 12인연법을 깨닫고 부처가 된 분을 뜻한다. 그런데, 그런 教義만 있지 실제로 역사상 어떠한 사람이 독각성이란 증거는 없으며 인도나 중국 각지에서도 독성을 따로 신앙대상으로 모신 일이 없다. 오직 우리나라에서만 독성을 모시게 된 것은 당초에 국조 단군을 모시던 사당을 후대에 독성각이라고 하였기 때문이다. 결국 독성은 아사달로 은퇴하여 산신이 된 국조단군이라[50] 생각한다.

한편 칠성은 북두칠성으로서 중국의 도교에서 인간의 명복을 주관하는 것으로 민간신앙화한 것인데 불교가 중국에 전래된 후 불교화하였으며, 우리나라에서는 불교의 전래와 함께 들어와 토착신앙과 융화하여 사찰에 칠성각을 모시게 되었다.[51] 그러나 불교와 도교가 들어오기 전부터 고구려에서는 星神

49) 洪潤植, 1971, 〈佛教民俗〉, 《韓國民俗綜合調査報告書, 全北篇》, 文化財管理局.
50) 李喜秀, 1971, 《土着化過程에서 본 韓國佛教》, 佛書普及社.

신앙과 함께 칠성신앙이 행해져 왔다[52]고 한다. 그리고 무속에서도 칠성신앙이 보편화된 것을 보면 도교 전래 이후 토착신에 대해 도교적인 술어로 부른 것이 아닌가 생각된다. 즉 같은 내용의 토착신앙이 있었는데 이와 흡사한 외래신앙이 들어오자 이것과 혼합된 것으로 생각할 수 있다.[53] 도교적 칠성신을 재래적인 천신의 위치에 놓고 그대로 믿었던 것으로 이해된다. 결국 산신, 독성, 칠성은 천신신앙, 산신신앙의 신위인 것이다. 다만 명칭에 있어서 외래종교의 명칭을 빌렸을 뿐 그 신앙내용은 토착의 산신신앙이었던 것이다. 이것은 사찰에 있어서 산신각의 신앙의례와 기능에도 잘 나타나고 있다.

### 3) 산신각의 의례와 기능

한국사원의 불단은 上壇, 中壇, 下壇의 3단으로 나누어져 있어 각종 佛事와 齋가 이와 같은 3단제에 의해 행해지고 있다. 즉, 사원의 중심단이라는 불보살단인 상단, 불보살단의 좌측에 신중탱화를 봉안하여 설치한 神衆壇라 불리는 중단, 지장보살을 모신 靈壇이라고 하는 하단이 그것이다. 이와 같은 3단 분단법은 불단을 상설한 데서만 찾아볼 수 있는 것이 아니라, 각종 불교의식의 구성절차에서도 찾아볼 수 있는데[54] 그 儀軌를 도상화한 탱화에서 잘 나타나고 있다.

---

51) 李喜秀, 1971, 앞의 책.

52) 徐慶田, 1980, 〈韓國의 七星信仰研究〉, 《圓光大論文集》(人文社會系) 14, 圓光大學校.

53) 柳東植, 1975, 〈巫佛習合과 三神信仰〉, 《韓國巫教의 歷史와 構造》, 延世大學校出版部.

54) 洪潤植, 1975, 〈韓國佛教儀式의 三段分壇法〉, 《文化財》 9, 文化財管理局.

칠성은 중단신중으로 불법수호에 신중의 하나로 참여하고, 제석도 신중탱화 중단에 해당하며 산신은 護法善神으로 포용되어 신중탱화 하단[55]에 위치한다.

그런데 칠성, 제석(독성), 산신의 신중은 다시 본래적인 성격이 강조되어 그 신중이 독립하며 대중의 신앙대상이 되면서 신중탱화에서 칠성탱화가 분화되고 제석(독성)신앙도 신중탱화에서 분화하여 제석탱화를 구성한다. 또한 호법선신으로서의 산신이 불교화한 모습으로 다시 독립된 신앙의 대상이 되어 사원 내에 산신각을 짓고 산신탱화를 봉안한다는 것이다.[56] 여러 토속신이 신중으로 불교에 수용되었으나 신중은 각각 원래의 성격을 지니고 있어 그 신중의 성격이 각각 강조되어 여러 형태의 신중신앙을 낳게 된 것이다. 신중신앙의 경우도 마찬가지로 여러 신중은 상 · 중 · 하의 3단구조에 의해 신앙체계를 형성하고 있는데 특히 삼장신앙은 여러 신중이 天藏界, 持地界, 地藏界의 3계의 구성체로 이룩되어 있다고 한다.[57]

그런데 이러한 삼장신앙의 신앙체계는 무속신앙에서 天上, 地上, 地下의 3계 우주관이 융화되어 있음과 매우 유사하다.[58] 이와 같이 신중에 대한 신앙은 불교의 상단신앙에서는 호법신으로서의 외호신에 지나지 않았으나, 호법옹호의 기능이 더욱 강조되어 그 기능이 곧 降福消災한다는 신앙으로 발전한

---

55) 洪潤植, 1976, 〈韓國寺院 傳來의 佛畵內容과 그 性格〉, 《文化財》 10, 文化財管理局.

56) 洪潤植, 1976, 앞의 논문.

57) 洪潤植, 1977, 〈三藏幀畵에 대하여〉, 《南溪曺佐鎬博士華甲紀念論叢》(現代史學의 諸問題).

58) 金泰坤, 1976, 〈서울地域의 巫俗〉, 《韓國哲學硏究》 6집.

것이다. 즉 신중의 불교적 수용은 원래 여러 토속신을 포용하는 방편이었으나, 그 방법을 호법신으로 한데서 수호의 기능을 갖는 각 신은 신중이란 이름 아래 다시 원래의 신앙적 모습을 되찾았다. 따라서 농업신에 대한 신앙적 요청이 제석(독성)을, 壽命神에 대한 신앙적 요청이 칠성을 새로운 신앙형태로 전개시키고,[59] 산신도 산신고유의 신앙형태를 강조하는 기능을 발휘한다. 여기서 대중은 이상적인 불보살에 대한 귀의보다는 구체적 관심사인 제신의 기능을 통하여 보편적인 불교의 진리에 도달하려 한다.[60] 그리하여 자식 발원, 장수 연명을 기원하는 칠성기도, 사업성공과 번창을 비는 산신기도, 병마와 재액 퇴치를 비는 신중기도가 불교 본연의 불사보다 더욱 활발해지는 양상을 보이는 것이다.[61] 산신각의 신앙기능은 신당의 신앙기능과 다름 없는 除厄, 병마 퇴치, 수호기원에 있는 것이다. 또한 부락공동체적이고, 국가수호적이던 기능이 조선시대 이후 개인이나 가정의 祈福消災의 기능으로 변화한다는 점에서도 신당신앙과 일치하고 있다.

## 2. 장승과 장승제

한국 사찰에는 위에서 살펴본 산신각과 아울러 또 하나 독특한 존재가 있다. 산문입구나 근처에서 볼 수 있는 장승이 그것이다. 현재 상태에서 장승은 산신

---

59) 洪潤植, 1979, 〈神衆幀畵의 圖說內容과 性格〉, 《文化財》 12, 文化財管理局.

60) 洪潤植, 1976, 앞의 논문.

61) 柳東植, 1978, 〈民俗信仰과 民衆의 佛敎受容〉, 《民俗宗敎와 韓國文化》, 現代思想社.

각의 경우와 같이 전국 어느 사찰에서나 볼 수 있는 것은 아니지만 적어도 그 흔적이나 전설은 아직까지 남아 있다. 장승은 누석단 · 신수 · 당집으로 구성된 신당과 함께 부락제당의 구조를 이루며 또한 산신각과 함께 가람배치상의 중요한 요소가 되고 있다.

### 1) 장승의 기원과 변천

장승은 나무에 무서운 人形을 조각해서 채색하고 '天下大將軍' 또는 '地下女將軍'이라 새겨서 마을 입구나 사원 입구에 세우는 것으로 여러 가지 이칭이 있는데 그 異名은 다른 누석이나 立竿 민속의 이름과 혼용하기도 한다. 이 木遇 장승은 이미 삼한과 고구려, 동옥저의 고대신앙으로 《삼국지》 위지 동이전에 수록되어 있다.

> 3) 其國東有大穴 名隨穴 十月國中大會 迎隨神還于國東上祭之 置木隨于神坐[62)]
> 4) 擧家皆共一槨 刻木如生形 隨死者爲數[63)]
> 5) 信鬼神 國邑各立一人主祭天神 名之天君 又諸國各有別邑 名之爲蘇塗 立大木 縣鈴鼓 事鬼神[64)]

3)과 5)의 사료는 제사의례 때 나무를 세우는 것을 기술하고 있다. 마치 오늘날의 立竿 신앙의 솟대를 상기시킨다. 반면에 4)의 사료는 장례 시 나무를 刻하고 있는 것을 표현하고 있다. 제사의례에 수목을 사용하는 것은 수목숭배신앙

62) 《三國志》 30, 魏書 30, 烏丸鮮卑東夷傳, 高句麗.
63) 《三國志》 30, 魏書 30, 烏丸鮮卑東夷傳, 東沃沮.
64) 《三國志》 30, 魏書 30, 烏丸鮮卑東夷傳, 韓.

에서 유래한다는 것을 전장에서 밝힌 바 있다. 그런데 4)는 3)과 5)의 경우와는 달리 나무에 인위적인 행위가 가해진 것을 알 수 있다. 즉 단순히 자연적 형태의 나무가 아니라 生形과 같이 刻하는 인공적 형태로 발전한 것이다. 이러한 형태는 돌궐족의 葬俗에서도 볼 수 있다.

> 有死者停尸帳中 家人親屬多殺牛馬而祭之〔…〕于是擇日 置尸馬上而焚之取灰而葬 表木爲塋 立屋其中 圖畵死者形儀及其生時所經戰陣之狀[65]

여기서도 死者의 形儀대로 목상을 세우는 풍속이 나타나고 있다. 이것은 死靈 숭배로서 洗骨葬 습속과 함께 이루어지고 있다.[66] 다음의 기록은 더욱 더 생생하게 현존한 장승의 모습을 보이고 있다.

> 敬信佛法 尤好淫祀 又有神廟二所 一曰 夫餘神 刻木作婦人之象 一曰 登高神 云是其始祖 夫餘神之子 竝置官司 遣人守護蓋河伯女 興朱蒙云[67]

이는 현존하는 장승의 형태와 성격이 일치한다. 즉 刻木婦人之象과 登高神의 형태로 되어 있으며 남여 두 개의 상이 병치되어 있는 것이다. 또한 재래의 사령숭배뿐만 아니라 시조신숭배의 성격을 지니고, 따라서 수호의 기능을 하고 있다. 그런데 사령숭배, 시조신숭배신앙에 의거한 장승이 신라와 고려의 불교사찰 관계 사료에서 나타나고 있다.

---

65)《隋書》84, 列傳 59, 北狄, 突厥.

66) 方善柱, 1969, 〈韓國巨石制의 諸問題〉,《史學硏究》29(梅山金良善敎授華甲紀念史學論叢).

67)《周書》49, 列傳 11, 異域上, 高麗.

6) 其山 則元表大德之舊居也 表德 以法力 施于有政是以 乾元二年 特敎植長生標柱 至今存焉[68)]

7) 通度寺 孫仍川國長生一坐段 寺所報 尙書戶部 乙丑五月日牒前判兒如改立 令是於爲了等 以立大安元年乙丑 十二月日記[69)]

8) □國長生一坐段 寺□乙丑五月日牒前□ 是於爲了等 以立□乙丑十二月日記[70)]

9) 〔…〕 雲門山禪院長生 南阿尼岾 東嘉西峴 云云 … 又開運三年丙辰 雲門山禪院長生標塔公文一道長生十一[71)]

6)은 884년의 기록으로 신라 景德王이 759년 元表大德에게 長生標柱를 敎植하였다 한다. 7)과 8)은 모두 고려 선종 2년(1085)에 건립한 것이고 國長生이라 하여 사원에 속하는 것임을 알 수 있는 바 7)은 경남 양산군 하북면 백록리에 현존하고 있다. 9)는 長生(943)과 長生標塔(946)으로 기록되어 있다. 손진태는 위의 기록에 의거하여 이들의 형태는 木柱였으며 이 목주장생은 신라 말 사원마다 1개씩 있었던 것 같은데 그것은 경계의 의미가 포함되었거나 방향, 里程이 기록되었으리라 추론하였다.[72)]

특히 《通度寺事蹟略錄》의 〈寺之四方山川裨補〉라는 기록에 의거하여 長生標 안에 있는 토지가 모두 通度寺의 영지였다는 견해[73)]는 장생의 경계표로서의 기능을 더욱 확실하게 뒷받침해 주고 있다. 이 기록[74)]에 보면 石積長生,

68) 《朝鮮金石總覽》 上, 長興寶林寺普照禪師彰聖塔碑.

69) 《朝鮮金石總覽》 上, 梁山通度寺國長生石標.

70) 《朝鮮金石總覽》 上, 密陽武安里 國長生石標.

71) 《三國遺事》 4, 義解 5, 寶壤梨木.

72) 孫晋泰, 1948, 〈長牲考〉, 앞의 책.

73) 姜晋哲, 1980, 《高麗土地制度史硏究》, 高麗大學校出版部.

74) 又寺之四方山川裨補也者 其地四方周四萬七千步許 石塔長生標 合十二 東有黑

石碑長生, 黑木榜長生標 등의 장생의 형태를 추측할 수 있는 자세한 용어가 보이는바 누석과 함께 나무나 돌로 되어 있음을 알 수 있다. 이는 누석 · 신수 형태의 산신신앙과 융화하여 이루어진 것이라 하겠다.

또 하나 중요한 문제는 7)과 8)의 國長生의 문제이다. 국장생이란 명칭의 '國'자뿐만 아니라, 7)의 경우 장생표의 건립에 국가기관인 尙書戶部가 관여하여 개입하였다는 사실은 장생의 존재가 당시 국가와 밀접한 관계를 맺고 있다고 볼 수 있는 것이다. 신라시대 국가에서 삼산오악을 지정하여 제사를 거행하였고 또한 후대에 그곳에 사찰이 들어섰다는 사실을 상기할 때 장승은 단순한 경계표의 의미 이상의 다른 의미도 지녔으리라 생각된다. 여기서 6)의 사료에 주의해 볼 필요가 있다. 장생표를 원표대덕이 거하던 '山'에 교식했다는 사실은 그 '山'에 대한 명예이며 그 산은 따라서 성역의 의미를 지니게 되는 것이라 하겠다. 따라서 장생표는 그것의 상징적 표현이며 그 성역의 표지로서 파악할 수 있는 것이다.

신라 및 고려에서 장생으로 표현되던 것이 고려 말 조선초기부터 長栍으로 표시되기 시작하여 근세에 와서는 長丞 · 長承이라고까지 쓰게 되었다.[75] 장

---

石峯 置石積長生標一南有沙川布川峯 塔排石碑長生標一 北有冬乙山 置石積長生標一 中有省仍川机川 各排石碑長生標二右四方長生標內 東有祖日房 西有慈藏房 月明房 南有赤雲房乎應房 北有白雲房 穀成房 皆通度寺之屬院也 〔…〕 裨補長生標十二者 門前洞口立黑木榜長生標二 東黑石峯 置石積長生標二 中省仍川机川 各立石碑長生標二 南沙川布川峯 置石積長生標二 西大嶺峴 立石碑長生標一 南大川 立石碑長生標一 分塔排於四境 各置千十 每結位田畓及家代田 竝四方長生標內田畓 土地也右石碑 石積塔排長生標內 曾無公私他土也 及宜春郡之境也 其餘不錄事蹟 實具載文籍 本傳云云. (《通度寺事蹟略錄》 寺之四方山川裨補)

승(長栍, 長丞, 長承, 長生)은 지역에 따라서도 그 명칭이 다양하다. 중부 지방에서는 장승(장신),[76] 天下大將軍, 守殺, 수살막이, 수살목, 영호남 지방에서는 '벅수'라는 말이 쓰이며 쌍벅수, 독벅수라고 하고 제주도에서는 돌하르방, 遇石木이라고도 한다.

특기할 것은 경상남도에 있는 어떤 사찰에는 마을 입구에 목우가 서 있는 바 '대가람수호신'이라고 書記되어 있으나 속칭은 역시 장승이라고 부르고 있는 예가 있다.[77] 장승은 누석단과 결합되어 있는 경우도 있고 당집과 결합되어 있는 경우도 있는데 흔히는 솟대와 함께 결합하여 마을 입구나 사찰 입구의 下位에 위치하여 下堂[78]으로 관념되고 있다.

장승이 실제 확인 조사된 바로는 남한에 50여개밖에 없다고 보고되었으나[79] 전국에서 장승제가 행해지고 있는 수로 미루어 본다면 더 많은 수의 장승이 존재하고 있다고 생각한다. 판소리 가루지기타령(변강쇠가)[80]에 보면 장승의 위계순서와 지역별 분포를 엿볼 수 있다. 여기에 의하면 전국 팔도 장승의 수령이 大方장승이고 그 밑에 사근내 公員과 지지대 有司가 있다.

그리고 진관천 공원이 경기 34관과 충청 54관을 관장하고 고양의 弘濟院 同官이 황해 23관과 평안 32관을, 양주의 다락원 同官이 강원 26관과 함경 24관

---

75) 孫晋泰, 1948, 〈長栍考〉, 앞의 책.

76) 李杜鉉, 1969, 《韓國假面劇》, 韓國假面劇硏究會.

77) 孫晋泰, 1948, 앞의 논문.

78) 現存 部落祭를 조사해 보면 대개 당산이 상당으로, 서낭당이 중당으로, 장승과 솟대가 하당으로 관념되어 삼중구조를 보이고 있다. (이에 관한 예는 部落祭堂 항목 참조)

79) 李宗碩, 1976, 〈韓國의 美, 장승〉, 《國際新報》, 1976년 3월 연재.

80) 申在孝, 1973, 《韓國판소리全集》(姜漢永校註), 瑞文堂.

을, 그리고 지지대 공원이 전라 56관과 경상 71관을 관장하고 있다. 총 323개로 충청 · 전라 · 경상도에 많이 있으며 황해 · 강원 · 함경도에는 드물게 나타난다. 우리나라의 이러한 장승과 같은 민속은 우랄-알타이Ural-Altai계인 만주 지방의 골디Goldi나 오로촌Orochon족에서도 볼 수 있고, 시베리아 지방의 오로치Orochee나 오샤크Oschak족에게서도 볼 수 있다.[81] 또한 동북아시아 지역에만 있는 것이 아니라 동남아시아의 타이-버마 국경지대인 북부 라오스의 아카Akha족에게서도 볼 수 있다[82]고 한다.

### 2) 장승제의

장승은 나무로 만든 목장승과 돌로 만든 석장승으로 나누어 볼 수 있는데 윗부분이 사람 모습으로 조각되어 있다. 그 모습은 사람 얼굴 모양이기는 하나 괴상스럽기가 짝이 없다. 그러나 그 험상궂은 형상 속에서 다정스러움과 소박한 인상을 함께 느낄 수가 있다. 장승은 사찰 입구나 마을 입구 양측 또는 사방에 세워져 외부로부터의 흉재를 방어하고 수살막이로서 부락비보의 기능을 가진다.[83] 그리고 사찰 앞 입구에 石標 또는 木標로서 寺格을 정하는 경계표로서의 기능과 길가에 위치하여 거리를 표시하여 줌으로써 이정표의 기능[84]을 담당하고 있다. 그리고 장승에 대한 신앙의례는 아직도 부락제의 일환으로 행해지고 있다. 다음에는 현재 행해지고 있는 장승祭 중 가장 전형적인 것을

81) 秋葉隆, 1954, 《朝鮮民俗誌》, 東京.
82) 岩田慶治, 1966, 《日本文化のふろさと》.
83) 李杜鉉, 1969, 《韓國假面劇》, 韓國假面劇研究會.
84) 金斗河, 1980, 〈路標장승考察〉, 《韓國民俗學》 12.

골라 장승에 대한 신앙과 치제의 구조를 살펴보기로 하겠다. 다음 장의 주제인 동제의 구조에 대한 이해를 돕기 위하여 동제 전체를 상세히 관찰하겠다.

### (1) 충북 문의 압실·새뜸이 마을 장승제[85]

압실 마을의 장승은 좌우 6주씩 12개의 목상으로 구성되어 있으며 그 숫자는 1년 12달을 상징한다고 한다. 정월 14일 밤이 되면 압실과 새뜸이 마을의 약 45가구주가 나와 앞으로의 대풍작과 아울러 마을의 안녕을 위해 제사를 올린다. 정월 초에 마을 장로들과 이장이 미리 모여 가장 부정을 덜 타는, 소위 말하는 오복을 갖춘 덕망 있는 사람을 가려내어 그의 生氣福德에 의탁하여 장승제의 대표적인 제관을 뽑는다. 이곳 장승제는 일명 塔祭라고도 한다. 탑이라고 불려지는 누석단(積石), 당나무라고 하는 신수인 버드나무, 그리고 장승의 삼위를 합하여 치제한다. 제일을 당하여 제장에는 금줄을 치고 黃土를 뿌리며 부부행위를 멀리하고 목욕재계하여 몸과 마음을 깨끗이 해야 한다. 고사는 밤에 드리며 좌우 양편으로 나누어진 돌무더기(탑)와 장승에 떡시루를 차려 놓고 술잔도 양쪽에 드린다. 그 다음날 아침의 장승 만들기와 세우기는 일종의 祀祭처럼 된다. 젊은 사람들이 '風物친다'고 해서 재래적인 악기를 동원하여 흥을 돋우고 그 일행을 따라 마을 사람들이 모두 장승목상을 다듬는 현장에 구경하러 나오는데 여기에도 금기가 있어서 부녀자들의 접근이 금지된다. 장승은 3년마다 하나씩 갱신되는데 장승제를 지내는 날 미리 보아 두었던 소나무와 참나무를 잘라 묵은 장승이 서 있는 현장에서 그것을 다듬는다. 참나무

85) 李相日, 1979, 〈試論-民間信仰과 長栍祭儀〉, 《成大論文集》 26집.

長干 끝에 새 모양의 작은 형태를 올리고 그것을 지금도 솟대라고 부른다. 그리하여 완성된 장승과 새 모양이 달린 솟대가 세워진다.

### (2) 경기도 광주 엄미리 마을 장승제[86)]

엄미리 안마을인 새마을에서는 만 2년 만에 한 번씩 음력 2월 2일 또는 3일에 산신제를 지낸다. 그날 아침 안마을 입구 장승을 세운 앞길에 모여 동네어른의 지시 아래 먼저 장승과 솟대를 깎고 朱土를 칠하여 새 장승과 솟대에 탁주, 백설기 한 시루, 북어, 삼색 과일을 차려 놓고 동리의 평안과 풍년을 빌어 '장신고사'를 지낸다. 솟대에는 북어를 백지로 매단다. 고사가 끝나면 거의 자정에 당산에서 산신제를 지낸다. 새마을은 남한산성 쪽으로 가는 큰 길인 엄고개에서 갈라져 바른쪽으로 들어간 40여 호의 작은 마을인데 새마을로 들어가는 입구에는 돌무더기 서낭당과 당목이 있어 당목에 헝겊이나 백지를 매고 밥 3그릇을 바쳐 놓고 치성드린 것을 볼 수 있다. 또한 마을 입구 양쪽에 '天下大將軍'·'地下女將軍'이라고 표기한 높이 약 2m, 너비 60cm의 소나무 장승 한 쌍과 솟대가 서 있고, 500m 가까이 더 안쪽으로 들어간 안마을(미랴울) 입구 즉 당산 마을 입구에 다시 장승과 솟대 한 쌍이 세워져 있다. 여기를 수살목이라고도 한다. 이같이 당산과 장승·솟대와 서낭당의 세 곳 성역을 갖고 있는 것이 흔히 볼 수 있는 당산의 복합형태다. 이 새마을의 이웃마을인 엄미리 거리마을에서는 산신제날 장승과 솟대를 새로 깎아 세우고 그날 밤 자정에 산신제를 지낸 다음 아침이 밝으면 내려오면서 먼저 서낭당에 제를 지내고 큰길가 마을입구

86) 李杜鉉, 1969, 앞의 책.

의 한 쌍의 장승 솟대와 안쪽 당산마을 입구의 한 쌍의 장승과 솟대에 각각 마을사람들이 나뉘어 '장신고사'를 지낸다. 이곳의 특징은 같은 날에 장승을 깎아 세우고 장승제를 미리 지내는 것이며 또한 일단 제일이 택일된 후 동네에 들어온 사람은 아무도 제의가 끝날 때까지 나갈 수 없다는 것을 들 수 있다.[87)]

**(3) 충남 은산 별신제와 장승제[88)]**

충남 부여의 은산별신대제와 어울려 지내는 이곳 장승제의 경우, 3년 혹은 10년 만에 거행되는 별신대제가 없는 평년에도 작은 산제가 베풀어지면서 산제와 함께 장승제를 올린다. 은산의 장승제는 음력 정월 3일에 마을회의('대동회의'라 한다)를 열어 제관, 축관, 심부름하는 별자 등 임원을 뽑는 데서 시작된다. 정월 대보름을 고비로 하는 산제가 끝나는 날, 혹은 별신제를 거행하는 데는 산제를 지낸 다음 상당굿이 끝나고 나흘째 되는 날 저녁 무렵에 은산고장의 동서남북 사방에 長牲과 함께 陳대(干)를 세움으로써 장승제가 따로 거행된다. 장승제는 제사를 주재하는 제관의 生氣福德을 가려서 날짜를 잡지만 대체로 음력 정월 보름날과 스무날 사이에 거행된다. 주된 깃발인 令旗를 앞세우고 꽹과리, 징, 북, 매구 등 4가지 민속악기를 울리는 가운데 都別子라는 행렬의 우두머리가 동서남북 순으로 장터를 중심으로 사방에 세워 둔 장승 앞에 나아가 돗자리를 깔고 제물을 차려 놓고 촛불을 켜 치성을 드림으로 고비에 다다른

---

87) 崔吉城, 1968, 〈韓國原始宗教의 一考－韓國 샤머니즘의 性格과 分布問題〉, 《語文論集》 11.
88) 李相日, 1979, 앞의 논문.

다. 은산의 장승제는 별신대제에 앞서 〈진대베기〉 행렬[89]을 이루어 먼 거리를 행군하며 장승제와 동시에 '진대세우기' 의식을 베푸는데 그것은 다른 지방의 장승제 때 눈에 띄는 솟대와 관련이 있는 은산 특유의 행사이다. 은산 지방은 나당 연합군에게 백제가 망했을 때 죽은 원혼들이 사방에 흩어져 질병과 재앙의 씨가 되었기로 그것을 장승으로 막고 진대를 세워 이중으로 잡귀들의 범접을 막는다는 것이다. 이러한 僻邪의 이중조치로 세워지는 '진대'는 사실상 산신제나 동제의 주제를 전후하여 장승과 솟대를 깎고 다듬어 세우던 목신에 대한 고대제례 형식이 이러한 진대 형식으로 변화한 것이다.

위의 세 가지 예를 보건데 동제를 거행할 때는 장승과 솟대를 새로 깎아 세우는 장승제가 함께 이루어졌음을 알 수 있다. 나무장승과 솟대는 신수, 그리고 서낭당이라고 하는 돌무더기, 누석단과 함께 한국 제단의 기본적 구조를 이루고 있는 것이다. 이로 미루어 당산과 서낭당과 장승·솟대의 세 성역을 갖춘 것이 한국의 고대 성역 형태임을 유추해 볼 수 있겠다. 이 문제는 다음 장에서 상세히 논하도록 하겠다.

## 3. 洞祭堂의 구조와 伽藍配置의 관계

우리나라에서는 아직도 여러 지역에서 동제가 행해지고 있다. 그 성격을 살펴보면 고대사회의 제천의례의 잔존형태임을 알 수 있는데 일정한 기간과 일정한 장소에서 이루어진다. 동제가 이루어지는 동제당 또한 일정한 구조로서

89) 田容種·崔永鎬, 1976, 〈恩山別神祭〉, 《空間》 107號.

되어 있음은 전장에서 살핀 바와 같다. 이러한 일정한 구조를 통하여 고대사회의 제천의례를 거행하던 신성 지역의 형태와 구조를 유추해 볼 수 있을 것이다. 또한 이러한 동제당의 일정한 구조는 사원 내의 산신각과 장생이 점하는 위치를 설명하는 데 결정적 역할을 하고 있는 것이다.

그러므로 고대사회의 제천의례와 동제의 성격 · 구조를 규명한 후에 동제당의 구조를 살펴보고 그것을 통하여 사원 내에 존재하는 산신각과 장승의 위치를 알아보도록 하겠다.

### 1) 洞祭의 기원과 변천

동제의 기원은 수장사회의 제천의례에서 찾아볼 수 있다.

10) 以殷正月祭天 國中大會 連日飮食歌舞 名曰迎鼓於是時斷刑獄 解囚徒[90)]

11) ① 以十月祭天 國中大會 名曰東盟 〔…〕

② 其國東有大穴 名隨穴 十月國中大會迎隨神還于國東上祭之 置木隨于神坐[91)]

12) 常用十月節祭天 晝夜飮酒歌舞 名之爲舞天又祭虎以爲神[92)]

13) 常以五月下種訖 祭鬼神 群聚歌舞 飮酒晝夜無休 其舞 數十人俱起相隨 踏地低昂 手足相應 節奏有似鐸舞 十月農功華 亦復如之 信鬼神 國邑各立一人主祭天神名之天君 又諸國各有別邑 名之爲蘇塗 立大木 縣鈴鼓事鬼神 諸亡逃至其中 皆不還之 好作賊 其立蘇塗之義有似浮屠 而所行善惡有異[93)]

---

90) 《三國志》 30, 魏書 30, 烏丸鮮卑東夷傳, 夫餘.

91) 《三國志》 30, 魏書 30, 烏丸鮮卑東夷傳, 高句麗.

92) 《三國志》 30, 魏書 30, 烏丸鮮卑東夷傳, 濊.

93) 《三國志》 30, 魏書 30, 烏丸鮮卑東夷傳, 韓.

이상의 기록에서 제천의례의 성격은 다음과 같이 정리할 수 있다.

i) 제사의 시기가 농경과 관계있으며 정기적이다. (정월, 5월, 10월)
ii) 부락공동제이다. (國中大會)
iii) 대상신은 天神이었다.
iv) 祭後에 음주가무가 따른다.
v) 제관을 따로 둔다. (天君)
vi) 제장인 성역이 있었다. (蘇塗)
vii) 神木 · 神竿이 있다.

이와 같은 요소는 오늘날의 동제에서 모두 발견할 수 있는 요소들이다.[94] 특히 13)의 사료에서는 제일(5월, 10월), 대상신(천신), 제의(群聚歌舞), 제관(천군), 제장(소도), 금기(立大木縣鈴鼓) 등이 상세히 나타나 있어 전장에서 살펴본 현행 동제와 기본적으로 동일함을 보여 주고 있다. 현존하는 동제의 경우 제일이 일정하게 정해지며, 정월과 10월에 가장 많이 행해지고,[95] 제관을 따로 뽑고, 마을 공동으로 행해진다. 또한 금기하는 일정한 성역에서 이루어지며,[96] 장승과 솟대를 새로 깎아 세우고, 제사 후에 가무음주가 따르는 제천의례인 것이다. 이러한 제천의례는 신라와 고려시대에는 불교와 융화하여 그 전통을 유지해 나갔다고 보인다. 八關會가 바로 그러한 성격과 유사한 점이 있음은 주목할 만하다.

---

94) 崔吉城, 1968, 앞의 논문.
95) 李杜鉉 외, 1969, 앞의 책 .
96) 金泰坤, 1980, 〈韓國巫俗의 原形硏究〉, 《韓國民俗學》 12.

14) ① 於是 居柒夫同載以歸 見之於王 王以爲僧統始置百座講會及八關之法[97)]

② 冬十月二十日 爲戰死士卒 設八關筵會於外寺 七日罷[98)]

15) ① 太祖元年十一月 有司言 前主每歲仲冬 大設八關會以祈福 〔…〕 呈百戲歌舞於前 〔…〕 歲以爲常[99)]

② 朕所至願 在於燃燈 八關 燃燈 所以事佛 八關所以事天靈五嶽 名山大川龍神也[100)]

16) ① 以十月祭天大會 名曰東盟 〔…〕 自王氏有國以來 〔…〕 後受契丹册 與其立世子 亦於此行 禮焉 其十月東盟之會 今則以其月望日 具素饌 謂之八關齊 禮儀極盛其祖廟國 東門之外[101)]

② 國東有穴 號歲神 常以十月望日迎祭 謂之八關齋 禮儀甚盛 王與妃嬪登樓 大張 樂宴飮[102)]

14) ①에는 신라 진흥왕 12년(552)에 팔관회가 처음 설치된 것으로 기록되어 있으며 14) ②는 신라의 팔관회가 전사한 사졸을 위한 것으로 본연의 불사와는 다른 성격을 지닌 것임을 보여 주고 있다. 이러한 팔관회는 고려시대에도 계속 이어지고 있다. 15) ①에 보면 태조 원년(918) 11월에 설치하였고 百戱歌舞하는 사제의 성격이 나타나고 15) ②는 天靈五嶽名山大川龍神을 섬기는 재래신앙적인 제천의식임을 밝혀 주고 있다. 한편 팔관회가 고대의 제천의례에서 유래되었다는 것을 중국의 두 기록이 전하고 있다. 16) ①에서 송나라의 서긍은 이것이 고구려에서 행하던 10월 제천의례임을 명확히 기술하고 있다.

---

97) 《三國史記》 44, 列傳 4, 居柒夫.

98) 《三國史記》 4, 新羅本紀 4, 眞興王.

99) 《高麗史》 69, 志 23, 禮 11.

100) 《高麗史》 2, 世家 2, 太祖 26年.

101) 《高麗圖經》 17, 祠宇.

102) 《宋史》 487, 列傳 246, 高麗.

즉 팔관회는 고대 제천의례가 계승되어 불교와 융화된 결과인 것이다. 그러나 이러한 종합적 종교의례이며 가무행사이던 팔관회는 조선조에 들어서자 유교정책으로 말미암아 불교가 국가적 의의를 잃어버림과 동시에 그 의미를 상실하고 고대 원시적 종교와 신앙만이 유지되게 된다.[103] 제천의례가 불교와 융화되어 팔관회라는 형태로 유지되다가 崇儒排佛 정책에 의해 불교가 쇠퇴함에 따라 팔관회도 사라졌으나 제천의례는 그 전통을 계속 이어 나가 동제의 형태로서 현재에까지 이르고 있는 것이다. 이것은 민속의 강인성으로 그 지속성이 강함을 보여 주고 있는 것이라 하겠다.

### 2) 洞祭堂의 구조

그러면 고대의 의례가 행해지던 성역은 어떠한 형태와 구조로 되었을까?《삼국지》위지동이전 한조에 의하면 別邑의 蘇塗에서 귀신을 섬기고 그곳에는 大木을 세우고 방울과 북을 매어 단다고 되어 있다. 그러나 이 기록은 자세한 형태와 구조를 보여 주고 있지 못하고 있다. 이런 경우 현재 동제가 행해지고 있는 동제당의 형태와 구조를 밝혀 보면 고대의 제장인 소도의 모습을 유추해 볼 수 있을 것이다.

이미 앞에서 세 마을의 장승제를 통해 당산과 장승·솟대와 서낭당의 세 곳 성역을 갖추고 있는 것이 동제당의 공통점인 것을 보았다. 이러한 현상은 다른 지역의 동제당에서도 나타나고 있다. 河回 가면극으로 유명한 경북 안동의 하회동에서는 상·중·하당의 동제당이 있다[104]고 하며 경북 상주 지역의

103) 安啓賢, 1956, 〈八關會攷〉, 《東國史學》 4.

동제당도 상당·중당·하당으로 구분된다[105]고 한다. 또한 강원도 강릉 단오제의 경우 국사성황과 산신사에서 각각 따로 제사를 지내고 성황사 근처에 있는 수목 중에서 神竿木을 베어 신제를 지낸다[106]고 보고되어 있다. 위의 사실에 의거하여 산신당이 상당으로, 서낭당이 중당으로, 장승과 솟대가 하당으로 관념되고 있는 것을 알 수 있으며 동제의 구조적 모델을 상·중·하당의 삼중구조로 파악할 수 있다.[107] 물론 산신당이나 서낭당의 신당은 당집의 형태로 되어 있을 뿐만 아니라 아무것도 없는 山頂일 수도 있고 돌무더기일 수도 있으며 신수나 신목으로 되어 있거나 또는 몇 가지가 결합되어 있을 수도 있다.

중요한 것은 동제가 삼위에 대해서 이루어지며 상·중·하당으로 관념되는 일정한 성역에서 행해진다는 데 있다. 그리고 이러한 상·중·하당의 삼중구조는 샤머니즘의 天上, 地上, 地下 三世界觀[108]과 관련시켜 볼 수 있는 것이다. 어떠한 종교의 의례와 제당은 그 종교의 사상을 표현하고 세계관을 반영하고 있기 때문이다. 더구나 의례라고 하는 것은 대개 보수적 경향이 짙어 본래의 의의를 상실하여도 그 형식만은 잔존하는 예가 허다하지만 본래는 그 나름대로의 특별한 의미를 갖고 특정한 관념을 반영하고 있는 것이다.[109] 이러한 천상, 지상, 지하의 삼세계관은 또한 우리나라 무속신앙의 세계관이기도 하

---

104) 張籌根, 1975, 〈嶺南의 골맥이 洞祭堂〉, 《韓國의 鄕土信仰》, 乙酉文化社.

105) 金基卓, 1975, 〈慶北 尙州地域의 部落祭硏究〉, 《文化人類學》 7輯.

106) 任東權, 1978, 〈江陵端午祭〉, 《韓國民俗學論文集》, 集文堂.

107) 李相日, 1979, 앞의 논문.

108) Vasilevich, G. M, 1972, "Early Concepts about the Universe among the Evenks", ***Studies in Siberian Shamanism***, edited by Henry N. Michael, Toronto University Press.

109) 洪潤植, 1973, 〈引路王菩薩信仰〉, 《宗教史硏究》 2.

다.[110] 결국 동제당의 삼중구조는 무속신앙의 삼세계관에서 비롯되었다는 결론을 도출해 낼 수 있는 것이다.

그러면 처음의 질문으로 돌아가서 현존 동제당의 古形이라 생각되는 삼한의 별읍 '소도'에 대해서 알아보도록 하자. 여태까지의 소도에 관한 연구는 神竿을 의미한다는 설[111]과 別邑, 성역을 지칭한다는 설[112]로 나누어 볼 수 있다. 전자의 경우로는 소도란 '솟대', '솔대', '소줏대' 등에서 온 말로서 여기의 '소'는 '길게, 곧게 뻗은'의 뜻이고 '대'는 '竿'이므로 蘇塗는 立竿이라는 견해[113]와 몽고어로 聳木, 高竿을 의미하는 'Soromoto'에서 'Soro'가 '소도'화한 것이라는 견해[114]가 있다. 둘 다 현존하는 솟대에 착안하여 語義를 고찰한 결과라 하겠다. 그러나 현존 동제의 구조에서 솟대는 동제의 하당으로서 간주될 뿐이고, 상 · 중 · 하당으로 구성되어 있는 넓은 의미의 동제당을 의미하는 것이 아니라는 것을 알 수 있다.[115] 따라서 소도는 동제가 이루어지는 상 · 중 · 하당이 포함되는 성역으로 보는 것이 타당하다고 생각한다. 일본 대마도에서 발견된 성역은 이 문제에 많은 도움을 주고 있다.

이 지역은 고래로 '恐唯의 地'라고 불리는 삼림으로 그 중앙에 정면 20尺,

---

110) 金泰坤, 1976, 〈서울地域의 巫俗〉, 《韓國哲學硏究》 6輯, 56쪽.

111) 孫晋泰, 1948, 〈蘇塗考〉, 앞의 책. 趙芝薰, 1964, 〈新羅歌謠硏究論攷〉, 《民族文化硏究》 1, 高麗大學校 民族文化硏究所.

112) 李丙燾, 1959, 《韓國史》 古代篇, 乙酉文化社. 末松保和, 1955, 〈魏志韓傳の別邑に就いて〉, 《史學雜誌》 64-12. 村上正雄, 1956, 〈魏志韓傳の見える蘇塗の一解釋〉, 《朝鮮學報》 9.

113) 孫晋泰, 1948, 앞의 논문.

114) 趙芝薰, 1964, 앞의 논문.

115) 李相日, 1979, 앞의 논문.

측면 18尺, 총 7단으로 된 平石의 층이 있으며 주민들이 그 지역으로 잘못 들어가는 것을 막기 위해 돌을 쌓고 나뭇가지로 얽어 경계를 만들어 놓은 곳이 있다[116]고 한다. 또한 대마도의 豆酘라는 촌락은 동 · 서로 나뉘어 동반부는 신사가 있는 성지이고 서반부는 人家의 소재로 되어 있어 그 사이 작은 시내가 흐르고 있다[117]고 한다.

그런데 우리나라의 현행 동제의 경우 마을 근처의 산지에서 거의가 이루어지고 있는 것을 볼 때 소도의 위치는 마을 근처의 산지에서 찾아보아야 할 것이다. 평야나 들을 끼고 있는 조그마한 야산과 주위가 소도라는 견해[118]는 현존하는 동제의 제장과 그 위치가 부합되기 때문에 주목할 만하다. 각 마을마다 천신신앙, 산신신앙에 의해 인근의 산을 신성시하여 그들의 제당으로 숭배하여 동제를 지내고 있기 때문이다. 그러면 현존하는 동제당의 상 · 중 · 하당 삼중구조와 삼한의 소도에 관한 기록을 결합하여 소도의 실체를 다음과 같이 추정해 볼 수 있을 것이다.

i) 山頂을 신의 강림처로 숭배하고(山上無形平土[119])이거나 신수의 형태로서 상당)
ii) 산기슭에는 신사나 제단이 있으며(돌무더기나 당집의 형태로서 중당)
iii) 국읍과 별읍이 구별되는 곳에 성역의 상징물을 세우는 형태(장승이나 솟대로서 하당)

116) 村上正雄, 1956, 앞의 논문.
117) 末松保和, 1955, 앞의 논문.
118) 金貞培, 1978, 앞의 논문.
119) 金泰坤, 1970, 앞의 논문.

물론 고대의 형태를 시대적 간격을 무시하고 현재의 형태로서 유추하는 것은 다소 무리가 없는 바는 아니지만 소도의 경우나 동제당의 경우 모두 신앙면에서 샤머니즘이라는 점, 제당의 구조가 샤머니즘 삼세계관을 반영하고 있다는 점, 祭日・祭官・祭儀가 일치하고 있다는 점에서 커다란 차이가 없으리라고 생각한다.

### 3) 伽藍配置에 있어서 산신각과 장승의 위치

그런데 삼한 이후의 문헌에는 소도에 대한 기록이 나타나지 않는바 많은 의문점이 제기된다. 이를 해결하기 위해서는 소도에 대한 기록 중 "其立蘇塗之義有似浮屠 而所行善惡有異"의 구절에 주의를 돌릴 필요가 있을 것 같다. 이 기록에서 '浮屠'를 어떻게 해석하느냐에 따라 소도의 실체를 이해하는 방향이 더욱 명확해질 것 같다. 부도는 '浮圖', '佛圖', '拂陀' 등으로 표시되며 佛僧, 佛塔, 佛刹, 佛教 등 여러 가지 뜻으로 사용된다. 손진태는 소도를 솟대로 파악하였기 때문에 부도를 刹柱로 해석하였다.[120] 그러나 소도는 '어떤 지역'의 의미를 지녀야 할 것이다. 부도의 뜻인 佛僧, 佛塔, 佛刹, 佛教 중에서 '지역'을 의미하고 있는 것은 佛刹임에 비추어 부도를 불교사찰의 의미로 해석한다면 다음과 같은 뜻이 될 것이다.

> 蘇塗의 의미는 佛教寺刹의 그것과 흡사하지만 그 행하는 바에 선악의 차이가 있다.

---

120) 孫晋泰, 1948, 앞의 논문.

불교의 입장에서 보아 불교사찰과 소도의 선악 차이를 설명하고 있다. 이러한 해석은 소도의 성역으로서의 성격을 더욱 명확하게 하는 한편 이후 문헌기록에 '소도'에 대한 기사가 나타나지 않는 이유도 간접적으로 설명해 주고 있는 것이라 하겠다. 즉 소도라는 신성 지역에 외래종교인 불교의 사찰이 들어서게 됨을 추측할 수 있는 것이다. 이에 대한 기록은 산신각의 성립에서 살펴본 바와 같이 불교수용과정에서 나타난 아도 전설, 이차돈의 순교설화, 그리고 서악 선도산 신모전설 등 각종 創寺 연기설화에서 나타나고 있다. 왕권의 강화와 함께 수장사회의 상징적 존재로서 통합기능을 담당하던 소도의 존재는 차츰 쇠퇴하였고 불교의 전래로 그 신성 지역을 불교사찰이 차지하게 된 것이다. 제천의례의 잔존은 정치적 통합과 왕의 권위확립에 도리어 역기능으로 나타났기 때문이다.[121]

따라서 고대신앙의 제장이던 소도의 존재는 산신각과 장승의 형태로 佛寺와 융화하거나 민속에서는 계속 신성 지역으로 숭배되어 산신당, 서낭당, 장승과 솟대의 형태에 이른 것이다. 위치상으로 보아 산신각이 상위, 불당이 중위, 장승이 하위에 위치하는 우리나라 가람의 삼중배치는 상당으로 관념되는 산신당, 중당으로 관념되는 서낭당, 하당으로 관념되는 장승과 솟대의 부락제당 삼중구조와 상호 관련되어 있음을 볼 수 있다. 따라서 산신각과 장승은 단순히 토착신앙의 잔재로서 존재하는 것이 아니라 고대 신앙성역의 구조 안에 불당을 받아들인 특유한 형태의 결과로 보아야 한다고 생각한다.

---

121) 張潤植, 1979, 〈祭天儀式과 巫. 그 歷史的 變遷과 社會構造的 意味〉(제1회 韓國學國際學術會議 社會 · 人類分科 發表論文), 韓國精神文化硏究院.

# 제4장 노구와 노옹

최근 한국고대사 연구의 두드러진 특징은 소위 上代에 대한 연구가 활발한 점이라고 할 수 있겠다. 과거 일본 학자들에 의하여 왜곡되었던 많은 부분들이 수정되면서 《삼국사기》의 상대 부분에 대한 재평가가 이루어지고 있기 때문이다. 이러한 현상은 고대사 연구의 발전을 위해서 매우 바람직한 것이라 할 수 있겠으나 상대 기록을 비판 없이 그대로 받아들이는 데도 문제가 있다. 왜냐하면 상대 기록이 갖고 있는 사료적 가치가 매우 크다 하더라도 특징한 인물이나 연대의 정확성까지 인정할 수는 없기 때문이다. 따라서 상대 기록을 통한 상대사 연구는 특정한 인물이나 연대에 주목하는 것보다는 거시적 안목으로 동일한 사항에 대한 여러 가지 사료의 유기적 관계를 종합하여 분석해야 할 것이다.

이러한 입장에서 상대 기록을 검토하면 매우 흥미로운 기사들을 발견할 수 있다. 상대에 집중적으로 나타나는 '老嫗' 관계 기사가 그것이다. 대개의 경우 노구에 대한 해석은 '늙은 할멈'이나 '늙은 할미' 또는 '老婆'[1] 등 특별한 의미를 지니지 않은 단순히 나이 많은 여자를 일컫는 일반적인 호칭으로 생각되어 온 것 같다.

그러나 《삼국사기》의 경우 그 기사가 상대에만 나타나고 있으며 그 이후에는 그와 같은 성격이라고 생각되는 '老人'이나 '老翁'으로 나타나고 있다는 점과 노구 기사가 모두 왕실과 관련되어 있었다는 점에서 노구가 특정한 성격을 지니고 있으리라 생각된다. 여기서는 이러한 노구가 어떠한 성격을 지니고 있으며 또한 그것이 갖는 역사적 의미는 무엇인가를 살펴보고자 한다. 이러한 노구의 성격과 의미를 분석하는 과정에서 상대 사회의 사상적 특징을 발견할 수 있으리라 생각하기 때문이다. 또한 정복전쟁 이후 노구와 같은 성격의 노옹에 대해서도 살펴보도록 하겠다. 특히 노옹은 불교적 성격을 강하게 나타내고 있으며 불교 수용 이후 나타나고 있다. 따라서 노구에서 노옹으로 변화하는 의의에 대해서도 살펴보도록 하겠다.

## 1. 노구 기사의 검토

《삼국사기》 기록 중에서 노구의 記事가 가장 먼저 나타나는 것은 시조 박혁거세와 함께 二聖으로 불리는 알영의 탄생설화다.

---

1) 李丙燾, 1977, 《國譯 三國史記》 및 1979, 《譯註 三國遺事》, 乙酉文化社.

1) 五年 春正月 龍見於閼英井 右脇誕生女兒 老嫗見而異之 收養之 以井名名之 及長 有德容 始祖聞之 納以爲妃 有賢行能內輔 時人謂之二聖[2)]

閼英井에 용이 여자 아이를 右脇에 끼고 나타난 것을 노구가 보고서 이를 데려다 길렀다. 그 아이가 장성하여 德容을 갖추었으므로 시조가 이를 듣고 비로 삼았는데 어질고 內輔를 잘 하였으므로 二聖으로 떠받들었다는 설화다. 여기의 노구는 단순히 늙은 할머니를 뜻하는 것 같지 않은 몇 가지 측면을 보여주고 있다. 노구는 용이 나타난 것을 볼 수 있는 능력을 가졌으며, 여자아이에게 왕비로 들일 만한 덕용을 갖추게 하고 그녀를 二聖으로 숭앙받을 만한 인물로서 양육시키고 있다. 이러한 노구의 신이한 성격은 탈해의 탄생설화에서도 마찬가지로 나타나고 있다.

2) 初至金官國海邊 金官人怪之不取 又至辰韓阿珍浦口 是始祖赫居世在位 三十九年也 時海邊老母 以繩引繫海岸 開櫝見之 有一小兒在焉 其母取養之 及壯身長九尺 風神秀朗知識過人 或曰此兒不知姓氏 初櫝來時 有一鵲飛鳴而隨之 宜省鵲字 以昔爲氏 又解韞櫝而出 宜名脫解 脫解 始以漁釣爲業 供養其母 未嘗有懈色 母謂曰 汝非常人骨相殊異 宜從學以立功名 於是 專精學問兼知地理 望楊山下瓠公宅 以爲吉地 設詭計 以取而居之 其地後爲月城[3)]

이는 시조 박혁거세 39년 阿珍浦口의 老母가 櫝을 발견하고 이를 열어 한 아이를 얻어 길렀는데 그 아이가 바로 탈해이사금이라는 설화다. 여기에 기록된 노모는 殊異傳[4)]에 보면 村嫗로 기록되어 있어 노구와 같음을 알 수

---

2) 《三國史記》 1, 新羅本紀 1, 始祖 赫居世居西干.

3) 《三國史記》 1, 新羅本紀 1, 脫解尼師今.

있다. 그 성격에 있어서도 노모가 독을 발견하고 끌어당겨 독을 열었으며 아이를 데려다 기르면서 남다른 骨相에 대해 이야기를 하고 그 아이가 탈해로서 왕위에 오르는 것을 볼 때 《삼국사기》 시조 혁거세조의 노구와 같은 성격임을 알 수 있다.

> 3) 五年 冬十一月 王巡行國內 見一老嫗飢凍將死 曰予以身居上 不能養民 使老幼至於此極 是予之罪也 解衣以覆之 推食以食之 仍命有司 在處存問鰥寡孤獨老病不能自活者 給養之 於是隣國百姓聞 而來者衆矣 是年 民俗歡康始製兜率歌 此歌樂之始也[5]

유리이사금이 巡行시에 한 노구가 굶어서 얼어 죽으려 하자 왕이 옷을 벗어 덮어 주고 有司에게 명하여 鰥寡孤獨과 늙고 병들어 자활능력이 없는 자들을 存問하여 부양케 하였더니 이웃나라 백성이 소문을 듣고 오는 자가 많았다. 이 해에 민속이 즐겁고 평안하여 비로소 도솔가를 지으니 이것이 가락의 시초다.

여기서 노구는 그저 평범한 늙은 할머니로 생각해 버리기 쉬운 일면을 보인다. 그러나 한 노구의 굶주리고 얼어 죽으려하는 상황이 왕을 깨닫게 하여 많은 사람들을 부양하게 하였다는 점에서 다른 의미를 생각해 볼 수 있을 것 같다. 더구나 이에 따라 이웃나라 백성들이 많이 모였다는 점과 아울러 이해의 민속이 평안하므로 가락의 시초인 도솔가를 지은 동기가 되었다는 점을 감안할

---

4) 龍城國王妃生大卵 怪之置卵小櫝 以奴婢七寶文貼載泛海 來至阿珍浦 村長阿珍等開櫝出卵 忽有鵲來啄卵開 有童男自稱脫解 託村嫗爲母 學書史兼通地理 體貌雄傑. (《三國史節要》 2, 新羅 脫解王 元年)

5) 《三國史記》 1, 新羅本紀 1, 儒理尼師今.

때 노구의 존재에 대해 특별한 의미를 생각해 볼 수 있을 것 같다.

4) 二十二年 秋九月 王幸捺巳郡 郡人波路有女子 名曰碧花年十六歲 眞國色也 其父依之以錦繡置擧 冪以色絹獻王 王以爲饋食開見之 斂幼女 怪而不納及還宮 思念不已 再三微行 往其家幸之 路經古陀郡 宿於老嫗之家 因問曰 今之人以國王 爲何如主乎 嫗對曰 衆以爲聖人 妾獨疑之 何者 竊聞王幸捺巳之女 屢微服而來 夫龍爲魚服 爲魚者所制 今王以萬乘之位 不自愼重 此而爲聖 孰非聖乎 王聞之大慙 則潛迎其女 置於別室 至生一子 冬十一月王薨[6)]

소지왕 22년 9월 왕이 捺巳郡의 國色 碧花에게 미행하여 潛通하자 노구는 왕의 행위에 대해 신랄하게 비판한다. 왕이 자신의 행위를 부끄럽게 여기고 벽화를 몰래 궁궐에 맞아들여 아들까지 낳았으나 노구의 충고를 받아들이지 않은 왕은 같은 해 11월에 薨去하게 된다. 이 기록에서도 노구는 단순한 늙은 할머니가 아니라 어떤 특별한 성격을 갖고 있다는 점이 확실히 드러나고 있다. 왕이 미행 중에 노구의 집에 묵어 자신의 행위에 대한 노구의 의견을 경청하고 있기 때문이다. 또한 노구는 이에 대해 자신의 의견을 왕 앞에서 거리낌 없이 개진하고 있다. 이에 왕은 노구의 의견을 듣고 부끄러이 여기고 몰래 벽화를 별실에 옮겨 둔다. 그러나 노구의 말을 듣지 않고 몰래 별실에 옮겼기 때문에 왕은 결국 그로 인해 훙거했다. 이 점을 볼 때 노구는 단순한 늙은 할머니에 머무르는 존재가 아님을 알 수 있다.

한편 고구려본기에서도 노구에 관한 기록을 찾아볼 수 있다. 유리명왕 28년 부여왕 대소가 사자를 보내 고구려를 위협하고 나무라자, 유리명왕은 건국이

---

6) 《三國史記》 3, 新羅本紀 3, 炤知麻立干 22年.

日淺하고 세력이 미약하므로 타일을 기약하고 사과의 뜻을 전하려 하였다. 이때 왕자 무휼은 父王이 부여의 사자에게 대답하려는 말을 듣고 사자에게 의미심장한 수수께끼를 건넨다.

5) 時王子無恤 年尙幼小 聞王欲報扶餘言 自見其使曰 我先祖神靈之孫 賢而多材 大王妬害 讒之父王 辱之以牧馬故不安而出 今大王不念前愆 但恃兵多輕蔑我邦邑 請使者歸報大王 今有累卵於此 若大王不毁其卵 則臣將事之 不然則否 夫餘王聞之 偏問群下 有一老嫗 對曰 累卵者危者 不毁其卵者安也 其意曰 王不知己危 而欲人之來 不知易危以安而自理也[7)]

여기서 "今有累卵於此 若大王不毁其卵 則臣將事之"라는 풀기 어려운 문제를 부여왕이 군신에게 물었는데 한 노구가 그 뜻을 풀어 대답하고 있다. 여기의 노구는 결국 군신의 하나라는 이야기며 적어도 왕의 측근에서 왕에게 충고를 하거나 또는 어려운 문제를 해결해 주는 조언자임에 틀림이 없겠다.

다음 기록은 미천왕이 왕위에 오르기 전 도망해 나와 고용살이를 하며 고생할 때의 이야기다.

6) 周年乃去 與東村人再牟販鹽 乘舟抵鴨綠 將鹽下奇江思收村人家 其家老嫗請鹽 許之斗許 再請不與 其嫗恨 潛以履置之鹽中 乙弗不知 負而上道嫗追索之 誣以瘦履 告鴨綠宰 宰以履直 取鹽與嫗 決笞放之 於是 形容枯槁衣裳藍縷 人見之不知其爲王孫也[8)]

이때 國相 창조리가 장차 봉상왕을 폐하려고 사람을 보내어 乙弗을 찾아낸

7) 《三國史記》 13, 高句麗本紀 1, 琉璃明王 28년.

8) 《三國史記》 17, 高句麗本紀 5, 美川王 元年.

다. 그리고 이해 9월에 봉상왕이 폐위되고 을불이 왕위에 오르게 된다. 여기서 노구는 을불에게 모진 시련을 주는 가해자로 나타나고 있다. 이러한 과정을 볼 때 여기의 노구는 단순한 늙은 할멈이라는 면보다는 을불이 왕위에 오르기 전에 花郎들이 겪는 바와 같은 苦業的 시련ordeal[9]을 행하게 하는 자로 생각해 볼 수 있을 것 같다.

다음으로 백제본기 시조 온조왕조에도 노구가 등장한다.

7) 十三年 春二月 王都老嫗化爲男 五虎入城 王母薨 年六十一歲 夏五月 王謂臣下曰 國家東有樂浪 北有靺鞨 侵軼疆境 少有寧日 況今妖祥屢見 國母棄養勢不自安 必將遷國 予昨出巡觀漢水之南 土壤膏腴 宜都於彼 以圖久安之計秋七月 就漢山下立柵 移慰禮城民戶 八月 遣使馬韓告遷都 遂畫定疆場 北至浿河 南限熊川 西窮大海 東極走壤 九月 入城闕[10]

여기서 백제의 노구도 예사 평범한 늙은 할멈은 아니다. 노구가 남자로 변하고, 또한 五虎가 성에 들어왔다는 사실은 왕이 표현한 대로 妖祥이라 할 수 있겠다. 더구나 이와 같은 요상으로 王母가 돌아가시고 이러한 불길한 징조 때문에 왕은 遷都까지 계획하고 또한 실행하게 되는 것이다. 그런데 이와 같은 요상은 백제본기 동성왕조에도 똑같이 나타난다.

8) 二十三年 春正月 王都老嫗化狐而去二虎鬪於南山 捕之不得 三月 降霜害麥 夏五月 不雨至秋 七月 設柵於炭峴以備新羅 八月 築加林城 以衛士佐平苩加鎭之 冬十月 王獵於泗批東原 十一月 獵於熊川北原 又田於泗批西原阻大雪 宿於馬浦村 初

9) 三品彰英, 1943, 《新羅花郎の硏究》, 平凡社.
10) 《三國史記》 23, 百濟本紀 1, 始祖 溫祚王.

王以苩加鎭加林城 加不欲往 辭以疾 王不許 是以怨王 至是使人刺王 至十二月 乃薨 諡曰 東城王[11)]

이는 王都의 노구가 여우가 되어 사라지고 두 마리의 호랑이가 南山에서 싸웠으나 잡지 못했다는 요상에 대한 기록이다. 이러한 불길한 징조 이후 3월에는 서리가 내려 보리를 해하고 5월부터 가을까지 비가 오지 않는 자연에 재해를 당한다. 또한 10월에는 왕이 사냥 중에 大雪로 길이 막혀 馬浦村에 머무르다가 苩加가 보낸 사람에 의해 시해를 당하게 된다. 여기의 노구도 예사 늙은 할멈으로 볼 수는 없을 것 같다.

## 2. 老嫗의 성격

앞 장에서 노구 기사의 검토를 통해 노구가 단순히 늙은 할머니가 아닌 어떤 특별한 의미와 성격을 지닌 존재라는 것을 알 수 있었다. 그러면 이러한 노구는 과연 어떤 성격을 갖고 있는가 하는 문제를 사료의 분석을 통하여 살펴보도록 하겠다. 노구에 대한 성격을 잘 보여 주고 있는 기사가 《삼국유사》에 기록되어 있다. 신라시조 혁거세왕조에 일연이 註記한 것을 보면

蓋鄕言也 或作弗矩內王 言光明理世也 說者云 是西述聖母地所誕也 故中華人讚仙桃聖母 有娠賢肇邦之語是也 乃至鷄龍現瑞産閼英 又焉知非西述聖母之所現耶[12)]

---

11) 《三國史記》 26, 百濟本紀 4, 東城王.

12) 《三國遺事》 1, 紀異 1, 新羅始祖 赫居世王.

라 하여 혁거세와 알영의 二聖이 모두 西述聖母의 소생이라고 되어 있다. 서술성모는 仙桃聖母를 말하는바 이에 대한 자세한 설명은 《삼국유사》 선도성모수희불사조[13]에 보인다. 이러한 주장은 《삼국사기》의 찬자인 김부식도 논하고 있다.

> 論曰 新羅朴氏昔氏 皆自卵生 金氏從天入金櫃而降 或云乘金車 此尤詭怪 不可信然世俗相傳 爲之實事 政和中 我朝遣尙書李資諒 入宋朝貢 臣富軾 以文翰之任輔行指佑神館 見一堂設女仙像 館伴學士王黼曰此貴國之神 公等知之乎 遂言曰 古有帝室之女 不夫而孕 爲人所疑乃泛海 抵辰韓生子 爲海東始主 帝女爲地仙 長在仙桃山 此其像也 臣又見大宋國信使王襄祭東神聖母文 有娠賢肇邦之句 乃知東神則仙桃山神聖者也[14]

유학자인 김부식은 신라왕의 탄생설화를 황당무계하다 하여 믿지 않았으나 그가 직접 중국(宋)에 가서 女仙像을 보고 나서는 館伴學士 王黼의 설명을 경청하고 있는 것을 볼 수 있다. 왕보의 말에 의하면 옛적에 帝室의 女가 남편도 없이 아이를 가져 남에게 의심을 받게 되자 辰韓에 이르러 아들을 낳았는데 그 아이는 성장하여 海東의 初主가 되고 帝女는 地仙이 되어 선도산에 있다는 것이다. 이러한 선도산 신모에 대해서는 이미 地母神의 성격으로 논한 바[15]가 있고 반면에 산신의 성격으로 파악한 바[16]도 있다. 그런데 天神은 각각의 지역

13) 《三國遺事》 5, 感通 7, 仙桃聖母隨喜佛事.

14) 《三國史記》 12, 新羅本紀 12, 敬順王 9年.

15) 金哲埈, 1971, 〈東明王篇에 보이는 神母의 性格〉, 《柳洪烈博士華甲紀念論叢》(1975, 《韓國古代社會研究》, 서울대학교출판부 재수록).

16) 崔光植, 1981, 〈巫俗信仰이 韓國佛教에 끼친 影響－山神閣과 長栍을 中心으로〉, 《白山學報》 26.

과 환경에 따라 현신한다[17]는 것을 고려하면 여기의 지선에 대한 해석은 그 지역의 신모가 되었다고 해야 합당할 것 같다. 고대사회에서 이미 산신이나 지모신뿐만 아니라 龍神, 海神, 水神, 風神, 兵神 등 신격이 분화되어 나타나고 있기 때문이다.

하여간 지금의 논점에서 중요한 것은 신모에 의해 알영이 태어났다는 것이다. 그렇다면 신모에 의한 알영의 탄생 이후 알영을 거둬 키운 노구는 어떠한 존재인가? 여기에서의 노구의 성격은 신모의 존재와 무관하지 않을 것이다. 먼저 신모 자신이 현신한 존재로 생각해 볼 수 있겠다. 혹은 신모가 알영의 양육을 부탁한 보호신령이라고 파악할 수 있겠다.

문제는 노구가 설화상의 가공적 존재인지 아니면 보호신령의 임무를 띤 실존자인지에 있는 것이다. 여기에서 사료 2)의 노구 기사와 비교해서 살펴보면 보다 분명한 답을 구할 수 있을 것 같다.

母謂曰 汝非常人 骨相殊異 宜從學以立功名

여기서 노모는 탈해의 骨相이 특이함을 논하고 있다. 즉 노모는 골상을 점치는 통찰력을 지닌 자임을 알 수 있다. 이러한 성격은 《삼국유사》 탈해왕조에 보다 분명히 나타나고 있다.

脫解齒叱今 南解王時 駕洛國海中有船來泊 其國首露王 與臣民鼓操而迎 將欲留之 而舡乃飛走 至斜鷄林東下西知村阿珍浦 時浦邊有一嫗 名阿珍義先 乃赫居王之海

---

17) 金映遂, 1939, 〈智里山 聖母祠에 就하야〉, 《震檀學報》 11.

尺之母 望之謂曰 此海中元無石岩 何因鵲集而鳴 拏舡尋之 鵲集一舡上 舡中有一櫃子 長二十尺 廣十三尺 曳其船 置於一樹林 下而未知凶乎吉乎 向天而誓爾 俄而乃開見 有端正男子 并七寶奴婢滿載其中[18]

여기에 노구의 이름이 阿珍義先이라고 명기되어 있어 실제 인물임을 알 수 있다. 더구나 그 노구의 신분이 혁거세왕 때 海尺의 어미임을 알 수 있다. 그런데 이러한 노구가 까치가 모여드는 것을 보고 상서로운 일이 일어날 것을 예지하였고 또한 배를 끌어다 樹林 밑에 두고 길흉을 점치기 위해 하늘을 향하여 誓願하고 있다. 결국 이 노구는 예지와 점복을 행하는 능력을 가진 巫적 존재라 이해할 수 있겠다.

이와는 달리 사료 3)의 노구는 매우 평범한 늙은 할머니를 지칭한 것으로 생각하기 쉬운 면을 보이고 있다. 그러나 노구가 굶주리고 얼어 죽으려는 것을 王이 순행 때 보고는 자기의 잘못을 깨닫게 되었다는 점에서 앞 장에서 논한 바와 같이 결국 노구는 왕의 허물을 깨닫게 한 충고자로서 파악해야 할 것이다. 왜냐하면 신라시대 순행은 대부분 정치적 동기에서 행해졌기 때문이다.[19] 노구의 왕에 대한 충고자 내지 조언자로서의 성격은 사료 4)와 5)에 잘 나타나고 있다. 사료 4)의 경우 노구는 王에게 자신의 의견을 거리낌 없이 솔직하게 표현하고 있는 것을 볼 수 있다. 더구나 노구의 충언을 받아들이지 않고 왕이 몰래 자신의 욕심을 채우려다가 결국 죽음에 이르는 것을 볼 때 노구는 정치적으로 매우 중요한 역할을 하고 있다고 하겠다.

---

18) 《三國遺事》 1, 紀異 1, 第四脫解王.

19) 金瑛河, 1979, 〈新羅時代 巡狩의 性格〉, 《民族文化硏究》 14.

사료 5)는 부여국의 경우로 노구를 군신 중의 하나로 표현하고 있는 바 이와 유사한 언어경합담은 《삼국유사》 사금갑조에도 보인다.

> 第二十一毗處王 卽位十年戊辰 幸於天泉亭 時有烏與鼠來鳴 鼠作人語云 此烏去處尋之 王命騎士追之 南至避村 兩緖相鬪留連見之 忽失烏所在 徘徊路傍時有老翁自池中出奉書 外面題云 開見二人死 不開一人死 使來獻之 王曰 與其二人死 莫若不開但一人死耳 日官奏云 二人者庶民也 一人者王也 王然之開見書中云射琴匣 王入宮見琴匣射之 乃內殿焚修僧與宮主潛通而所奸也二人伏誅[20]

이 이야기 속에는 쥐-까마귀-멧돼지-老翁의 글로 이루어지는 일련의 신비한 징후가 있다. 나머지 징후들은 노옹의 글에 이르는 점층적인 단계를 이루고 있다. 이 글의 해독이 이 얘기의 절정을 이루며 해석의 결과를 따라 이야기의 대단원이 이루어져 있다.[21] 그런데 중요한 점은 이러한 수수께끼를 해석하는 자가 日官라는 점이다. 사료 5)에서 왕이 언어적 경합담을 群下에게 묻자 한 노구가 대답했듯이 여기에서는 왕이 수수께끼를 일관에게 묻고 일관이 이에 대한 해답을 내놓는다. 결국 노구와 일관은 성격이 같은 존재라는 결론에 도달하게 되는데 일관은 이미 巫로서 지적된 바 있다.[22] 이로써 노구의 巫者로서의 성격은 더욱 분명해졌다고 하겠다. 남은 문제는 노옹과 노구와의 관계인데 이 문제는 뒤에서 논하게 될 것이다.

한편 사료 6)의 노구가 해석하기 어려운 문제로 남게 되는데 앞에서 언급했

---

20) 《三國遺事》 1, 紀異 1, 射琴匣.

21) 金烈圭, 1976, 〈言語競合談과 수수께끼談의 類型硏究〉, 《震檀學報》 42.

22) 辛鍾遠, 1980, 〈古代日官의 性格〉, 《韓國民俗學》 12.

듯이 이 노구가 시련의 가해자임은 명백한 것 같다. 이러한 시련은 類利의 경우에서도 볼 수 있다. 유리는 태자가 되기까지 세 개의 관문을 통과했다고 한다.[23] 첫째는 시련과 수난의 관문이고, 둘째는 그의 혈통을 증명하는 관문이며, 셋째는 天統을 증명하는 관문이다. 왕위에 오르기까지 겪는 이 같은 세 개의 관문통과 祭儀는 을불이 미천왕으로서 왕위에 오르는 과정에서도 찾아볼 수 있다. 을불이 東村人 再牟와 함께 소금장사를 할 때 노구가 신(履)을 감추고 을불을 무고한다. 이로 인해 태형을 받아 얼굴이 파리하고 옷이 남루하여 남이 보고 왕손인 줄 모르는데, 이 단계를 시련과 수난의 관문이라 할 수 있다. 다음에는 국상 창조리가 北部의 祖弗과 東部의 蕭友 등을 보내어 을불을 찾아내어 왕손임을 확인하는데, 이것은 그의 혈통을 증명하는 관문이라 할 수 있다. 그 후 국상 창조리가 衆人에게 그와 마음을 같이하는 자는 그가 하는 바대로 하라 하고 갈댓잎을 모자 위에 꽂으니, 중인이 모두 창조리에 동조한다. 이에 창조리가 중인의 마음이 일치함을 알고 드디어 봉상왕을 폐하고 을불에게 옥새를 바쳐 즉위케 한 것은 천통을 증명하는 관문이라 할 수 있다. 일반적으로 전승의 주인공이 행하는 마귀와의 투쟁, 주술경합, 수수께끼풀기, 미로나 險阻의 돌파 등은 즉위식 내지는 就位式의 전승으로 看做된다.[24] 노구는 시련과 수난의 단계에서 마귀 구실을 하고 있는 것이다. 그리고 여기에서 노구가 감춘 신은 주물적 성격을 뒷받침해 주고 있다.[25] 이러한 시련과 수난의 단계에서

---

23) 金烈圭, 1970, 〈類利의 太子冊奉에 관한 再論〉, 《國語國文學》 49 · 50호( 1971, 《韓國民俗과 文學研究》, 一潮閣 재수록).

24) Lord Raglan, 1956, ***Hero***.

25) 金烈圭, 1971, 앞의 책.

노구의 등장은 《삼국사기》 김유신조에서도 볼 수 있다.

> 眞平王建福二十八年辛未 公年十七歲 見高句麗百濟靺鞨侵國疆 慷慨有平寇賊之志 獨行入中嶽石堀 齊戒告天盟誓曰 敵國無道 爲豺虎以擾我封埸 略無寧歲 僕是一介微臣 不量材力 志淸禍亂 惟天降監 假手於我 居四日 忽有一老人 被褐而來曰 此處多毒蟲孟獸 可畏之地 貴少年爰來獨處 何也 答曰 長者從何許來 尊名可得聞乎 老人曰 吾無所住 行止隨緣 名則難勝也 公聞之 知非常人 再拜進曰 僕新羅人也 見國之讐 痛心疾首 故來此 冀有所遇耳 伏乞長者閔我精誠 授之方術 老人黙然無言 公涕淚懇請不倦 至于六七 老人乃言曰 子幼而有幷三國之心 不亦壯乎 乃授以秘法曰 愼然若五色焉[26]

김유신이 中嶽 石室에 들어가 수련을 행하고 있을 때 한 노인이 나타나 비법을 전해 주는 장면이다. 이 기사에서는 노구로서 기록되지 않고 노인으로 표현되어 그 성을 자세히 파악할 수 없으나 문맥상 남성으로 여겨진다. 그러나 그러한 성의 차이가 있다고 해서 앞에서 살펴본 노구의 성격과 차이가 나는 것은 아니다. 중요한 것은 시련과 수난의 제의에 靈媒者로서 神人이 나타난다는 점이다. 김유신을 수호하는 신령은 그의 생애를 통해 그와 함께하고 있다. 그의 평생의 활동은 신령의 계시로 시작되어 신령과의 분리로 끝나고 있다고 하여 여기의 노인을 신령으로 보는 견해가 있다.[27] 그러나 이 難勝은 영매자인 샤먼(巫)으로 보는 것[28]이 타당하다. 왜냐하면 난승이란 이름이 명기되어 있

26) 《三國史記》 41, 列傳 1, 金庾信 上.
27) 三品彰英, 1943, 《新羅花郎の硏究》.
28) 李基東, 1976, 〈新羅花郎徒의 起源에 대한 一考察〉, 《歷史學報》 69(1980, 《新羅骨品制社會와 花郎徒》, 一潮閣 재수록).

어 의인화된 실존인물임을 알 수 있기 때문이다. 따라서 을불을 괴롭힌 노구도 역시 巫로서 그 성격을 특징 지울 수 있으며 영웅들을 보다 더 영웅답게 만들어 주고 있는 부대조건으로 파악할 수 있겠다.[29)]

한편 노구 기사 중 특색 있는 것으로서 사료 7)과 8)의 백제 노구를 들 수 있다. 사료 7)과 8)의 기사는 동일한 모티브로서 구성되어 있다. 첫째, 노구가 남자로 異性化하거나 여우로 異物化한다. 둘째, 반드시 호랑이가 나타난다. 셋째, 王母나 왕이 죽게 된다. 노구는 남자나 여우로 변할 수 있는 신이한 존재이며 이성화하거나 이물화할 때는 불길한 징조임을 알 수 있다. 그리고 평소에는 노구가 호랑이를 잘 다스리고 있으나 노구가 이성화하거나 이물화할 때는 그 능력을 상실하고 있다.

고대인이 산신숭배신앙을 갖게 된 것은 우리나라에 산악이 많은 만큼 호랑이가 많아 이에 대한 불안과 공포를 해소하기 위해 산신을 믿게 된 것이라 한다.[30)] 이와는 반대로 산신령이 노인으로 변했다는 기록도 보이고 있다.

> 寺僧欺其情蕩然 而見其懃恪 乃曰 此去南隣有千山 自古賢哲寓止 多有冥感 盖歸彼居 慈從之 至於山下 山靈變老人出迎曰 到比奚爲 答曰 願見彌勒仙花爾 老人曰 向於水源寺之門外 巳見彌勒仙花 更來何求 慈聞卽驚汗 驟還本寺[31)]

여기의 노인은 산신령의 현신이라 할 수 있겠다. 마찬가지로 노인은 다시 산신령으로 변신할 수 있는바 백제의 노구는 남자와 여우로 변하였으니 변괴

29) 金烈圭, 1977, 〈巫俗的 英雄考〉, 《震檀學報》 43.
30) 金映遂, 1939, 〈智異山 聖母祠에 就하야〉, 《震檀學報》 11.
31) 《三國遺事》 3, 塔像 4, 彌勒仙花 未尸郎 眞慈師.

인 것이다. 그러나 그 주술적 능력인 변신력을 가지고 있으므로 이것 역시 巫的 능력의 하나라고 하겠다. 이와 같은 기록이 수이전에도 보인다.

> 新羅時有一老翁到金庾信門外 庾信携手入家設筵 庾信謂翁曰 變化若舊耶 翁變爲虎或化爲鷄 或爲鷹 終變爲家中狗子而出[32)]

한 노옹이 김유신의 대문 밖에 있어 유신이 집에 데리고 들어와 잔치를 베풀고 노옹에게 원래 모습대로 변화하기를 청하니 노옹이 호랑이로 변했다가, 닭으로 변했다가, 다시 매로 그리고 마침내는 유신의 집 개로 변해 나갔다는 내용이다. 노옹의 존재는 여러 가지 이물로 변할 수 있는 주술적 능력을 가진 자로 파악할 수 있겠다.

### 3. 老翁의 성격

《삼국사기》를 통해 볼 때 노구에 관한 기사가 신라는 소지왕 22年(500), 고구려는 미천왕 원년(300), 백제는 동성왕 23년(501) 이후 보이지 않는다. 다만 앞에서 살핀 바와 같이 김유신전에 노구와 유사한 성격의 것으로 생각되는 노인이라는 표현이 보일 뿐이다. 이러한 노인의 존재를 《삼국유사》를 통해 살펴보면 《삼국사기》의 노구와 그 성격이 매우 유사하다.

> 一云 崩後二十七世 文虎王代 調露二年庚辰三月十五日辛酉 夜見夢於太宗 有老人

---

32) 《大東韻府群玉》 12, 老翁化狗.

貌甚威猛 曰 我是脫解也 拔我骨於疏川丘塑像安於土含山 王從其言 故至今國祀不紀卽東岳神也云33)

이에 의하면 탈해왕이 崩御 후 27대 만인 文武王代에 왕의 꿈에 노인으로 나타나 자기의 뼈를 疏川丘에 옮겨 달라고 하여 문무왕이 그 말을 좇았다. 그리고 그에 대한 제사는 끊이지 않고 있으며 그것을 東岳神이라 했으니 결국 노인은 동악신의 화신이라 할 수 있겠다. 《삼국유사》 문호왕 법민조에 보면 이러한 노인에 대한 기사가 다시 나타나고 있다.

詰旦居士欲辭行時日 僕京師人也 吾家在皇龍聖二寺之間 吾名瑞午也 主人若到京師 尋訪吾家幸矣 修行到京師 居塚宰 國之制每以外州之吏一人上京中諸曹注 今之其人也 安吉當次上守至京師 問兩寺之間端午居士之家 人莫知者 安吉久立道左 有一老翁經過 聞其言 良久佇思日 二寺間一家殆大內也 端午者乃車得令公也 潛行外郡時 殆汝有緣契乎 安吉陳其實 老人曰 汝去宮城之西歸正門 侍宮女出入者告之 安吉從之34)

여기의 노옹(노인)이 동악신인지 아닌지는 명확히 언급할 수 없지만 사료 5)나 사금갑조와 같은 수수께끼를 풀고 있음은 알 수 있다. 여기의 노옹도 그 성만이 노구와 다를 뿐 그 성격은 언어경합담을 해결하는 능력을 가진 자로서 나타나고 있다. 이러한 성격을 나타내는 노옹은 수로부인조에서도 볼 수 있다.

傍有老翁 牽字牛而過者 聞夫人言折其花 亦作歌詞獻之 其翁不知何許人也 便行二日程 又有臨海亭 晝饍次 海龍忽攬夫人入海 公顚倒僻地 計無所出 又有一老人告曰

33) 《三國遺事》 1, 紀異 1, 第四脫解王.
34) 《三國遺事》 1, 紀異 1, 文虎王 法敏.

故人有言 衆口礫金 今海中傍生 何不畏衆口乎 宜進界內民 作歌唱之 以杖打岸則可見夫人矣 公從之 龍奉夫人出海獻之[35]

여기서 인간의 능력으로는 구할 수 없는 위치에 있는 꽃을 꺾어 주며, 더구나 향가를 지어 함께 바치고 있다. 그런데 향가는 그 사상적 내용에 있어서 다분히 초자연적, 주술적, 巫覡的 전통을 띠고 있다.[36] 또한 향가의 작가인 月明師, 忠談師, 融天師는 승려라기보다 呪術師的인 巫로서 파악한 견해가 있다.[37] 결국 노옹도 무적 존재로서 이해되는 것이다. 더구나 海龍에 의해 잡혀간 수로부인을 구해 내는 방법을 노옹이 제시하고 있으며 그 의견에 따라 수로부인을 구해 낼 수 있었다. 그런데 노옹이 해룡으로부터 수로부인을 구해낸 바와는 달리 노옹이 해룡으로 나타나는 경우가 있다.

夜夢有老人 謂公曰 善射一人 留此島中 可得便風 公覺而以事諮於左右曰 留誰可矣 〔…〕 居陀愁立島嶼 忽有老人 從池而出 謂曰 我是西海若 每一沙彌 日出之時 從天而降 誦陀羅尼 三繞此池 我之夫婦子孫皆浮水上 沙彌取吾子孫肝腸 食之盡矣 唯存吾夫婦與一女爾 來朝又必來 請君射之 居陀曰 弓矢之事 吾所長也 聞命矣 老人謝之而沒 居陀隱伏而待 明日扶桑既暾 沙彌果來 誦呪如前 欲取老龍肝 時居陀射之中 沙彌卽變老狐 墜地而斃[38]

위에 의하면 阿飡 良具가 당에 奉使하러 갈 때 서해를 건너다 풍랑을 만나 제를 지낸다. 그러자 꿈에 노인이 나타나 자신이 西海神이라 이야기하고 있으

35) 《三國遺事》 1, 紀異 1, 水路夫人.

36) 梁柱東, 1965, 《增訂 古歌研究》, 一潮閣.

37) 조지훈, 1964, 〈新羅歌謠研究論考〉, 《민족문화연구》 1.

38) 《三國遺事》 1, 紀異 1, 眞聖女大王 居陀知.

며 그 자신을 老龍이라고 표현하고 있다. 따라서 노인은 서해신의 현신이며 또한 노룡으로 나타나기도 하는 것을 알 수 있다. 이와 같이 노옹이나 노인으로 표시되는 늙은 할아버지는 사실상 노구의 경우와 마찬가지로 단순히 나이 많은 늙은이가 아니라 神人으로서의 성격을 가지고 있다 하겠다.

그런데 흥미로운 점은 동일한 성격을 가졌으나 성의 차이를 나타내는 노구와 노인이, 시대적 변화에 따라 기록상에 차이를 보이고 있다는 점이다. 《삼국사기》의 경우 노구에 관한 기사는 소지왕 22년(500)에 보이고 그 후에는 진평왕 7년(611)에 노인에 대한 기사가 보이고 있다. 그런데 《삼국유사》의 경우 노옹에 관한 기록이 소지왕대에 처음 보이고 있다. 결국 동일한 성격의 존재가 소지왕대 이전에는 노구라 표현되고 그 이후에는 노옹 또는 노인이라 기록되고 있으며 소지왕대에는 두 가지 기록이 병용되고 있는 것이다. 이러한 현상을 비약해서 추론하여 노구로 표현되는 시기를 모계제 사회로 보고 노옹으로 표현되는 시기에서부터 부계제 사회로 변화한다고 평면적 해석을 하기도 하지만 이는 성급한 결론이라 하겠다. 그리고 여성신의 명칭이 많았다든가 또는 산신의 성이 여성이라든가 또는 지금의 巫家가 모계적 경향을 보인다 하여 이것을 곧 모계사회의 존재와 결합시키기도 한다.[39] 그러나 모계적 성격이 강한 사회에서 靈的 원리가 부계로 이양되기도 하고 많은 부계사회에 역시 요술 혹은 그와 같은 종류의 경향이 모계를 통하여 계승되기도 한다.[40] 그러므로 여신의 명칭이 많다고 하여 곧 한국 고대사회가 모계제 사회였다고 단정할

39) 孫晋泰, 1948, 〈朝鮮 古代 山神의 性에 就하여〉, 《朝鮮民族文化의 硏究》.
40) John Beattie, 1964, ***Other Cultures***, Chap. 7.

수 없으며 다른 많은 요소들의 신중한 검토를 거친 후에야 모계냐 부계냐를 결정할 수 있는 것이다.[41)]

따라서 소지왕대의 여러 가지 정치사회적 변화에 대한 빈번한 기사에 주목하지 않을 수 없다.

> 九年 春二月 置神宮於奈乙 奈乙始祖初生之處也 三月 始置四方郵驛 命所司修理官道 十二年三月 龍見鄒羅井 初開京師市肆 以通四方之貨[42)]

위의 사료는 여러 학자들에 의해 신라 역사상의 커다란 전환점을 의미하는 것으로 해석되었다. 변태섭은 소지왕의 신궁건립은 단순한 廟神의 변천이 아니라 骨에서 族으로의 변화[43)]라고 지적한 바 있다. 그리고 市肆와 四方之貨의 통용은 마치 6眼龜가 신라 전체로서 국가체제의 완비[44)]를 뜻해 주는 것처럼 큰 역사적 전환을 의미한다. 그리고 이 시기는 국가 생산력의 증가, 국방력의 강화, 지방통치체제의 정비 강화 및 경제활동이 증가한 시기로 파악된 바 있다.[45)] 또한 《삼국사기》를 계량사학적인 입장에서 분석한 결과[46)]에 의하여도 소지왕대는 중요한 시대변천의 전환기로 나타나고 있다. 결국 노구에서 노인으로의 변화 시기가 정치 · 사회적 전환기와 일치하고 있는 것을 볼 때

41) 崔在錫, 1971, 〈韓國家族制度史〉, 《韓國文化史大系》 IV, 風俗 · 藝術史.
42) 《三國史記》 3, 新羅本紀 3, 炤知痲立干 9年.
43) 邊太燮, 1964, 〈廟制의 變遷을 通하여 본 新羅社會의 發展過程〉, 《歷史敎育》 8.
44) 金哲埈, 1962, 〈新羅上代社會의 Dual Organization〉 下, 《歷史學報》 2(1990, 《韓國古代社會研究》, 서울대학교출판부 재수록).
45) 李鍾旭, 1980, 《新羅上代王位繼承研究》, 영남대학교출판부.
46) 申瀅植, 1981, 《三國史記研究》, 一潮閣.

당시의 정치사회적 변화와 어떤 관련성을 갖고 있다고 생각된다.

그런데 노구에서 노인으로 변화하는 직접적인 요인은 정복전쟁에 커다란 비중을 두어야 할 것 같다. 앞에서 살펴보았듯이 김유신이 삼국통일의 雄志를 갖고 수련의 과정에 있을 때 노인이 나타나 秘傳을 전해 준다. 또한 문무왕 2년(662) 김유신이 군사를 거느리고 양곡을 싣고 고구려 경내로 들어가서 적국의 소식을 궁금해 할 때도 노인이 나타난다.

> 庾信等行抵楊隩 見一老人問之 具悉敵國消息 賜之布帛辭不受而去[47)]

노인이 나타나 적국의 소식을 전해 주어 김유신이 布帛을 그에게 주었지만 노인은 받지 않고 그냥 사라진다. 노구와 노인은 보호령으로서는 같은 성격이지만 전쟁터에 나타날 수 있는 것은 활동력이 강한 남성이어야 할 것이다. 전쟁시기에 보호령은 여성인 노구보다는 활동력이 강한 남성인 노인으로 대치된 것이다.

> 夏六月 人或見戎服持兵器數十人 自庾信宅泣而去 俄而不見 庾信聞之曰 此必陰兵護我者 見我福盡 是以去 吾其死矣 後旬有餘日寢疾 … 七月一日 薨于私第之正寢 享年七十有九[48)]

위의 사료에 의하면 김유신을 보호하던 陰兵이 유신을 떠나니 결국 그는 사망하게 된다. 또한 유신은 이와 같은 보호령이 떠남을 알고 그 자신의 죽음을

---

47) 《三國史記》 42, 列傳 2, 金庾信 中.
48) 《三國史記》 43, 列傳 3, 金庾信 下.

이미 예견하고 있다. 이같이 정복전쟁이 치열하던 시대의 영웅에게는 보호령이 음병으로 표현되고 있는 것이다.

국가로 성장한 사회가 정복전쟁을 수행하게 되자 종래의 신앙은 새로운 질서를 더 이상 따를 수 없는 한계에 부딪쳤다. 이리하여 불교를 수용하지 않을 수 없게 되었는데 이것은 집권층 스스로에게뿐만 아니라 백성을 다스리는 데에도 종래의 사상적 밑받침만으로는 불가능하였기 때문일 것이라고 한다.[49] 정복전쟁으로 인하여 당시 사상계에 커다란 변화가 일어났음을 알 수 있다. 이러한 면에서 볼 때 노구에서 노인으로의 변화 역시 정복전쟁의 수행과정에서 나타나는 사상적 변모의 한 단면이라고 파악할 수 있을 것이다. 더욱이 이 변화는 源花制에서 花郎制로 바뀌는 시기와도 거의 일치하고 있어 매우 흥미롭다. 이 문제에 대해 진흥왕대가 정복전쟁이 새로이 시작되던 시기이므로 여성들의 활동에 비해 전쟁에 나설 수 있는 남성들의 활동을 보다 중시하게 된 결과 화랑도가 생긴 것으로 보는 견해[50]는 많은 시사점을 던져주고 있다. 《삼국사기》에 처음 노인이 나타나는 것이 진평왕 建福 28년(611)이기 때문이다.

또 한 가지 원인은 불교의 수용과정에서 찾아볼 수 있겠다. 《삼국유사》에 노옹의 기사가 처음 나타나는 것은 사금갑조다. 여기서 노옹은 왕의 생명을 보존시키면서 焚修僧을 죽게끔 하고 있다. 이것은 이차돈의 순교설화와 마찬가지로 불교수용과정에 있어서 고유신앙과의 마찰이라고 볼 수 있겠는데 승

49) 金貞培, 1975, 〈佛教전래 前의 韓國上代 社會相〉, 《崇山朴吉眞博士華甲紀念韓國佛教思想史》(1980, 《韓國 古代史論의 新潮流》, 高麗大學校出版部 재수록).

50) 金哲埈, 1970, 〈三國時代 禮俗과 佛教思想〉, 《大東文化研究》 6 · 7合輯(1975, 《韓國古代社會研究》, 지식산업사 재수록).

려와 대립하기 위해서는 남성인 노옹이 적합했으리라 생각된다. 이것은 불교의 神觀과도 관련되는 문제라고 생각되는데 석가모니불은 남성이기 때문이다. 따라서 이러한 관념은 불교가 수용된 후 불교의 영향으로 신을 남성으로 생각하게 됨에 따라 더욱 깊어졌으리라 생각된다.

> 師聞之 乃棄庵而遁 行跨西嶺岩間 有一老叟今爾耕 問師奚適 曰吾聞邦家濫聽 縻我以爵 故避之爾 叟聽曰 於此可賈 何勞遠誰 師之謂賣名無厭乎 會謂其慢己不聽 遂行數里許 溪邊遇一媼 問師何往 答如初 曰前遇人乎 曰有一老叟侮予之甚 慍且來矣 媼曰文殊大聖也 夫言之不聽何 會聞卽驚悚 遽還翁所 拘桑陳悔曰 聖者之言 敢不聞命乎 今且還矣 溪邊媼彼何人斯 叟曰 辯才天女也 言訖遂隱[51)]

高僧 緣會가 元聖王이 자기를 불러 國師로 삼으려 하자 이름을 더럽히지 않겠다 하여 도망하다가 노옹(叟)과 노구(媼)를 만나 충고를 받고 국사가 되었다는 이야기다. 여기서는 노옹(叟)과 노구(媼)가 함께 나타나고 있다. 그런데 叟는 文殊大聖, 媼은 辯才天女를 일컫는 것으로서 불교적 윤색이 가해져 있다. 또한 이 기록은 노인(문수대성)과 노구(변재천녀)의 격의 차이를 잘 나타내주고 있다. 이것은 정복전쟁으로 노구가 노인으로 변화한 후 평화기를 맞이하여 노구가 다시 나타나고 있지만 그 지위가 노인보다 떨어져 있다는 것을 보여주고 있다.

이상으로 노구가 노옹이나 노인으로 변화하는 과정을 당시 사회적 변화와 관련시켜 살펴보았다. 그런데 여기서 중요한 것은 노구건 노옹이건 이들에 대한 당시 고대인들의 관념은 어떠했는가이다. 왜 고대인들은 보호령으로서

---

51) 《三國遺事》 5, 避隱 8, 緣會逃名文殊岾.

노구와 노옹을 필요로 하였을까? 먼저 고려해야 할 것은 고대인들은 인간이 죽더라도 혼은 죽지 않는다는 영혼불멸 사상을 갖고 있었다는 점이다. 또한 그들은 인간이 죽는다 하더라도 그 영혼이 그들을 지켜 준다고 믿었으며 그것은 의인화하여 나타난다고 생각했다. 아울러 그것이 살아 있는 것으로 생각되기 때문에 나이가 많은 노인(오래 살았을 것이므로)으로 표현하고 있는 것이다.

그리고 여성인 노구가 먼저 등장하는 것은 그들을 보호해 주는 존재에 대하여 여성 특유의 母性에 의지하고 싶었던 것으로 생각된다. 사람들은 인간욕망의 퇴행 대상이 되는 모성애적인 여인 즉 그랑드 메르Grande Mère巨母를 상상해 왔으며 그랑드 메르는 종교와 심리학의 가장 포괄적인 본질이기 때문이다.[52] 따라서 고대인들은 선도산성모나 서술신모를 그들의 국모로서 설정하였던 것이다. 또한 탄생설화를 구성할 때 시조를 聖母 또는 神母가 보내 준 자식이라 생각하였으며 그들을 양육할 때도 보호령으로서 노구를 생각해 낸 것이라 할 수 있다. 이러한 보호령으로서의 노구는 巫的 능력을 지니고 왕의 탄생에 관여할 뿐만 아니라 왕의 측근에서 왕에게 충고하거나 조언하기도 한다. 또한 왕이 될 자격이 있는 자에게 시련을 겪게 하며 또는 왕이 될 자격이 없는 자일 경우에는 왕의 보호령으로서의 역할을 그만 두고 이물화하거나 이성화하여 사라져 버린다.

이러한 노구는 정치체제가 완비되고 정복전쟁이 전개되면서 남성들의 활동이 중요시됨에 따라 노옹으로 바뀌게 된다. 아울러 불교 전래 후 신관의 변화로 불교와 융화하여 노인으로 변한 것이라 설명할 수 있다. 그리고 노인과 함께

52) Durand, G, 1964, *Les Structures Anthropologiques de l'imaginaire*.

병용되어 나타난다 하더라도 노인이 차지하는 지위보다 미미한 존재로서 그 성격이 변화하는 것이다.

## 4. 민속상의 老嫗와 老翁

《삼국사기》에 기록되어 있는 노구의 존재는 현재 민속상에 그 유습이 남아 있음을 발견할 수 있다. 전국 동제당을 조사한 자료에 의하면 老姑堂, 할미당, 할매당, 할멍당 등의 제당 명칭이 보이고 있다.[53] 이는 말할 필요도 없이 老姑(할머니)를 신격화하여 신앙대상으로 삼고 있는 것이다. 이러한 노고의 존재는 《신증동국여지승람》에도 기록되어 있다.

> 松岳山上有五宇 一曰 城隍 二曰 大王 三曰 國師 四曰 姑女 五曰 府女 俱未何神[54]

여기의 城隍, 大王, 國師, 姑女, 府女는 누석단의 칭호인 國師堂, 城隍堂, 天王堂, 老姑堂과 상통하는 것이다.[55] 이에 대한 좋은 예로는 智異山 聖母祠를 들 수 있다. 지리산의 山神할머니를 모신 것이 老姑壇으로 불리고 있다. 김영수는 보통 年老婦人을 의미하는 할머니는 '老婆'나 '老姑'로 쓰고, 자기 아버지의 어머니인 할머니는 '祖母'로 쓰며, 존엄하고 신령한 신을 가리키는 할머니는 '聖母' 또는 '神母'라고 쓴다고 하였다.[56] 그러나 그는 지리산의 산신할머니

---

53) 李杜鉉 외, 1967, 《部落祭堂》, 民俗資料調查報告書.
54) 《新增東國輿地勝覽》 5, 開城府 祠廟.
55) 李殷昌, 1971, 〈錦江流域의 部落祭研究〉, 《藏菴池憲英先生華甲紀念論叢》.
56) 金映遂, 1939, 〈智異山 聖母神에 就하야〉, 《震檀學報》 11.

를 모신 것이 노고단이라 불린다 하여 결국 老姑의 신이성을 인정하고 있다.

산신할머니는 무속상의 273종에 달하는 신 중에 山神, 女山神, 神母, 聖母 등과 함께 산신계통으로 분류된 바 있다.[57] 그런데 이 산신할머니는 産神할머니 또는 삼신할머니와 混用되고 있다. 삼신할머니는 아기를 잉태할 때, 해산할 때, 성장할 때 관여하는 가족적 신이다.[58] 한편 巫의 신화인 巫歌에 의하면[59] 지상에는 원래 인간이 없었는데 '당금애기'라는 天界의 처녀신이 神僧과 결혼해서 아들 삼형제를 낳고 나서 후에 삼신할머니(産神)가 되고, 아들 삼형제는 三佛帝釋이 되었으며 이 삼신할머니가 최초로 지상의 인간을 점지하게 되었다고 한다. 이로부터 동네마다 집집에 삼신이 있어서 아기를 태어나게 해준다고 한다. 지금도 민가에는 안방 아랫목이 삼신의 자리라고 하여 아기가 없는 여인이 아기를 얻기 위해 이곳에 제를 지내고 또 해산 후에도 삼칠일이 되면 이곳에 산모의 속옷을 접어 놓고 그 위에 삼신상을 차려 아기의 무병과 장수를 빈다. 그리고 아기가 출산 후로부터 7세 미만까지는 이 삼신이 보살펴 주어서 탈 없이 生長하는 것이고 7세부터는 七星神이 보살펴서 장수한다고 믿는다.[60]

이 무가는 《삼국사기》의 탄생설화와 그 모티브가 동일하게 구성되어 있다. 神母가 아기를 잉태하고 다시 神母가 삼신할머니로 변하여 양육을 돌봐 주는 것이다. 결국 무가에 의해서도 노구는 神母의 현신이라는 사실을 알 수 있다. 이와 같이 노구에 대한 신앙은 민속상에 지금까지도 보호령으로서 관념되고

---

57) 金泰坤, 1981, 《韓國巫俗硏究》, 集文堂.

58) A. Guillenmoz, 1975, 〈삼신할머니〉, 《文化人類學》 7.

59) 金泰坤, 1971, 《韓國巫歌集》 第1卷.

60) 金泰坤, 1981, 앞의 책.

있는 것이다.

한편 민속상의 산신은 산신령 또는 산신, 산령 등으로 호칭되며 회화상에 항상 호랑이를 탄 남성신으로 형상화되고 있다. 이러한 그림은 부락제당 및 무격의 神房이나 사찰 내의 산신각에서 흔히 발견할 수 있는데 여기에 나타나는 산신은 백발의 노인으로 표현되어 있다.[61] 산신-노인-호랑이로 구성된 이러한 회화상의 노인은 말할 나위 없이 《삼국사기》나 《삼국유사》에 나타나는 노인 또는 노옹이라고 할 수 있다. 결국 노구는 현존 민속상에 삼신할머니로서, 노옹은 산신령으로서 지금도 관념되고 있음을 알 수 있다.

61) 孫晋泰, 1948, 〈朝鮮 古代 山神의 性에 就하여〉, 《朝鮮民族文化의 硏究》.

# 결어

이상으로 한국 고대의 신화와 토착신앙, 그리고 신화의 체현이라 할 수 있는 제의에 대해 살펴보고 불교가 도입된 후 토착신앙과 불교와의 관계에 대해서도 고찰해 보았다. 그 내용을 요약하여 정리하고자 한다.

고대의 건국신화는 천강 혹은 난생설화를 통해 시조 탄생의 신이함과 영웅적 성격을 강조하고 국가의 위엄과 왕의 정통성을 확고히 하려는 의도로 구성되었다는 점에서 공통되는 면이 있지만, 각각의 고유한 특성을 지니고 있다. 고구려의 경우 시조 동명에 관한 전승이 이미 5세기대의 금석문에 나타나고 있어 일찍부터 신화의 기본적인 틀이 완성되어 있었음을 알 수 있다. 이후《위서》와《삼국사기》에는 보다 풍부한 내용이 전하게 된다. 고구려의 건국신화는 천강신화와 난생신화가 얽힌 복합적 요소를 가지고 있으며 시조의 출신과 탄생을 신성화하는 동시에 시조의 출중한 실력을 강조하고 주변 세력의 병합 과정이 첨가되어 신성성과 역사성이 혼재하는 특성을 가지고 있다. 또 하나 주목할 것은 왕의 어머니인 유화부인의 역할이 두드러지는 것이다. 이는 토착적인 지모신 신앙이 신화에 녹아들어간 것으로 해석할 수 있다. 이러한 건국신화는 제천의례인 동맹을 통해 구체화되었다. 동맹은 제천의례인 동시에 그 명칭으로 보아 국조신에 대한 제의의 성격도 함께 지니고 있었으며 지신인 수신에 대한 제사도 함께 행해졌다. 따라서 고구려의 제천의례에는 천지제사의 성격뿐만 아니라 시조제사의 성격도 포함되어 있었다고 할 수 있다.

백제의 건국에 관련된 시조 전승은 국내 사료와 중국 · 일본 사서에 온조와 비류, 구태, 도모 시조 전승에 대한 기록이 남아 있다. 그런데 백제의 경우 국가의 시조인 온조가 동명의 후손으로 기록되어 있고, 천강신화나 난생신화의 요소도 배제되는 등 일반적인 건국신화와는 차이가 있다. 그 이유는 온조나 비류가 동명의 계승자로 인식되면서 동명과 관련된 내용은 삭제되고 온조나 비류의 신성성을 담보하는 내용도 약화되었기 때문일 것이다. 시조묘로서 동명묘나 구태묘가 언급되는 것으로 보아 백제인들은 실제로 동명이나 구태를 시조로 추앙했던 것으로 여겨진다. 그러나 《삼국사기》 백제본기에 온조 전승이 본문으로 실리고 비류 전승이 주로 들어가 있으므로 백제본기 편찬자들이 일단 온조 전승에 더욱 비중을 두었다는 것을 알 수 있다. 이는 백제 때는 물론 《삼국사기》 편찬 때까지도 온조 전승이 가장 중요하게 여겨졌기 때문일 것이다.

한편 신라의 신화는 박혁거세, 석탈해, 김알지 신화 등 여러 계통으로 나타난다. 이는 신라문화가 다양성과 융합성을 특징으로 한다는 것을 보여 주는 좋은 예로, 고구려나 백제와는 구분되는 신라만의 독특한 특성이다. 먼저 박혁거세의 신화는 주몽신화와 마찬가지로 천강신화와 난생신화가 결합되어 있으며 혁거세의 신이함은 알영의 신이한 탄생과 신성혼이 더욱 보강해 주고 있다. 알영의 탄생은 용과 우물과 관련되어 있는데 이것은 물과 관련됨을 의미하며 결국 농경과 깊은 관련을 보이고 있는 것이다. 따라서 혁거세 신화는 농경생활을 반영하고 있는 것으로 볼 수 있다. 반면 석탈해의 신화는 해양활동과 관련이 있다. 혁거세 신화에서는 알을 갈라 사내아이를 얻었는데 석탈해 신화에서는 처음에는 알이었으나 바다를 표류하면서 알에서 胎로 변화하였다. 그 바다는 바로 양수로서 의미가 있다. 또한 탈해가 동해안을 중심으로 활동하고 있다는 점도 해양문화와의 연관성을 보여 주는 것이다.

김알지 신화는 종래 천강신화와 난생신화가 복합된 것으로 이해하였으나 그는 금함에서 나왔다고 되어 있을 뿐 알에서 나왔다는 기록이 없다. 그가 금함에서 나왔다는 기록은 알지가 발달한 철기와 제련기술을 바탕으로 한 세력이라는 것을 반영하는 듯하다. 또한 알지의 신화는 매우 인간적이며 사실적인 것이 특징인데 이 같은 사실성은 알지의 世系가 나타나 있는 것으로 알 수 있으며 신화로서는 후대적 표현이라고 생각된다.

대가야의 건국설화는 삼국에 비해 내용이 매우 소략하지만 《신증동국여지승람》의 가야 산신과 천신의 감응설화를 토착 세력과 연관된 진정한 건국신화로 볼 수 있다. 이는 우선 대가야의 시조가 천신과 산신의 후손임을 강조하여 지배계급의 위치를 확고히 하고자 하는 의도가 반영된 것으로 볼 수 있다. 또 대가야가 국가로서 발전하기 위해 지배층이 그 세력을 규합하고 권위를 확고히 하기 위한 수단으로 건국신화를 이용한 것으로 생각되며, 이를 통해 지배력의 정통성을 확립하고자 함을 알 수 있었다.

한국 고대의 토착신앙은 天神신앙, 地神신앙, 始祖神신앙이 그 기본을 이루고 있다. 계급사회가 출현하면서 지배자가 그 정당성과 권위를 과시하기 위해 天神에 대한 제사가 먼저 이루어진다. 그러다 국가단계로 넘어가면서 지배자의 배타적 지배권을 확립하기 위해 하늘의 자손인 시조에게 제사를 지내게 된다. 이후 각 지역의 세력을 완전히 장악하게 되면서 지신 즉 산천에 대한 제사권도 장악하게 되는 것이다.

국가단계에 먼저 진입하여 종묘와 사직을 도입하였던 고구려나 백제와는 달리 신라는 토착신앙을 기반으로 신궁을 중심으로 한 사상적 통일을 꾀하였으므로 불교의 수용과 공인에 있어 심한 대립과 갈등이 벌어졌다. 그러나 신라는 불교수용 과정에서 자기 문화의 체질 위에 불교를 받아들임으로써 선·불융화의 양상을 보였으며, 결국 독특한 신라 불교를 발전시킬 수 있었던 것이다. 이에 따라 신라후기의 천신신앙은 불교와 융화하여 주재적이며 도덕적인 신앙으로 발전하였다.

불교가 들어오기 전 행해진 천신과 지신, 조상숭배 등의 토착신앙은 그에 대한 제사기록을 통해 유추해볼 수 있다. 고대 국가가 신화를 통해서 왕권의 정통성과 정당성을 관념화하였다면 국가제사를 통해서는 이를 더욱 구체화하였다고 볼 수 있으므로, 제사는 또한 토착신앙적 의미와 함께 지배이데올로기적 성격을 동시에 지니고 있었다.

고구려와 백제의 제사는 크게 시조묘 제사, 천지신 제사 그리고 산천 제사로 나누어 볼 수 있다. 고구려에서는 대부분 즉위 2년 또는 3년에 졸본에 행차하여 시조묘에 제사하였다. 따라서 시조묘 제사는 즉위의례의 성격을 지녔음을 알 수 있으며 大赦 또는 巡問이 함께 이루어졌으므로 종교적 의미 외에 정치적 의미도 있었음을 알 수 있다. 이러한 점은 삼국에서 모두 공통되는 것이다. 고구려의 제천의례인 동맹은 천신과 지신에 대한 제사이면서 동시에 동명(주몽)과 유화에 대한 제사였으며, 고구려에서는 동명과 유화의 神廟를 함께 세웠다. 신화에서와 마찬가지로 제사에서도 시조의 어머니에 대한 비중이 큰 것이 특징이다. 고구려의 산천 제사는 그 체계를 알 수 없으나 자식을 얻기 위해 산천에 제사를 드리고 또 매년 3월 3일 수렵 후 정기적으로 하늘과 더불어 산천에 제사를 드렸다는 점을 통해 고구려에서도 산천 제사가 중요하게 여겨졌고 또 정기적으로 제의를 올렸음을 알 수 있다. 이외에도 고구려에서는 기자와 가한에 대한 제사가 행해졌다.

백제의 시조묘는 동명묘와 구태묘 두 계통으로 전하는데 중국 측 자료에서는 구태(고이왕)묘로, 한국 측 자료에서는 동명묘로 기록되어 있다. 또 온조왕대에는 태후묘에도 제사를 올렸다. 천지신 제사는 《삼국사기》 백제본기에만 나타나는 특징적인 부분인데, 고구려나 신라본기에는 보이지 않는 제천 기사가 백제본기에 11회 나타난다는 것은 그만큼 백제에서 천지제사가 중요하게 여겨졌다는 것을 의미한다. 천지신 제사는 기본적으로 중국 郊祭의 영향이라 할 수 있으므로 백제가 고구려나 신라에 비해 중국 문화의 영향을 많이 받았던 것으로 생각된다. 백제의 산천 제사와 관련해서는 《삼국유사》에 부여에 삼산이 있었다는 기록과 《삼국사기》에 북악이 나타나는 것으로 보아 신라와 같은 삼산, 오악이 존재했다는 것을 알 수 있다. 백제에서도 신라와 마찬가지로 삼산(대사)은 왕도의 방호, 오악(중사)은 국토 방위, 이외의 제산은 지역 안위의 의미를 지니고 있었을 것이다.

백제의 경우 최근 들어 발굴을 통해 백제의 제사유적이 속속 드러나고 있어 백제 제사의 면모를 한층 깊이 살펴볼 수 있는 계기가 되고 있다. 풍납토성, 죽막동, 정지산유적 등이 대표적이며 조심스럽긴 하지만 川祭나 道祭에 대해 언급되기도 하였다. 아직은 제사의 주체나 제사의례의 구체적인 모습 등 밝혀야 할 문제가 많이 남아 있지만 발굴 성과를 통해 문헌으로는 한계가 있는 백제의 제사양상을 파악할 수 있다는 점에서 기대되는 바가 많다.

신라의 제사에 대해서는 제사지를 통해 고구려나 백제에 비해 많은 내용을 알 수 있으며 그 내용은 이미 전작에서 밝힌 바 있다. 다만 제사지나 신라본기 이외의 여러 기록을 통해 신라 토착신앙의 성소를 추출해 낼 수 있는데《삼국유사》아도기라조의 前佛七處伽藍之墟가 그 대표적인 곳으로 이는 天神, 川神, 龍神, 樹木神, 土地神 등 토착신앙의 신앙공간이었다. 또한 고대에는 墓와 廟가 동일하게 여겨지기도 했으므로 시조 박혁거세의 왕릉인 오릉도 초기의 제장으로 볼 수 있다. 신궁은 이곳에서 즉위의례가 거행되었으므로 명칭(都堂)과《東京通誌》의 기록을 통하여 남산 자락의 都堂山(陶唐山)으로 비정하였으나, 최근 경주 나정이 발굴되어 신궁의 위치에 새로운 논의거리를 제공하고 있다. 그러나 신궁의 주신이 누구인지에 대해 여전히 이견이 있으므로 그 해석에는 신중을 기해야 할 것이다.

신라의 제사제도는 당의 제사제도를 수용하였기 때문에 당의 대사 · 중사 · 소사 개념을 받아들여 제사체계를 세웠다. 그러나 신라는 당의 제사체계를 맹목적으로 수용한 것이 아니라 신라 고유의 토착신앙의 神觀에 따른 제의체계와 당의 제사체계를 공존시키려 하였다. 따라서 모든 제사를 대사 · 중사 · 소사의 체계에 편성시켰던 당이나 이를 수용한 일본과는 달리, 신라는 경내 명산대천의 제사만을 대사 · 중사 · 소사의 체계에 편성시켰다. 신라에서는 시조묘, 신궁, 오묘, 사직이 特祀로 편성되었고 농경의례도 별도로 편성되었다. 그리고 사성문제 등의 別祀가 대·중·소사의 다음에 편제되었다. 신라는 제도적으로는 당의 제사제도의 규제를 감수하여 시조묘, 신궁과 오묘를 대사에 편성하지 않았지만 실제로는 종묘와 사직에 대한 제사를 중요시하였기 때문에 대사의 앞에 기재한 것이다.

신라의 대·중·소사는 군사적 목적에 따라 편제되었으며 유교식 제사인 釋奠祭도 지내지 않았다. 또한 선농제와 더불어 중농제와 후농제를 지냈는데 이 역시 당에는 없는 것이다. 이러한 점은 신라의 제사가 당의 제사를 제도적으로 받아들이면서도 신라의 고유한 전통을 유지해 나간 것을 잘 보여 주는 좋은 예이다.

대가야의 제의에 대해서는 전하는 기록이 전혀 없지만 고령 양전동 암각화가 농경시대 이후 지속적으로 사용된 제단이었던 것으로 파악된다. 그리고 새겨진 동심원과 검파형은 각각 천신과 산신을 형상화한 것으로 불교 수용 이전 토착신앙의 단면을 잘 보여 준다고 할 수 있다. 또한 가야는 5세기까지 순장제를 유지하면서 고유의 내세관을 가지고 있었던 것으로 보이는데, 6세기로 편년되는 고아동 고분벽화에서 연화문이 발견되므로 이때에 이르러 불교가 수용되면서 순장제가 사라지고 토착적 내세관에 변화가 왔던 것으로 생각된다.

불교는 고대의 사상적 측면에서 중요한 위치를 차지하지만 불교가 전래되던 초기에는 토착신앙과 적지 않은 갈등이 있었다. 때문에 불교가 전래되고 이것을 그 사회가 주체적으로 수용하고 국가가 이를 법제적으로 공인하는 것이 시간차를 두고 단계적으로 이루어지게 되는 것이다. 고구려에는 소수림왕 2년(372) 불교가 처음 전래되었고 5년(375)에 초문사와 이불란사를 지어 순도와 아도를 있게 함으로써 불교를 수용하였다. 그리고 고국양왕 9년(391) 왕이 불법을 믿도록 하교하면서 불교의 공인이 이루어졌다. 백제도 고구려와 같은 양상을 보이는데 침류왕 원년(384) 호승 마라난타가 백제에 와 불교를 전래하였고 침류왕 2년(385) 한산에 절을 짓고 승려가 되는 것을 허락하면서 불교를 수용하였다. 그리고 아신왕 즉위년(392) 왕이 불법을 믿도록 하교하여 불교가 공인되었다. 다만 불교가 국교화했다는 것은 단정할 수 없을 것 같다.

신라에 불교가 전래된 것은 눌지왕대(417~457)이나, 왕실에 수용된 것은 사금갑 설화를 통해 확인할 수 있듯이 소지왕대(479~499)의 일이다. 그러나 불교의 공인은 진흥왕 5년(544) 흥륜사가 완공되고 출가하여 승려가 될 수 있도록 '許'하면서 이루어졌다. 신라에서 불교의 공인이 늦어진 이유는 고구려나 백제에 비하여 토착신앙과의 대립과 갈등이 심하였기 때문이다. 신라는 고구려나 백제에 비해 중국문화의 영향을 덜 받았고 이미 신궁을 세워 토착신앙에 의해 사상적 통일을 이루었기 때문에 외래신앙인 불교에 대하여 대립과 갈등이 심하였던 것이다.

그러한 갈등양상을 잘 보여 주는 것이 이차돈의 순교설화이다. 그 내용은 《삼국사기》, 《해동고승전》, 《삼국유사》, 金石文 등에 각기 다르게 전하는데 그 내용을 종합해 보면 법흥왕과 이차돈의 관계를 파악할 수 있다. 법흥왕과 이차돈은 흥법을 하고 창사를 한다는 데에 합의를 하였지만 강경파인 이차돈이 토착신앙의 성소인 천경림에 창사를 하려 하자 온건파인 법흥왕이 창사에 반대하는 대신들의 편을 들 수밖에 없었던 것이다. 때문에 법흥왕대에는 불교의 공인이 이루어지지 못하였고 다음 왕인 진흥왕대에 이르러서야 비로소 불교를 공인할 수 있었다.

이차돈이 토착신앙의 센터인 천경림에 사찰을 지으려다가 강력한 반발에 직면하여 실패함으로써 신라인이 불교를 받아들이는 데 주저하게 되었다. 그러나 신라는 그러한 내부진통을 겪으며 독특한 불교를 발전시켜 나갔다. 처음에는 토착신앙과 불교가 대립하였으나 차츰 융화하여 선・불 융화의 문화퓨전을 이루게 되었다. 이를 잘 보여 주는 것이 사찰 주변과 사찰 내에 위치한 장승과 산신각이라 할 수 있다.

한편 삼국의 초기부터 후기까지 여러 번 등장하는 노구는 토착신앙과 밀접한 관련이 있는 존재이다. 종래 노구는 나이 많은 할머니 또는 노파로 간단히 해석되어 버렸으나 관련 사료를 검토한 결과 노구는 보호령으로서 神母的 성격을 지니고 있었으며 巫的 능력도 지니고 있었다. 또한 노구는 왕실과 밀접히 관련되어 있었으며 불길한 징조를 예고하기도 하였다. 노구의 기사는 주로 上代에 등장하며 불교 전래 이후 불교의 신관에 영향을 받아 노옹이나 노인으로 변화되어 간다. 이러한 노구에 대한 신앙은 민속상에 전승되어 노구는 삼신할머니로 여겨지고 있으며 여전히 민간신앙의 숭배대상으로 남아 있다. 그리고 노인은 마을 제당이나 무격의 신방, 또는 사찰의 산신각에 奉安되어 산신령으로서 숭배되고 있다. 노구는 고대 토착신앙의 일면을 잘 보여 주는 동시에 토착신앙과 불교의 융화양상과 현재까지 이어져 오는 토착신앙의 양상까지 다양하게 보여 주는 대표적인 존재라 할 수 있다.

한국의 토착신앙은 외래신앙이 들어오면서 처음에는 갈등을 빚었으나 점차 융화되어 한국적 신앙으로 변화 발전하였다. 유학과 기독교의 경우도 이와 비슷한 양상을 보였다고 할 수 있다. 토착신앙, 불교, 유학, 천주교, 기독교, 민족종교 등이 공존하고 있는 자체가 그 중요한 근거라고 할 수 있다. 앞으로 토착신앙과 다른 외래 종교와의 갈등과 융화과정을 살펴보는 것이 과제라고 하겠다. 또한 최근 고대의 신앙과 제의와 관련된 제사유적과 유물이 많이 발견되었으므로 이를 통하여 신화와 제의를 보다 입체적으로 고찰하는 것 역시 중요한 과제라고 하겠다.

인문사회과학총서 · 66

# 한국 고대의 토착신앙과 불교

초판발행 2007년 4월 18일
초판 2쇄 2007년 8월 1일

지은이 최광식
편낸곳 고려대학교출판부
www. kupress. com
kupress@korea. ac. kr
136-701 서울특별시 성북구 안암동
02-3290-4230,4232
Fax 923-6311

찍은곳 한국컴퓨터인쇄정보

ISBN 978-89-7641-599-8 94220
ISBN 978-89-7641-359-8 (세트)

값 15,000원

*잘못 만들어진 책은 바꿔드립니다.